教育部人文社会科学规划基金项目《用机制拉动服务型政府建设》（11YJA630095）的最终成果

南开公共管理研究丛书

服务型政府及其建设路径研究

A Research
on Service-Oriented
Government and its
Construction Approach

沈亚平◎主编

天津出版传媒集团

天津人民出版社

图书在版编目（CIP）数据

服务型政府及其建设路径研究／沈亚平主编. -- 天津：天津人民出版社,2017.3
（南开公共管理研究丛书）
ISBN 978 - 7 - 201 - 11527 - 6

Ⅰ.①服… Ⅱ.①沈… Ⅲ.①国家行政机关 - 行政管理 - 研究 - 中国 Ⅳ.①D630.1

中国版本图书馆 CIP 数据核字（2017）第 055392 号

服务型政府及其建设路径研究
FUWUXINGZHENGFU JIQI JIANSHELUJING YANJIU

出　　版	天津人民出版社
出 版 人	黄　沛
地　　址	天津市和平区西康路 35 号康岳大厦
邮政编码	300051
邮购电话	（022）23332469
网　　址	http://www.tjrmcbs.com
电子信箱	tjrmcbs@126.com
策划编辑	王　康
责任编辑	郑　玥
特约编辑	王佳欢
装帧设计	卢炀炀
制版印刷	高教社（天津）印务有限公司
经　　销	新华书店
开　　本	710×1000 毫米　1/16
印　　张	20
插　　页	2
字　　数	260 千字
版次印次	2017 年 3 月第 1 版　2017 年 3 月第 1 次印刷
定　　价	68.00 元

总　序

改革开放以来,中国行政学恢复研究已经历了三十多年。三十多年来,行政学伴随着改革开放的发展而发展,在与行政改革和行政发展实践的互动中奠定了理论根基,并不断地开拓自身的研究疆域,在中国社会科学的学术土壤上茁壮成长,如今已成为最富有生机和活力的学科之一。

作为学科,其建设至少包含研究队伍、科学研究、人才培养和学术声誉四个要素,它们综合水平的高低体现着该学科的整体实力。从较为宏观的角度来看,行政学作为社会科学重要的组成部分,其研究队伍从改革开放初期的从无到有、从弱到强,已经完成了从"转行"出身到"科班"出身的转换,一大批中青年的专业研究人才崭露头角,成为行政学研究领域的重要力量。在科学研究方面,各个梯次的研究队伍伴随着当代中国行政改革实践的发展,深入地探讨了行政系统各个内在要素及其相互之间的关系、行政系统与其环境之间的关系,全方位地探讨了与行政发展相关的重大问题,并形成了较为丰富的研究成果。这些成果源于行政改革实践,并对行政改革实践发挥着重要的指导意义。从人才培养来看,随着中国行政管理专业人才需求的增长,高等学校陆续设置了相关专业,至今已经形成了包括本科、硕士(专业硕士)和博士在内的完整的人才培养体系,为行政学的学科发展培育了一大批新生的学术力量,也为提高政府机关的整体素质提供了有力的保障。在学术声誉方面,行政学科自恢复研究以来,以其理论与实际相结合,积极构建中国特色行政学科,主动参与行政改革实践,努力解决当今中国行政发展与发展行政的重大问题,而在中国的社会科学领域确立了自己的地位,并赢得了良好的学术声誉。

如今,中国的经济、社会和人们的社会生活发生了巨大的变化,国内外的行政学科也取得了很大的进展。具有社会性、综合性、动态性特点的行政学,应当对这种变化给予更大的理论自觉。在以后的理论研究中,应当突出需求导向和前沿导向。所谓需求导向,就是行政学的研究要瞄着国家发展中的战略课题,运用新理论、新方法和新技术解决经济、社会进步和政府自身发展中的重大问题。马克思曾经指出:"理论在一个国家的实现程度,决定于理论满足这个国家的需要的程度。"邓小平也曾指出:"深入研究中国实现四个现代化所遇到的新情况、新问题,并且作出有重大指导意义的答案,这将是我们思想理论工作者对马克思主义的重大贡献。"行政学能否取得其应有的学术地位,关键因素之一就是它在多大程度上研究了行政管理自身以及社会发展中的重大问题,并且为政府提供了多少富有创造性的、行之有效的对策。所谓前沿导向,即追寻国外行政学发展的最新趋势和最前沿课题,将其与中国行政改革和社会发展实践相联系,努力形成新观点,构建新理论,积极推进世界行政学科的发展。

中共十八大在新的社会历史条件下对我国的行政改革提出了新的要求。在政府和社会的关系方面,深入推进政企分开、政资分开、政事分开、政社分开;在政府建设方面,构建职能科学、结构优化、廉洁高效、人民满意的服务型政府;在政府职能及其转变方面,深化行政审批制度改革,继续简政放权,推动政府职能向创造良好发展环境、提供优质公共服务、维护社会公平正义转变;在行政体制改革方面,稳步推进大部门体制改革,健全部门职责体系;在行政技术方面,创新行政管理方式,提高政府公信力和执行力;在管理效率方面,严格控制机构编制,减少领导职数,降低行政成本;在事业单位改革方面,推进事业单位分类改革;在改革部署及其实施方面,完善体制改革协调机制,统筹规划和协调重大改革。

此外,中共十八大报告提出在改善民生和创新管理中加强社会建设,加强和创新社会管理,加快推进社会体制改革,加快形成党委领导、政府负责、社会协同、公众参与、法治保障的社会管理体制,加快形成政府主导、覆盖城乡、可持续的基本公共服务体系,加快形成政社分开、权责明确、依法自治的现代社会组织体制,加快形成源头治理、动态管理、应急处置相结合的社会管理机制,提高社会管理科学化水平,推动社会主义和谐社会建设。

以上论述为中国的行政改革和社会管理发展指明了方向,也为行政学科的研究提出了新的课题。行政学应当按照上述新的要求迈向新的研究征程,争取为我国的经济、社会发展提供理论指导和应用支撑。

南开大学的行政学科建设起步于 20 世纪 80 年代中期,在新的世纪取得了长足的进步。除了设有行政管理本科专业之外,还设有公共管理一级学科硕士点和一级学科博士点。在公共管理一级学科硕士点下设行政管理、社会保障、教育经济与管理三个二级学科硕士点;在公共管理一级学科博士点下设行政管理、教育经济与管理两个二级学科博士点。多年来在教学和科研中,不仅培养出一批优秀的专业人才,而且发表和出版了一批优秀的科研成果。为进一步推进行政学科的理论研究,我们和天津人民出版社一道策划了南开公共管理研究丛书,搭建南开行政学科教师和学生科研成果的展示平台。希望通过我们的努力,为中国行政学科的发展做出我们应有的贡献。

沈亚平

2013 年 3 月于南开园

前　言

一、政府职能转变与服务型政府的提出

自改革开放以来，随着经济领域社会主义市场化改革的发展，中国政府职能转变被提上日程。早在 1980 年，改革开放的总设计师邓小平就指出："我们的各级领导机关，都管了很多不该管、管不好、管不了的事，这些事只要有一定的规章，放在下面，放在企业、事业、社会单位，让他们真正按民主集中制自行处理，本来可以很好办，但是统统拿到党政领导机关、拿到中央部门来，就很难办。谁也没有这样的神通，能够办这么繁重而生疏的事情。"①虽然邓小平在此批评的是官僚主义，但是也同时提出了政府职能转变的问题。此后，政府职能转变可以说贯穿行政管理体制改革近四十年的发展历程。

政府职能的确立与其经济基础密切相关。中华人民共和国成立以来，中国政府职能大体经历了三个阶段：一是计划经济时期的政府职能配置阶段。此阶段适应计划经济时代行政管理权高度集中的趋势，政府职能以政治统治职能为中心。当时的政府被称为全能政府，其职能十分宽泛，几乎涵盖了社会生产生活的各个方面。二是走向市场经济的职能配置阶段。此阶段的政府职能以经济建设为中心。在改革开放初始阶段，随着政府工作重心转移到经济建设上来，我国积极探寻经济体制和经济发展模式的变革。当时的政府职能重在以经济建设为中心予以配置。三是公共供给适应公共需求职能配置阶段。此阶段的政府职能以公共服务供给为中心。进入新世

---

① 《邓小平文选》(第二卷)，人民出版社，1983 年，第 328 页。

纪以来,随着社会主义市场经济的发展和经济社会的进步,人民的物质和文化生活水平得到了逐步提升。但是在效率优先、兼顾公平的价值导向下,我国不同区域之间、城乡之间和人群之间收入差异被不断拉大,而且在人民生活水平提高的同时,对于政府公共服务的需求也不断增长。作为公共产品供给者的政府,理应根据公共需求的发展变化调整和增加自身的公共供给。然而经过改革开放二十多年的发展,在以经济建设为中心的导向下,社会公众日益增长的公共服务需求没有得到政府很好的回应和满足。正是在这一背景下,执政党和政府提出了服务型政府建设的任务和要求。

服务型政府的确立经历了一个发展过程。2002 年 11 月 8 日召开的党的十六大将政府职能概括为经济调节、市场监管、社会管理和公共服务四项,公共服务第一次与经济调节、市场监管、社会管理并列,成为转型期我国政府的四项基本职能之一。2004 年 2 月 21 日,时任国务院总理的温家宝在省部级主要领导干部研究班上提出要"努力建设服务型政府"。2005 年 9 月发表的《中国的社会主义民主政治建设》将"建设公共服务型政府"列为我国民主政治建设的一项重要内容。十届全国人大四次会议通过的《第十一个五年规划纲要》,又把"加快建设服务型政府"、实现基本公共服务均等化作为我国"十一五"时期行政管理体制改革的重要目标。此后党的十七大提出"加快行政管理体制改革,建设服务型政府"。党的十八大则提出"建设职能科学、结构优化、廉洁高效、人民满意的服务型政府"。至此,以人民满意为取向的服务型政府建设成为我国行政改革与行政发展的核心价值和基本导向。

人民满意的服务型政府要以人民满意作为工作的出发点。习近平总书记指出:"我们的人民热爱生活,期盼有更好的教育、更稳定的工作、更满意的收入、更可靠的生活保障、更高水平的医疗卫生服务、更舒适的居住条件、更优美的环境,期盼孩子们能成长得更好、工作得更好、生活得更好。人民对美好生活的向往,就是我们的奋斗目标。"①2013 年 2 月 28 日,习近平总书记在党的十八届二中全会第二次全体会议上的讲话中提出,把落实收入分配制度、增加城乡居民收入、缩小收入分配差距、规范收入分配秩序作为重

---

① 《习近平谈治国理政》,外文出版社,2014 年,第 4 页。

要任务,着力解决人民群众反映突出的问题。

党的十八届五中全会研究关于制定国民经济和社会发展第十三个五年规划的建议提出,坚持共享发展,必须坚持发展为了人民、发展依靠人民、发展成果由人民共享,作出更有效的制度安排,使全体人民在共建共享发展中有更多获得感,增强发展动力,增进人民团结,朝着共同富裕的方向稳步前进。要增加公共服务供给,从解决人民最关心、最直接、最现实的利益问题入手,提高公共服务共建能力和共享水平,加大对革命老区、民族地区、边疆地区、贫困地区的转移支付。

总之,建设人民满意的服务型政府得到了党和国家的高度重视,已成为我国行政管理体制改革的总任务,为我国新时期行政管理体制改革指明了方向。

二、政府职能配置现代化与服务型政府定位

加强公共服务供给既是社会转型对政府职能转变的要求,又是政府职能履行的重要内容之一。政府作为公共服务的主要供给者,应当保证公共服务供给与社会公共服务需求之间的平衡。服务型政府的提出凸显了政府公共服务职能的价值所在,也成为政府职能转变的重要目标。社会转型不仅要求政府提供一定数量的公共服务,还须关注政府公共服务供给的质量,尤其是政府对基本公共服务的供给,更是直接关涉公众生活的质量。提供优质的公共服务,要求政府在职能配置上以满足公众的公共服务需求为使命,以高质量的公共服务供给为目标,发挥政府在公共服务供给中的主导作用。同时,在现代化场域中,政府并不是公共服务唯一的供给源,尽管政府是公共服务的主要供给者,但在实现这一职能的过程中还应考虑到社会力量的参与,即应该通过政府、市场和社会的联合实现公共服务的多元供给。

党的十八大以来,国家治理体系和治理能力的现代化成为我国国家治理改革的基本取向和重要任务。习近平总书记强调:"国家治理体系和治理能力是一个国家制度和制度执行能力的集中体现。"①国家治理体系是在党

---

① 《习近平谈治国理政》,外文出版社,2014 年,第 91 页。

领导下管理国家的制度体系;国家治理能力则是运用国家制度管理社会各方面事务的能力。政府治理体系现代化是国家治理能力现代化的重要组成部分。就政府治理体系和治理能力现代化而言,其是一个综合性范畴,除了治理体系和治理能力现代化之外,还内含着治理理念、治理职能配置和治理手段等的现代化。这些治理要素的现代化是政府治理体系和治理能力现代化的组成和保障。就职能配置现代化而言,政府在现代社会历史条件下,在合理勘定自己的职能范围和界限的基础上,契合经济社会发展的需求,调整其职能结构体系,明确职能重心位移方向,以彰显政府对现代社会的价值定位和责任担当。

关于政府职能配置的现代化,党的十七届二中全会《关于深化行政管理体制改革的意见》提出,到 2020 年,建立起比较完善的中国特色社会主义行政管理体制。通过改革,实现政府职能向创造良好发展环境、提供优质公共服务、维护社会公平正义的根本转变。这一根本转变的表述在党的十八大报告中得到了延续。上述政府职能的配置和定位,建立在改革开放以来政府职能转变的理论研究和实践经验的基础上,比之以前的表述,诸如从大政府、小社会转向小政府、大社会,从全能政府转向有限政府,从管制型政府转向服务型政府等更富有时代性、合理性和系统性。

应当指出,政府职能具有复合性,尽管对政府职能的表述和分类,学术界并没有形成统一的阐析,但是按照政府职能的性质,可以将其主要分为政治职能、管理职能和服务职能。服务型政府理念的提出,并非指现阶段政府只是关注并强化服务性职能而消解政府的政治职能和管理职能,而是在履行政府的各项职能的同时突出政府的服务性职能,或者说政府服务性职能的履行是建立在其他各项职能履行的基础之上的。这样,在政府职能配置现代化视域下,我国政府具有了明确的服务职能定位,而服务职能体系中的相关内容则将成为服务型政府今后所要践行的对象和所要实现的目标。

三、服务型政府建设研究的范围和路径

本书以服务型政府及其建设为研究对象,在以下勘定的范围内沿下述路径进行研究并展现主要内容。

作为以服务型政府及其建设为对象的研究,应当首先阐释基本概念并进行理论溯源。服务型政府有其特定的内涵、要件和价值。而作为一种理论,服务型政府理论经历了其自身的产生和流变。随着服务型政府概念的形成和发展,政治学、管理学和经济学选择各自的视角和范畴并运用相关方法对之进行了诠释,其研究为理解和认识服务型政府奠定了理论基础和方法论基础。

政府公共服务职能的履行应当在政府与社会组织的关系中予以考虑。社会组织在弥补政府失灵和市场失灵中可以扮演重要的角色,所以探讨政府和社会组织在公共服务中的双向嵌入互动及其关系建构便具有了实质性意义。服务型政府主要履行服务型职能,对其应当予以从理念到实践的发展脉络的考察。关于服务型政府功能应然和实然的二分及其差距的分析,有助于实现服务型政府良好功能状态的策略组合。基本公共服务均等化是我国目前服务型政府建设的重要任务,该项任务的实施需要厘清基本公共服务的疆域,并在其实施过程中分析其成效,以便找出差距予以改进并推进基本公共服务均等化供给的进一步发展。

服务型政府建设具有自身的逻辑:在建设的进路方面,表现为发展的阶段性和连续性;在建设的特点方面,表现为构建的一致性和差异性;在建设的取向方面,表现为供给的均等化和多元化。此外,服务型政府也有其相应的建设路径,主要体现为完善公共服务的供给体系,构建绩效评估体系,在服务型政府建设中重视问责制的运用和健全服务型政府建设中的参与体系等。

服务型政府是21世纪以来在公共管理研究和实践中形成的行政管理体制改革的理念和目标,在其建设中难免遇到困难和挑战,因而需要在服务型政府建设中秉承探索精神,坚持创新,其中包括理念创新、体制创新和方式创新。此外,可以尝试运用相关理论,例如管家理论重塑政府购买公共服务的行为,并可以在实践上,例如在大数据时代探索政府数据开放制度,构建统一的数据开放平台,为公众行使知情权提供技术支撑和物质保障。

地方服务型政府建设是整个国家服务型政府建设的重要组成部分。经过多年的实践,地方服务型政府建设得如何,一方面,需要从其具体举措来加以追溯,并挖掘其中所蕴含的相关理念,从而更好地理解地方服务型政府建设的发展;另一方面,需要对地方服务型政府建设的实际成效予以衡量。为此,应当建立起成效衡量的理念维度、职能维度、制度维度和机制维度的四维分析框架,可以运用这一框架体系度量并展示地方服务型政府建设的实际效果。

服务型政府建设的水平与公众满意度联系密切,后者是前者的衡量标准之一。为使公共满意度成为衡量服务型政府建设水平的一个尺度,需要在对基本公共服务分类的基础上,选取基本公共服务满意度评价指标。在此基础上,针对特定地方政府对其基本公共服务满意度的影响因素进行实证检验和回归分析,总结出基本公共服务满意度的回归模型,并对基本公共服务满意度进行多元回归分析,最后讨论模式回归的结果及相关问题。

服务型政府建设不仅需要科学理念加以引导,也需要相关的制度作为保证。与服务型政府建设相关的制度包括:①听证制度,用以保证与公众利益相关的公共产品供给政策的合理性和可行性;②信息公开制度,用以保证公众对于服务型政府建设的知情权、参与权和监督权;③财政制度,用以为政府公共服务供给提供财力支撑和物质保证;④公众参与制度,用以保证政府的公共服务供给与公众的公共服务需求相匹配或者相适应。

服务型政府建设既是一个经由相关政策积极推进的过程,也是一个通过相关机制努力拉动的过程。与服务型政府建设相关的机制包括公共服务供给主体间的协同机制、公共服务系统的学习机制和公共服务需求的平衡机制。通过这些机制的健全,有利于实现公共服务的多元和高质供给,有利于实现政府对环境的适应,消除潜在的和现实的矛盾冲突,以达成服务型政府建设的最终目的。

目　　录

第一章　服务型政府及其建设的理论

政府的改革与发展始终围绕的核心命题是"我们需要什么样的政府"。在当前的政府改革与发展研究中,各种理论杂陈,观点翻新,但最为官方和民众所接受、最具影响力的是"服务型政府"理念。近年来的政府改革实践表明,服务型政府几乎成为当下指导政府改革和创新的最佳蓝本。2004年初,时任国务院总理的温家宝指出:"强化公共服务的职能就是提供公共产品和服务,包括加强城乡公共设施建设,发展社会就业、社会保障服务和教育、科技、文化、卫生、体育等公共事业,发布公共信息等,为社会公众生活和参与社会经济、政治、文化活动提供保障和创造条件,努力建设服务型政府。"①这一目标的提出为我国政府改革指明了方向。然而目前我国学界对服务型政府的理论起点、内涵及特征的认识仍不明晰,诸多理论问题需要澄清。面对这一理论与实践问题,本章拟从公共服务角度就服务型政府的内涵、理论基础和建设依据进行初步的探讨。

第一节　关于服务型政府的阐析

对探究对象的含义进行梳理阐析是进行研究的第一步,也是弄清该理论的基本前提。多项研究和理论综述的结果显示,国内学界学理分析视野中的"服务行政"与"服务型政府"这两个概念的内涵基本上是一致的。追溯概念的使用脉络,国内使用"服务行政"概念早期出现于1995年,从1995到1997年这个阶段,行政法学界开始涉入关于服务行政的论述。有的学者提出,市场经济体系的建设必然要求改变以人作为管理受众的行政法传统研

---

① 温家宝:《提高认识,统一思想,牢固树立和认真落实科学发展观》,2004年2月29日,新华网,http://news.xinhuanet.com/newscenter/2004-02/29/content_1337109.htm。

究角度,要将"服务"概念引入政府管理,从建设理念到行为实践将两者融为一体,确立政府行为是以服务对象满意为最终目标达成的新管理模式。自此,"服务行政"理念逐渐成为行政法学界讨论政府管理的主要出发点和发展规划。同时,公共管理学、政治学等领域的学者们也开始关注"服务型政府"建设的理论,并且在之后的研究中延伸到政府具体结构、制度和管理行为等各个层面。总体而言,20世纪90年代国内学界引入的"服务行政"理念,将中国政府管理模式的研究与建设带入了一个新境界,并逐步统一为"服务型政府"的概念。与传统的管理方式相比,服务型政府研究更强调提供服务及主体的行为效率和被服务对象的受益性,其研究视角从管理主体转移到管理对象,从而使得政府建设的出发点也发生了质的改变。

一、服务型政府的概念与内涵

从实践层面而言,政府的服务型行政方式源于西方,古希腊的公共性理念和近代的契约论思想都为服务行政提供了基本的理论基础。但作为"服务型政府"完整概念提出却可追溯为我国学者的研究创新。从20世纪90年代开始,国内学者对"服务型政府"就有了诸多概念界定:有的研究者从行政模式层面,将服务型政府描述为一个与市场经济及现代民主政治相适应的有限服务型政府行政模式。① 一些学者以比较的方式提出概念分析,认为服务型政府是把为公众服务作为政府存在运行和发展的根本宗旨的政府。② 还有学者从社会秩序角度的理念界定服务型政府,认为服务型政府是在公民本位、社会本位理念的指导下,在整个社会民主秩序的框架下,通过法定程序,按照公民意志组建起来的,以为公民服务为宗旨并承担着服务责任的政府。以这些概念为基础的服务型政府建设理论走入了政府研究的视野,并开始深入到"服务型政府"的内涵分析层面。

尽管研究者们从不同研究视角和学科背景出发,探讨公共服务型政府的内涵及特征,尚未形成统一看法,但普遍认同服务型政府主要是指政府的角色定位和职能定位,认为提供公共服务是政府的基本性质,也是政府最基

---

① 参见徐邦友:《社会变迁与政府行政模式转型》,《浙江学刊》,1999年第5期。
② 参见张康之:《公共行政中的哲学与伦理》,中国人民大学出版社,2004年,第203页。

本的职能。服务型政府强调以社会公众为服务对象,以多元参与为服务形式,以合作协调为服务基础,以满足公共需求为服务导向。服务型政府的本质则是要实现由政府本位、官本位和计划本位向社会本位、民本位和市场本位转变;由"无所不为政府"向"有限责任政府"转变;由传统行政立法为主向现代以法律、经济方法为主,行政方法为辅转变;由传统审批管制向现代公共服务转变。鉴于此,公共服务型政府具有如下特征:①服务范围不再无所不包。政府不再缺位、错位、越位,政府职责有明确边界且敢于负责。②服务手段不再是单一管制。管制与服务并存,将管制纳入服务,以服务为依归,又要实施必要管制,不至于使政府软弱无力。③服务主体不再是唯一政府。实现服务主体多元化而非多样化,这是服务主体质的区别,多元化主体更强调公民参与。④服务重心不再是权力本位,权力只是手段而非目标。⑤服务文化不再是管制文化,突出以民为本的服务行政理念,政府核心定位是服务职能。① 基于我国自改革开放以来社会主义市场经济不断完善的背景条件,关于服务型政府理念的深入研究主要以讨论政府、企业、公民三者之间的关系为主要内容,形成了四种内涵认识的基本脉络。

(一)以管理内容为主的内涵理解

"服务型政府"概念的内涵首先包括对政府管理内容的理解。这种界定以中央政府的认识和文件描述为主要依据。例如早在 2004 年,时任国务院总理的温家宝在省部级主要领导干部"树立和落实科学发展观"专题研究班结业式上的讲话——《提高认识,统一思想,牢固树立和认真落实科学发展观》中提到"公共服务"的概念,从管理内容的角度对"服务型政府"进行解释,将公共服务界定为一种政府行政的最基本内容。

从管理角度理解公共服务,涉及两方面内容:其一,如果以契约论作为政府公权力来源合理性的解释,那么政府行政必须是一种获得了"社会共识"的行为,或者是"公共服务就是指那些政府有义务实施的行为"。② 因为此类行为的作用对象必须是国家所有公民和法人,对象对政府服务具有"普遍并同等的享有"的权利。其二,如果以物质的公共物品来观察公共服务的

---

① 参见王振涛:《公共服务型政府:理论澄清与展望》,《前沿》,2006 年第 10 期。
② 例如法国著名的公法学家狄骥从公共组织(政府)角度来界定公共服务。具体参见[法]莱昂·狄骥:《公法的变迁》,郑戈等译,辽海出版社、春风文艺出版社,1999 年,第 50 页。

提供,那么公共物品的非竞争性与非排他性同样适用于公共服务,又由于"任何因其与社会团结的实现与促进不可分割、而必须由政府来加以规范和控制的活动,就是一项公共服务,只要它具有除非通过政府干预,否则便不能得到保障的特征"①,则政府行政行为本身必须负起可以"普遍并无差异供给"的责任。于是,相对于市场交易性活动而言,社会生活领域中的义务教育、公共卫生和基本医疗、环境保护、就业服务、基本社会保障、道路和公共交通等都归属于公共服务范围。

(二)以管理模式为主的内涵理解

对"服务型政府"概念的另一解读方式体现在对政府管理方式的理解上。若按照公共管理主体与客体之间的关系划分,可以将管理模式划分为统治型、管理型和服务型三类,其中服务型政府是建立在政府承担公共服务责任基础上的一种政府模式。也就是说,从权力与责任的角度,将公共服务定位为政府的基本义务,而政府应当承担行使权力所带来的责任。综观中外历史上存在过的社会统治形态,其政府管理行为虽或多或少地涉及公共服务,但都不被视为政府应尽的责任与义务,而是一种附带性的管理行为。与以往的统治型或管理型模式不同,服务型治理模式在本质上抛弃了政府"为民做主"的陈旧治理观念,以服务代替"全能政府"的行政指令或直接控制,从公民个体需求出发,强调"人本管理"的治理行为要求,在治理过程中赋予民众更为能动与积极的角色。② 简言之,在公共管理中管理主体与客体之间的控制关系逐渐被服务关系取代,管理主体由控制者转变为服务者,这种转变必然导致全新的服务型的社会治理模式的产生。

作为一种全新的政府治理模式,服务型政府坚持以"社会"为本位,以"服务"定位政府职责,即政府应当遵从民意的要求,在政府工作目的、工作内容、工作程序和工作方法上用公开的方式给公民、社会组织和社会提供方便、周到和有效的帮助,为民兴利,促进社会稳定发展,同时重点关注行政人员的综合素质和全面素质。可以说,从管理模式这个角度,"服务型政府"把政府定位于公共服务的生产者和提供者的角色上,将政府责任与义务转换

---

① [法]莱昂·狄骥:《公法的变迁》,郑戈等译,辽海出版社、春风文艺出版社,1999年,第50页。

② 参见王东强:《服务型政府理论研究综述》,《行政论坛》,2009年第6期。

成为政府的行政目标,重新诠释了政府管理的结果评价与根本宗旨。

（三）以管理价值为主的内涵理解

除管理内容与管理模式之外,一些研究者关注到"公共服务"概念的价值面向,从管理价值的角度,提出现代政府治理的目标应涵盖两个层面的理性:一是价值理性,二是工具理性。据此,"服务型政府"构建的基本理性框架应具有两个目标:一是价值目标,即行政管理的根本价值规范,它是主导政府一切行为的根本依据,在这一方面,我国政府历来遵循"从群众中来,到群众中去"的群众工作路线和"全心全意为人民服务"的工作精神已经作了很好的诠释。上述指导方针本身已经构成了"服务型政府"的价值理性,这种理性指导着工具理性的实现。二是工具目标,即行政管理的具体操作规范,这是属于价值理性的外延部分,属于次一级的目标追求,是实现价值理性的操作性要求。从这个层面来理解,理论与实际建设中曾经提到过多种治理模式构建的目标,如"民主政府、有限政府、责任政府、法治政府、绩效政府"[①],以及"顾客导向型、以人为本型、结果导向型、任务导向型、权力有限型、目标导向型、市场导向型的政府"[②]等种种提法,均只涉及某一方面的管理行为效果,应归为政府建设工具理性的范畴。据此,服务型政府的提出在研究范式上突破了过去单纯从某一领域对政府治理所提出的标准,明晰了现代政府发展的价值目标追求,从而完整体现了公共行政改革所应构建的核心价值范式。

（四）以管理职能为主的内涵理解

政府管理职能也称"行政职能",指政府在社会管理中所应承担的职责与功能,其核心的价值在于回答政府"应该做什么""不应该做什么"的问题。行政管理的职能是国家职能的具体执行和体现,同时又制约和影响其他国家职能的实现程度。按照这一逻辑,学界对"服务型政府"的内涵具体化为以下几点:以人为本、服务导向、与民融合、方便民众、以公谋公、依法行政、公众监督、清正廉洁、社会共治。[③] 以此为基础,进而提出了"积极服务型政

---

① 谢庆奎:《服务型政府建设的基本途径:政府创新》,《北京大学学报》,2005 年第 1 期。

② 巩建华:《建立服务型政府应树立的基本理念》,《行政论坛》,2005 年第 1 期。

③ 参见刘熙瑞:《服务型政府:经济全球化背景下中国政府改革的目标选择》,《中国行政管理》,2002 年第 7 期。

府"的内涵,即政府的职责在于以一种积极、能动的方式为公民与社会提供服务。① 借助于对行政改革中政府由"掌舵"向"划桨"转型的阐释,服务型政府的建构从管理职能角度而言,可以界定为在政府从社会控制角色转变为社会服务角色之后,管理方式、目标、评价等一系列的机制改变。这种改变事实上是管理介入角度的转换、管理行进过程的转换和管理评价标准的转换。据此从广义和狭义两个方面来理解:狭义的服务型政府,其职能主要是为企业或个人提供必要的公共产品和公共服务;广义的服务型政府,其主要职能存在于政府行政所进行的一切活动,包括公共政治行为、公共经济服务和公共社会行为。有的学者甚至还提到,随着市场经济的扩大和社会文明的发展,民众的公共需求必定与日俱增,政府涉及公共领域的活动频率也随之急剧上升,其后果必然是政府需要提供公共服务的数量不断增加,服务行政将成为未来社会生活中更受人关注的焦点。在当代理论界有关"国家—社会关系"的研究领域,"公共服务"的概念正逐渐取代"主权"的概念,国家也不再被视为单向发布命令的主权权力,而被作为基于公众服务需要而行使的公权力。

根据已有的概念阐释与内涵界定,我们可以发现所谓服务型政府指的是现代政府构建的一种基本精神,即以公共服务为主要行为方式,以公共责任的实现为基本目标,构建政府与企业、公民之间平等关系的一种新型管理模式,也是一种现代社会的治理精神与追求。在这个框架下,从管理的内容、模式、价值和职能各个角度所界定的"服务型政府",重塑了政府改革与发展的目标和理念,奠定了构建服务型政府路径选择的基础。

二、服务型政府的要件与价值

从以上对"服务型政府"概念的解读中可以发现,诸多"服务型政府"的内涵界定均涉及政府公共服务的提供,从需求供给层面凸显了政府与社会领域各主体之间的平等交换关系,从中不难发现对于服务型政府构建的路径选择,即从理念变革入手,在确定目标的前提下,完善制度体系以保障理

---

① 参见陈华栋:《论服务型政府》,《理论界》,2004 年第 5 期。

念和目标的实现。但同时,现实中也存在对服务型政府建设的一些具体问题的争论,如公共服务的"顾客主权"导向与"公民主权"导向、服务行政的价值理性与工具理性、服务型政府行为的执行与监督等,这些争论的核心则是对服务型政府"公共"和"责任"这两个基本支撑点的探索。

(一)服务型政府的构成要件

无论从国家起源还是从政府存续基础来看,政府的基本价值都在于民众生产生活的需要,否则政府就失去了存在的意义和价值。从这个意义上说,提供公共服务、满足公民意愿是服务型政府的追求目标,也是政府存在本身的应有之义。由此,服务型政府的构成要件包括以下三点。

首先,公民取向是服务型政府最本质的特征。要实现从管理型政府向服务型政府的转型,就要从根本上实现管理思维从政府取向向公民取向的转变。因为政府服务行政的基础是以社会需求为核心的"公民取向"意识,目标自然指向公共利益最大化的达成。进一步说,随着社会现代化发展中公民民主意识的逐渐提高,社会领域各存在主体越来越关注于自身权利的维护,同时也开始不满足于自身只能消极接受政府管理与约束的状况。于是,社会领域各主体要求能够主动参与公共行政各项事务的意愿日益强烈。而在所构建的政府模式框架中,只有服务型政府能够实现公民主体的这个愿望。因此,服务型政府不仅变革了传统管制型政府中的政民关系与控制思维,而且极大地改进了行政活动的民众参与度。因为若以"公民意愿""公民需求"为基本导向,政府就必须对公民的需求有所了解和科学分析。这一行政环节的改进势必引发整个公共政策链条——政策制定、政策执行、政策监督、政策评估等环节的连锁反应,从而从本质上革新传统行政模式,促使行政服务模式最终建立。

其次,市场经济是服务型政府的根本基础。作为实现资源优化配置的一种有效形式,市场经济具有平等性、竞争性、法制性、开放性等一般特征,这些要求也映射为社会对政府的要求。同理,社会主义市场经济体制的确立意味着除了需要开放市场、推动企业完全融入市场进行平等竞争之外,政府的治理理念和行为规范也必须进行相应的变革。因此,现代市场经济的发展与完善要求政府运作方式的改变,而服务型政府则是对这种发展要求的回应。应此要求所构建的服务型政府就必须面对市场经济对新型社会治理模式的种种要求,重塑政府在社会运行中的角色和作用,改变以政府主体作为衡量标准的"管制"逻辑,努力构建以"服务对象"为衡量标准的行政观和政绩观,使得政府职能能够与社会主义市场经济相适应。进一步说,市场经济基础之上的"服务型政府"这一要件定位了新型政府建构的两个基本要求:一方面,行政行为以"服务"为出发点。这种服务涵盖了行政行为全过程,包括应充分了解和尊重经济规律,应尽可能运用经济和法律手段服务市场与社会,以及公平公正地管理公共物品与公共服务的供给领域。另一方面,行政行为以"服务"为责任衡量,明确公共服务的提供者与接受者的关系,政府应承担行政行为的一切责任,尤其是给行政相对人造成损害的行为,必须完成责任人的彻底追责和对责任对象的完整救济。

此外,公共服务和公共效率是服务型政府的核心目标。从行为目标来看,政府存在及其行为实质就是集中公民赋予的权力以维护社会秩序,从而保证公共安全,并维护公民的社会利益。传统的政府通过统治或管制的方式来达成此目的,而市场经济则促使现代政府通过服务来达成此目的。自中华人民共和国成立以来,我国政府一直把"全心全意为人民服务"作为公共行政的基本宗旨,率先确立了服务型政府理念,以此为指导,在市场经济体制改革的大背景下,构建公共服务体系理应成为现阶段政府职能改革的核心要求。基于公共物品非排他和非竞争的特性,公共服务不可能成为一部分人特别享有的权利,而是公民全体享有的权利。这种特性要求公共服务的提供必须伴随一切政府活动且贯穿政府活动的始终,甚至在那些非由政府提供公共物品的领域,针对所有公共物品与公共服务的提供者,政府都负有最广泛程度的监督责任。可见,服务型政府存在的核心意义就在于为了满足公共需求,尽可能为公众提供优质高效的公共服务。

循此思路,公共服务延伸下对公共效率的要求同样也成为服务型政府的核心目标。从这个角度出发,也可以说公共效率是公共服务追求的一个重要部分。在现代社会生活中,随着民众生活节奏的日益加快,效率逐渐也成为民众对行政活动的根本诉求,进而成为行政行为的核心目标。既然服务型政府的构建标准来自于市场经济下社会发展的需要,则优质与及时的服务理当成为应有之义,以行政效率的提高来满足公众日益增长的时效服务要求。由此,公共效率的品质不仅成为衡量政府行政活动成功与否的一个重要标准,也成为检验服务型政府构建水平和实际运行能力的一个重要标准,而且成为未来世界不同国家之间管理竞争的有效指标之一。

(二)服务型政府的内在价值

自"服务行政"研究理念进入国内学界,各研究领域的学者们均从不同角度对"服务型政府"进行了界定,虽然诸多定义从管理内容、模式、价值、职能等不同角度进行了界定,但都凸显着对这种新型社会治理模式之"公共"与"责任"的价值追求。

1. 公共性是服务型政府的理性价值

以现今国内学界对服务型政府的讨论来看,许多相关研究都已对"服务型政府"和"公共服务型政府"两个概念进行过对比与区分。虽然从定义、特征和理论来源的描述等方面,这种比较研究更多体现了对政府服务范围的思考,但本质上却反映出学界和公众对于服务型政府构建公共性价值的共同追求,即关注"公共"二字的价值。具体而言,这种价值诉求成为之后服务型政府理论研究与现实构建的价值基础。

一是公共服务范围的公共性。从现实来看,公共物品与公共服务并非全部由政府提供,也可以由其他公法授权的非政府公共组织和社会企业承担,而政府除了自身提供之外,还以补贴、参股、授权等多种方式提供公共物品与公共服务。因此,从范围角度而言,服务型政府所提供的产品与服务的范围都有了一个极大的扩展,可以说现代社会中凡属于公众需要却不能由市场提供的物品与服务都可以考虑由政府来提供,政府也由此更加提升了其公共特性。

二是公共服务内容的公共性。为了实现公共服务的公开公平,政府往往会将其提供的物品或服务内容以公共政策的形式公示出来,这样,从提供的过程到提供的结果都有利于公众进行了解和监督。从这个角度而言,服务型政府服务内容的公共性从结果回到了过程中,提升了服务公平公正的程度。

三是公共服务方式的公共性。以管理为主的政府大多通过强力管制或是主导经济发展的方式来维护社会秩序,这种行政范式更多地体现了实施主体的意愿,公众意愿并不对政策和行政行为产生太大影响。而服务行政的要义在于服务,服务则必须要体现和尊重顾客对象的需要与意愿,这就展示了一个全新的公共物品与公共服务的提供方式。从这一角度上说,服务型政府内在地包含了公共服务的内容,以服务为中介,更为全面完整地表达了服务型政府的公共性价值理念。

2.责任性是服务型政府的工具价值

在建立理性价值的基础上,服务型政府还延伸出其现实运行中的一项重要工具价值,即其责任性。从工具价值角度而言,这种责任性无疑属于政府管理设计的技术层面变革。服务型政府的建设是一项系统工程,涉及观念更新、职能转变、民主法治、政治文明等诸多方面的长期、协同发展,而这一过程也是政府通过改革逐步实现的政治文化与政府治理发展创新的过程。① 此时,服务型政府便体现出了三种责任性:一是政府完整服务体系构建的市场责任;二是政府服务体系运行过程中一切环节的质量责任;三是政府服务体系的公共物品或公共政策产出的评估监督责任。于是,以"服务人"角色出现的政府,在具体操作层面就必须先实现四类政府行为模式:有限政府、透明政府、法治政府和责任政府。正如北京大学谢庆奎教授提出的:"服务型政府是民主政府、有限政府、法治政府、责任政府、绩效政府,这是服务型政府的形态,也是服务型政府的目标。"②换言之,服务型政府的责任性价值是一种具体的操作要求,也可将之视为一种建设步骤。

首先,要构筑"有限政府"。对可以由市场来实现有效资源配置的领域严格限制政府的介入和干预;对市场以参与方式来实现有效资源配置的领域制约政府干预的程度,始终坚持以市场为基础来推进政府职能的改革,通过市场这个媒介构建"顾客导向型"行政行为模式,逐渐实现公共服务由政府包揽走向全社会共同参与,促进政府管理的创新。

其次,实现透明政府。规范政府外部职能之后,就需要强化对政府运作的约束和监督。其中,约束是内部的,意味着政府必须对自己组织内部的岗位职责、人员行为、政策制度等一系列行政活动进行规范。这种由上而下的规则制定与监督的实施,将行政活动的权力界限明示出来,获得了权力部门自我的透明性。而监督则是外部的,现代政府行政权自我膨胀的特性使得对政府运作的监督日益重要。社会和公民不仅需要全面地参与公共事务,

① 参见谢庆奎:《服务型政府建设的基本途径:政府创新》,《北京大学学报》,2005 年第 1 期。
② 谢庆奎:《服务型政府建设的基本途径:政府创新》,《北京大学学报》,2005 年第 1 期。

而且需要广泛地监督行政活动,以增强社会自治能力为基本目标,获得权力部门被约束的透明性。

再次,形成法治政府。崇尚法律,将法律作为规范行政活动的基本准绳,严格控制行政权对立法权和司法权的干涉,以法律为依据制约和监督政府,政府不能超越宪法,行政人员不得滥用职权。据此,政府的改革需要从组织层面重构机构及其人员的权、责、利。合法行政的同时约束政府权力不可超越边界,维护行政人员正当的权力行使行为和职位权益,也保护行政相对人的合法权益和对所受损害的申诉与救济权。

最后,要完善责任政府。从政府发展的角度来看,现代政府的首要职责就是提供公共秩序的维护性服务,如维护国家安全、维护公民基本权利、维护正常的社会运行、维护市场经济秩序等。这在一定程度上也可视为服务型政府的主要职能。反过来,从西方国家政府职能发展历程来看,在经济衰退阶段为了弥补持续发生的市场失灵,公共性社会事务成为政府深化改革和维持社会基本秩序的强有力手段,并逐步由此深入到社会再生产与国民收入再分配领域,通过建设社会福利体系和健全社会保障制度来刺激经济的持续发展,帮助市场渡过衰退危机。这些福利国家或是后工业社会发展的态势表明,服务型政府的落脚点最后在于其责任性的不断完善:一是对市场、企业所负的经济性责任;二是对国家、民众所负的社会性责任;三是对社会各主体提供基本发展条件的制度与环境责任。简言之,在政府与社会的关系方面,服务型政府既不是近代早期的自由放任型政府的职能模式,也不是20世纪的干预型政府的职能模式,而是一种引导型的政府职能模式。

三、服务型政府衡量的维度

建设真正意义上的服务型政府是我国未来行政改革由管制型向服务型转变的根本出路。但就研究而言,目前对服务型政府尚未形成一个完整的衡量维度,相应的表现为如"新公共管理"与"新公共服务"概念间的相互混用,企业家政府理论与新公共服务理论的模糊等。故而真正意义的服务型政府应是建立在完整严谨的衡量维度基础上的,并且能够对服务型政府形成与其他政府间明显的区辨性。

（一）理念维度

服务型政府的基本理念与行为原则就是为公民、市场和社会服务。在理念方面,积极推进政府文化创新是服务型政府建设过程中非常关键的一环。服务型政府文化理念具体包括民主法治、有限责任、公开透明、服务健全、廉洁高效。这种内在属性直接反映出新型政府建设的两种要求:一是管理组织的建构要求,以主权在民、以人为本作为基本出发点,从结构和制度上形成有限理性、依法行政、民主开放、高效廉洁的政府体制;二是管理组织的软环境要求,即夯实政府管理的文化基础,形成政府公开、透明、平等、责任的治理氛围。反过来,这两种要求的不断渗入,又可以形成政府进一步深入改革发展的方向,真正创新和深化政府构建的服务性。换言之,只有从理念上形成政府公共服务型,才能获得建设实践的突破。因此,理念维度是评价政府建设的首要维度。

（二）关系维度

新理念的落实首先要将其转化为战略选择。对于服务型政府来说,这种战略要求就是要构建出一种关系维度,通过政府与各社会主体的关系重塑来演绎服务型的战略规划。关系维度侧重从政府与公民关系的角度切入来研究和建设服务型政府,主张政府一切行政建构应以公民为取向,以公民角度来完善政府的服务性,发挥其政府建设与监督的工具性杠杆作用,才能不断触发和完成整个体制的变革。

关系维度的战略选择主要包括三个方面:①政府与公民关系维度。这是一个循环时段的测量维度。首先指政府以避免损害公民个体权益为原则,严格遵照宪法法律行政,两者一旦发生冲突时,要以保护公民合法权益为出发点审视行政活动,行政活动方在媒体和相关案件中应负起举证责任和案件追踪责任。其次指政府以满足公民正当需求为原则,尽可能提供公共产品,加强公共基础设施建设。最后指政府以满足公民效率需求为原则,尽可能提供高效优质的公共服务。这三个环节是一个首尾循环的过程,只有建立起合法高效的政府与公民关系,才能为服务型政府的构建打下坚实基础。②政府与市场关系维度。这是一个作用空间的测量维度,体现了政府对社会发展的责任程度。以行政审批制度为改革契机,可以通过对政府、市场和经济发展责任的明确,约束政府的市场干预行为,以责任的方式构筑政府市场服务内容,从而建立服务型政府的发展维度。③政府与社会关系维度。这是一个权限范围的测量维度。以政府与公民、与市场关系的建构为基础,规范政府权力行使的范围和程序,加强社会领域自我管理和自我秩序形成的能力,最后形成整个社会的良性运转,政府作为公共权力的主体,确立客观中立的服务者、规范者和监督者的角色。

(三)制度维度

就"结构—功能"角度而言,不同学科对政府的服务职能有着侧重点各不相同的详细定位。从经济学角度而言,政府服务职能主要体现在纠正"市场失灵"(market failure),提供仅通过市场机制无法有效提供的公共产品、公共服务,提供保证公民权利、社会发展和市场良性竞争的制度、规则和监管机制;从政治学角度而言,政府的服务职能主要体现在政府有责任为全体社会成员提供安全、平等和民主的制度环境,实现以服务为导向、以效率为核心、以发展为目标的社会治理;就社会层面而言,政府有责任构建包括就业、义务教育和社会保障等在内的社会福利网络,调节收入差距,打击违法犯罪,维护社会的稳定与长远健康发展。应该说,这是对服务型政府各层面的一种职能概括,同时也成为一种隐含的内设期待,或者说是对强化政府职能的方法选择。其根本的意图在于建立一种以社会主义市场经济为基础的现代政府与公民关系下的新型制度规范体系。于是,服务型政府理念就推进为一种具体的操作性建设,即制度构建。

综观现有学界对服务型政府的描述,这种制度构建又主要涵盖了以下内容:社会公平正义的价值制度规范、有限理性的经济制度规范、依法行政的社会治理制度规范、公民本位的行为制度规范,以及公共利益的监督制度规范。具体而言,一些学者认为规范化的制度建设是服务型政府的关键所在,其主要改革思路和措施包括树立"以民为本、依法行政"的政府服务理念;探索实现政府职能转变的途径和方法;改进公共决策机制,建立公共决策的调查制度、公示制度和专家咨询论证制度;创新行政管理方式,优化政府服务流程;推进政务公开,实行阳光行政;积极推进电子政务建设;改进绩效考核机制,完善行政问责制度;提供具有人文关怀的便民服务,塑造具有亲和力的政府形象。① 又如谢庆奎教授认为,实现服务型政府目标的基本途径是体制层面的政府创新,即政府在民主制度、法律制度、经济制度、文化制度等诸多领域开展结构和功能上的创新。② 这些观点在不同侧面表明了制度构建成为服务型政府具体落实的重要的可操作性衡量维度。

（四）行为维度

以制度规范建设为基础,服务型政府的建设要逐渐深入到行为选择层面。在这个层面,目的是要加强两方面的建设:一方面,社会组织培育和公民行为培育。社会组织同政府、企业共同构成了现代社会结构的三大支柱,服务型政府的建设无法脱离社会组织的发展与支持。在当前制度环境下,扶持培育社会组织要求政府主动打破传统体制下公权力对公共事务的垄断,适当引入民间资本与社会力量参与公共事务的治理,鼓励和支持各类社会组织对公共事务与公共决策的参与,实现治理主体多元化。另一方面,公民行为的培育与引导同样十分重要,近年来政府在制度建设或舆论宣传等众多方面普及民主、法治与权利—义务观念,这些引导既是服务型政府职责的重要组成部分,也同样有助于民众对政府行政的充分参与和有效监督。

第二节　服务型政府理论的源流

建设服务型政府已被党的十七大正式确定为我国政府改革的重要目标。而服务型政府理论的根源与观念、制度背景则是研究和建设服务型政府无法回避和逾越的关键问题。作为中国特色的社会主义国家,当前中国"服务型政府"概念的理论根源可以追溯到马克思主义理论与毛泽东思想。概括而言,马克思认为社会主义是共产主义的初级阶段,其历史使命就是实现政府的服务性与人的主体性的互证,从而为政府最终向社会的回归创造条件。而毛泽东在包括《论联合政府》在内的众多理论著述中多次阐述了人民政府的"服务"理念,既是马克思有关政府"服务性"思想在中国的发展,也是我国建设服务型政府的直接理论源泉。

---

① 参见姜晓萍、姜洁:《地方可持续发展与规范化服务型政府建设》,《四川大学学报》,2005 年第 4 期。

② 参见谢庆奎:《服务型政府建设的基本途径:政府创新》,《北京大学学报》,2005 年第 1 期。

一、服务型政府理论的起源

服务型政府首先体现了"服务行政"的理念。"服务行政"一词来源于德国行政法学家厄斯特·福斯多夫（Ernst Forsthoff）于 1938 年发表的题为"作为服务主体的行政"一文。① 20 世纪 80 年代以后，在西方国家兴起的"新公共管理"理论建立在对以官僚制理论为基础的传统公共行政理论的批判与扬弃基础之上，对世界大多数国家的行政改革产生了非同寻常的影响。2000 年 11 月，罗伯特·登哈特和珍妮特·登哈特在美国期刊《公共管理评论》上发表了《新公共服务：服务而不是掌舵》一文，尝试对以企业家精神为核心的"新公共管理"理论缺陷进行修正与弥补，新公共服务理论在全球范围内产生了广泛影响。国内学者将这篇文章翻译成中文，使"新公共服务"的概念在中国行政管理学术界也逐渐传播。国内学者开始关注如何运用这一理论指导我国的行政改革，以及如何在具体治理实践中体现"服务"的核心价值。在这一背景之下，建立服务型政府的理念被提出并获得广泛关注。

（一）马克思主义理论中的相关理念

马克思主义政治理论始终关注劳动人民的解放和命运，致力于实现广大人民的平等、自由与福祉。从马克思主义的经典著作中我们可以发现，以人为本是马克思主义的逻辑起点和根本落脚点。因此，马克思的人本思想与服务型政府之间具有天然亲和性，对于构建具有中国特色的服务型政府具有重要理论价值。

1. 马克思主义理论的人本思想

马克思主义理论是关于全世界无产阶级和全人类彻底解放的理论，由马克思主义哲学、马克思主义政治经济学和科学社会主义三大部分组成。其中人学理论，特别是"劳动人本论"的思想在马克思主义理论体系中占据重要位置。"人本"思想的核心在于以人为本，将人作为认识主体、实践主体、占有主体和评价主体，从人文主义、人本主义、人道主义的角度认识与解决问题，尊重人的主体价值。根据我国《哲学大辞典》的定义，"人本"思想泛

---

① 　参见燕继荣：《近十年来国内服务型政府研究综述》，《新华文摘》，2009 年第 8 期。

指一种以人为本,以人为目的和以人为尺度的思想观念。与"人本"概念相对的是"神本"和"物本"。前者即把上帝或上天等神学观念作为统治的合法根据,后者即主要指把资本作为最高的物来追求的拜物教思想的观念。一些西方学者将马克思唯物史观视为"经济决定论"或"历史规律决定论"的产物。不可否认,马克思注重社会经济对国家(政府)的决定作用,认为是由市民社会产生国家。例如马克思认为家庭和市民社会是国家的真正的构成部分,是意志所具有的现实的精神实在性,它们是国家存在的方式。家庭和市民社会本身把自己变成国家。① "国家是从作为家庭和市民社会的成员而存在的这种群体中产生出来的。"②尽管如此,贯穿马克思的经济思想和政治思想的基础仍然是以历史唯物主义的"劳动人本论",即以现实的社会个人(劳动者)为分析社会、政治的起源、本质、运行与发展规律的始基和起点,充满了浓厚的人文主义关怀和人本主义意蕴。

除此之外,马克思的群众观也在一定程度上奠定了服务型政府的思想基础。例如马克思主义唯物史观认为,人民群众是社会物质财富和精神财富的创造者,是推动历史发展、社会变革和社会前进的决定力量,而杰出人物对历史发展所起到的推动作用必须借助于广大民众的支持。这一历史规律对于当前公共政策领域的重要启示在于,其深刻揭示了人民群众在历史发展中的巨大作用,以及为人民服务、保障人民群众根本利益的重要性。

尽管马克思主义思想具有"人本主义"的理论内核,然而在我国当前理论界却存在对马克思"人本"思想的误读。例如一些观点认为人本主义作为一种思想方法和哲学理论,其主要代表人物是德国的费尔巴哈而不是马克思。根据《辞海》的解释,人本主义亦称"人本学",在哲学上"通常指抽去人的具体的历史条件和社会关系而把人仅仅看作一种生物的形而上学唯物主义学说。主要代表为德国的费尔巴哈"。费尔巴哈的"人本主义的唯物主义"来自于西方近代启蒙思想,例如他认为自己的学说或观点"可以用两个词来概括,这就是自然界和人"③,而"我的著作以及我的演讲的目的,都在于

---

① 参见《马克思恩格斯全集》(第1卷),人民出版社,1956年,第251页。
② 同上,第252页。
③ [德]路德维希·费尔巴哈:《费尔巴哈哲学著作选集》(下卷),荣震华译,商务印书馆,1984年,第523页。

使人从神学家变为人学家,从爱神者变为爱人者"①。可以发现,不同于马克思唯物主义的"劳动人本论",作为费尔巴哈理论核心的"人"是抽象的人,是脱离了社会存在的人,因此在实质上是唯心主义的人本主义的人。马克思的理论贡献在于将人变成了历史唯物主义的人本主义的人。因此,如果忽视了人本思想在马克思主义理论体系中的重要位置,否认了马克思关于人的发展的学说与西方人学思想的逻辑联系,淡化了马克思主义理论的人本主义底色,是不符合马克思人本思想实际的。

在理论上,马克思和恩格斯虽批判了费尔巴哈人本主义历史观,但并未批判过人本主义价值观。不仅如此,马克思主义理论肯定、改造、发扬了人本主义价值观,并使之成为马克思主义理论体系的重要组成部分。例如马克思在《1844 年经济学—哲学手稿》中和在其提出对共产主义的见解中,都深刻地论述了人本思想。马克思指出,在资本主义私有制的生产关系中,人失去了自由,失去了作为人的地位、意义、价值和本质,丧失了他本能具有、享有的社会性质,变为孤立的、利己的个人而同他人、同社会相隔绝相对立。共产主义的本质是对私有财产,即人的自我异化的积极扬弃,因而是通过人、并且为了人,而对人的本质的真正的占有,因此它是人向自身、向社会的(即人的)人的复归,这种复归是完全的、自觉的而且是保存了以往发展的全部财富的。② 所以实现共产主义的意义就是"为了人",就是要使人的本质得到重建和尊重。这就是马克思主义人本主义价值观的主要内容。正如马克思在《法兰西内战》中总结 1871 年巴黎公社的历史经验时,认为"巴黎公社原则"的核心就是民主、选举、平等、废除特权,其根本目的是捍卫民众的利益,保障政府的服务人民的根本指向。③ 马克思认为,唯有公社才能使无产阶级获得解放,因为公社"是社会把国家政权重新收回,把它从统治社会、压制社会的力量变成社会本身的生命力"④。

马克思认为,政府权力性质的无产阶级性才可以确保公社的"服务型"性质,即只有无产阶级政权才能保证为广大人民提供服务;在军事制度上,

---

① [德]路德维希·费尔巴哈:《费尔巴哈哲学著作选集》(下卷),荣震华译,商务印书馆,1984 年,第 525 页。

② 参见《马克思恩格斯全集》(第 42 卷),人民出版社,1979 年,第 120 页。

③ 参见《马克思恩格斯全集》(第 17 卷),人民出版社,1963 年,第 355 ~ 362 页。

④ 参见《马克思恩格斯选集》(第二卷),人民出版社,1972 年,第 331 页。

巴黎公社废除资产阶级常备军,代之以人民的武装,为捍卫人民政权提供了军事保障;在政治制度上,用无产阶级的政权机关来代替旧官僚机构,实行普选制,代表对选民负责并且随时可以撤换,废除官吏特权和高薪制,保证了无产阶级政府的服务本质;在意识形态上,废除宗教特权,摧毁了宗教这一对无产阶级进行精神压迫的工具,实行政治和宗教、教育和宗教相分离,唤起人民的权利意识和接受、监督政府服务的意识;在法律制度上,废除旧的司法制度,实行司法人员选举制,保证法官为人民群众服务,接受人民群众的监督;在组织原则上,废除官僚集权制,实行民主集中制,增强政府的公共性、回应性与服务性。因此,马克思认为公社实现了"廉价政府"和"真正共和国",它是工人阶级领导的政府,不仅代表工人阶级的利益,也代表小资产阶级,特别是农民的利益。这个以服务为宗旨的人民政府具有广泛的社会基础,其服务的对象不是狭隘地局限于无产阶级,而是面向广泛社会大众的。总之,巴黎公社实质上是工人阶级领导的,为工人阶级及其他劳动大众服务的政府,"是终于发现的可以使劳动在经济上获得解放的政治形式"①。作为新生事物的服务型政府(巴黎公社是其萌芽形态)在历史中产生,也应当在历史发展中不断走向完善。②

马克思主义理论中的人本主义思想与巴黎公社的政治实践都是现在我国提出的服务型政府的萌芽。只有这样的政府形式才能真正维护人民群众的根本利益,才能真正做到全心全意为人民服务。回顾马克思主义理论的人本思想我们可以发现,虽然马克思主义理论没有明确提出"服务型政府"的具体概念,却洋溢着"以人为本"的理论光辉,其本质就是要求无产阶级的政府成为真正为广大人民服务的政府。因此可以说,马克思主义思想中的"人本主义"理念是我国建设社会主义服务型政府的意识形态基础和理论源泉。

2. 毛泽东思想:马克思的人本政府思想的中国实践

毛泽东思想是由以毛泽东为代表的党的第一代领导集体的智慧结晶,是在 20 世纪中国革命中产生和发展的政治、军事和发展理论。毛泽东思想是马克思主义的中国化,是马克思的服务政府理论发展中的一个支流,为马

---

① 参见《马克思恩格斯选集》(第二卷),人民出版社,1972 年,第 361 页。
② 侯保龙:《服务型政府理论渊源的马克思主义考察》,《理论月刊》,2008 年第 9 期。

克思主义在中国特定经济与社会土壤的实践提供了理论指引。"为人民服务"的理念是毛泽东思想的重要内容之一,其中可以发现具有中国特色的服务型政府的理论和制度内核。例如在毛泽东所著的《论联合政府》中可以发现,毛泽东的政府服务思想与马克思主义的"人本"思想在本质上是一致的。如果说马克思主义理论主要从哲学层面讨论无产阶级政权为广大人民服务的深层理论渊源,包括《论联合政府》在内的毛泽东思想的代表著作则重点从中国革命和建设实践出发,论述了"为人民服务"的无产阶级理念在中国革命和建设中的实践,具有较强的实践性、操作性和针对性。

在《论联合政府》中,毛泽东用大量的篇幅指出,与资产阶级的国民党政府相比,共产党领导的新型政府具有根本的"服务性"的价值追求。他指出,共产党领导的八路军、新四军之所以有力量,"是因为所有参加这个军队的人,都具有自觉的纪律;他们不是为着少数人的或狭隘集团的私利,而是为着广大人民群众的利益,为着全民族的利益,而结合,而战斗的。紧紧地和中国人民站在一起,全心全意地为中国人民服务,就是这个军队的唯一的宗旨"[1]。"国民党区域剥夺人民的一切自由。中国解放区则给予人民以充分的自由。"[2]"孙中山在其所著《中国国民党第一次全国代表大会宣言》里说:'近世各国所谓民权制度,往往为资产阶级所专有,成为压迫平民之工具。若国民党之民权主义,则为一般平民所共有,非少数人所得而私也。'"[3]而"中国共产党人是革命三民主义的最忠诚最彻底的实现者"[4]。"人民的言论、出版、集会、结社、思想、信仰和身体这几项自由,是最重要的自由。在中国境内,只有解放区是彻底地实现了。"[5]与共产党领导的无产阶级政权形成对比的是,当时的国民党政府背叛了孙中山的告诫,实行一党专政,成为拒绝改善民生,拒绝实行民主联合政府,拒绝成为真正服务于广大民众的政权。

共产党领导的解放区民主政府破除官本位意识,以全心全意为人民服务作为基本宗旨,实现了从"管理"到"服务"的跨越。解放区民主政府人员

① 《毛泽东选集》(第三卷),人民出版社,1991年,第1039页。
② 同上,第1049页。
③ 同上,第1056~1057页。
④ 同上,第1061页。
⑤ 同上,第1070页。

"艰苦奋斗,以身作则,工作之外,还要生产,奖励廉洁,禁绝贪污"的优良作风既是中国解放区民主政府的特色之一,也是其鲜明的服务性的体现。这样的政府改变了以往政府强制或被动式的管理,可以被看作服务型政府理念在中国的早期实践。通过对毛泽东著作的解读可以发现,解放区民主政府所具有的"服务性"可以被总结为以下两个方面:一方面,这个政府要能从根本上促进中国社会生产力的发展,这一要求对应的是马克思主义理论的"生产力"标准。例如毛泽东在《论联合政府》中指出,评价中国一切政党的政策及实践的标准,就在于这项政策是否对中国人民的生产力的发展有所帮助,要看它是束缚生产力的,还是解放生产力的。① 在当时的时代背景下,只有消灭日本侵略者,实行土地改革,解放农民,发展现代工业,建立独立、自由、民主、统一和富强的新中国,使中国社会生产力获得解放,才是真正服务于广大人民,才能受到人民的拥护和支持。另一方面,要看这个政府是否能真正走群众路线,真正为人民群众谋福利,体现真正的群众性、亲民性、服务性。毛泽东指出:"在理论上,共产党区别于其他政党的显著的标志之一,就是和最广大的人民群众取得最密切的联系。全心全意地为人民服务,一刻也不脱离群众,一切从人民的利益出发,而不是从个人或小集团的利益出发;向人民负责和向党的领导机关负责的一致性,这些就是我们的出发点。共产党人必须随时准备坚持真理,因为任何真理都是符合于人民利益的;共产党人必须随时准备修正错误,因为任何错误都是不符合于人民利益的。"②"我们的代表大会应该号召全党提起警觉,注意每一个工作环节上的每一个同志,不要让他脱离群众。教育每一个同志热爱人民群众,细心地倾听群众的呼声;每到一地,就和那里的群众打成一片,不是高踞于群众之上,而是深入于群众之中;根据群众的觉悟程度,去启发和提高群众的觉悟,在群众出于内心自愿的原则之下,帮助群众逐步地组织起来,逐步地展开为当时当地内外环境所许可的一切必要的斗争。"③"共产党人的一切言论行动,必须以合乎最广大人民群众的最大利益,为最广大人民群众所拥护为最高标准。"④

---

① 参见《毛泽东选集》(第三卷),人民出版社,1991年,第1079页。
② 《毛泽东选集》(第三卷),人民出版社,1991年,第1094~1095页。
③ 同上,第1095页。
④ 同上,第1096页。

因此，为了真正实践群众路线，毛泽东要求领导干部"应该热情地跑到农村中去，脱下学生装，穿起粗布衣，不惜从任何小事情做起，在那里了解农民的要求，帮助农民觉悟起来，组织起来，为着完成中国民主革命中一项极其重要的工作，即农村民主革命而奋斗"①。一个政府如果没有这样一个为民服务的真诚态度、识见及其制度保障，要建设服务型政府是极为困难的。如果一个政府缺少这样一个基本的政府伦理，也就缺乏了起码的政府理性，那么也就无从确立、践行为人民服务的原则和理念。

在毛泽东思想的基础之上，包括邓小平提出的"领导就是服务"思想、江泽民提出的"三个代表"重要思想、胡锦涛提出的"科学发展观"，以及目前广泛开展的党的群众路线教育实践活动都是对马克思主义、毛泽东的政府服务思想的进一步深化发展。特别是在当前经济改革与社会转型日益深化的新时期，我国提倡"服务型政府"的治理理念，既是对马克思"人本主义"理论内核的继承和发扬，也是我国经济社会不断发展的必然要求。此外，促使我国政府实现这一转变的内部和外部条件已基本成熟。从国内形势来看，改革开放至今，社会主义市场经济体制已基本确立，公民民主意识与权利意识已逐渐觉醒，这种新形势迫切要求政府转变职能，以更为公平、更具效率的方式面向市场、社会和公民个人提供公共服务和制度保障。从国际环境来看，当前全球化进程使我国更为充分地融入世界经济和政治体系之中，同样要求我国政府实践更具现代化的治理方式与治理体制，有选择地借鉴西方发达国家的有益制度。在这种国内外的双重背景之下，建设服务型政府成为当前我国经济社会发展过程中所面临的重要议题。在当代中国的现实语境下，服务型政府就是为人民服务的政府，将政府定位于服务者的角色上，把为社会、为公众服务作为政府存在、运行和发展的基本宗旨。"服务作为公共管理的核心价值或主导价值是人类社会治理发展的结果，体现了历史发展的必然。"对于社会主义中国来说，建设服务型政府是个新的重大使命，建设服务型政府并不意味着我国政府性质与根本宗旨的变化，而要纠正以往计划经济时期管制型、权力型、命令型政府对"服务人民"这一核心理念的偏离，是切实践行马克思人本思想渊源的政府形态与毛泽东同志"为人民服

---

① 《毛泽东选集》（第三卷），人民出版社，1991年，第1096页。

务"思想的必然要求。

(二)"新公共管理"与"新公共服务":西方理论界的"服务型政府"理念

在以英国、美国为代表的西方发达国家,与"服务型政府"相关的理念和20世纪七八十年代兴起的"新公共管理"的行政改革浪潮密切相关。新公共管理理论旨在运用市场力量改造公共部门,期望通过"政府再造"或"重塑政府"改善公共物品和公共服务的供给质量,重新赢得公众对政府的信心。在20世纪80年代,英国撒切尔夫人政府推行以缩小政府规模和"财政管理创新"为中心的改革,其后的梅杰政府通过"公民宪章运动"、布莱尔政府的"第三条道路"改革引入市场机制,推进公共部门的改革。在此之后,西方国家相继开始采取公共部门民营化的改革步骤,在公共服务的供给中引入市场竞争机制,借助私营部门的管理技术和方法,将公众作为接受服务的"消费者",在服务供给的过程中尊重民意,提供高水平的公共服务。以新公共管理运动为标志,西方国家逐渐从传统福利国家与"干预式国家"走向以"公共选择"为导向的服务型政府。

1."企业家政府"理论:西方新公共管理理论的起点

从20世纪七八十年代开始,在英美等西方发达国家与部分发展中国家纷纷展开了一场名为"新公共管理运动"的公共部门管理方式革新。新公共管理运动并不存在统一的模式。例如英国学者克里斯托弗·胡德将新公共管理的特征和内涵描述为如下七个方面:①向职业化管理的转变。也就是说,在公共领域,注重让专业管理人员实际操作,让管理人员来管理。②标准与绩效测量。应该注重明确的业绩评估标准和测量方法,这就需要明确目标,设置业绩目标。③产出控制。更加注重对结果的控制,资源被利用到可以进行业绩评估的领域,因而需要强调结果而不是过程。④单位的分散。将公共领域的单位分割得更小,也就是将大的单位按公司型的产品单元划分,各自为财政拨款单元,单元之间相互处于一壁之隔的不远不近的关系。⑤竞争。引导公共管理领域朝更强烈的竞争方向变化。⑥私人管理部门的风格。强调在实践中使用私营企业的风格和方法,使用更加灵活的用人方式和奖赏方法。⑦纪律与节约。强调在资源使用方面更强的原则性和节约性。

根据奥斯本和盖布勒提出的"企业家政府"理论,政府的运作过程中可以融入企业家精神,这种企业家精神可以具体化为十项原则:①起催化作用的政府:掌舵而非划桨;②社区拥有的政府:重妥善授权而非事必躬亲;③竞争型政府:将竞争机制引入提供服务中;④具有使命感的政府:注重目标使命而非繁文缛节;⑤讲究效果的政府:按效果而不是投入拨款;⑥顾客导向的政府:满足顾客而非官僚的需要;⑦有企业家精神的政府:挣钱而不是花钱;⑧有预见力的政府:重预防而非治疗;⑨分权的政府:重参与协作而非层级节制;⑩以市场为导向的政府:重市场调节而非仅靠行政控制。①

英国学者费利耶等人在《行动中的新公共管理》一书中将新公共管理模式分为四种:效率驱动模式、小型化与分权模式、追求卓越模式与公共服务取向模式,其中公共服务取向模式可视作公共服务型政府的直接驱动力。公共服务取向模式代表了一种将私人部门管理理念和公共部门管理理念的新融合,它强调公共部门的公共服务使命,但又采用私人部门管理中的全面质量管理思想。"它赋予新型的公共部门——它们既与以往旧的公共组织决裂,又保留了明确的认同感和目标使命——以合法性。"②这种模式的基本内容及特征是关心服务质量,强调产出,以实现公共服务的内在使命为基础;在管理过程中反映消费者的愿望和利益要求,强调公民权利,强调对日常服务提供的全社会学习过程进行公共需求评估,强调公民参与和公共责任等。这样,以企业家政府理论为起点、以公共服务取向模式为直接驱力,使得构建公共服务型政府、全面提高公共服务质量被提入行政部门改革的具体议程中。

2. 新公共服务理论:对企业家政府理论的扬弃

企业家政府理论自提出以来在理论界取得很大反响,既受到了广泛讨论,也存在来自多方面的争议与反思。在这一背景之下,美国学者登哈特基于对企业家政府理论的扬弃提出了"新公共服务"理论。这一理论承认新公共管理理论对改进公共管理实践所具有的重要价值,并在摒弃其固有局限的基础上,提出一种更加关注民主价值和公共利益、更加适合现代公民社会发展和公共管理实践需要的理论选择。

---

① 参见王振涛:《公共服务型政府:理论澄清与展望》,《前沿》,2006 年第 10 期。
② 陈庆云:《公共管理前沿》,福建人民出版社,2002 年,第 239~240 页。

（1）企业家政府的理论局限

与之前的管制型政府理论相比，企业家政府理论的诸多主张是具有启发性的，但如果比较仅限于此，对这一理论过度迷信，则会导致改革走向另一极端。对这一理论的批评意见认为，企业家政府理论自身存在诸多局限，主要表现在以下方面：

首先，企业家政府理论简单地将公共服务的"生产者"，即政府比喻为企业，将公共服务的"消费者"，即社会公众比作顾客，期望政府与公众之间的关系能够按照企业与顾客之间的关系一样，即政府在提供公共服务的过程中以民众需要为导向，同时不断提高行政效率与服务水平以最大限度满足民众对公共服务的要求。然而这种企业与顾客之间的关系无法涵盖公共行政的全部内涵，将公共管理与私人管理混同，忽视了公私管理的差异，公共部门庞大的规模和决策的强制性使任何希望将企业管理方法植入政府中来的行为变得异常困难。

其次，企业家政府理论对公共行政价值判断方面存在偏颇。这一理论对"经济人"的基本假设忽视了政治因素、文化因素对公众选择的影响，其中缺乏对公民角色的全面、深刻理解，背后隐含着公共利益和公共伦理危机。现代公共行政以民主宪政为基石，强调追求人民主权、公民权利、社会公正等多元价值。企业家政府理论则过分强调对效率和工具理性的追求，使得公共行政无力反省其根本价值与目的，政府无力担负起捍卫民主的责任，丧失了公共行政在民主治理中的正当角色和真正意义，而对结果导向的过分迷信使得政府忽视了手段和程序的合法性。

此外，企业家政府理论本身存在对市场机能的过分推崇，却忽略了市场调节机制的固有缺陷，公共部门市场化在提供希望的同时，也存在许多错误，如公益丧失、规避巧用、寻租腐败等。而且一旦市场陷入失灵境况，公共物品的供给将受到巨大的影响，进而损害公民的切身利益。

（2）"新公共服务"的理论内核

新公共服务理论的倡导者登哈特认为，与其说行政官员正集中于控制官僚机构和提供服务，倒不如说他们更加关注"掌舵而不是划桨"的原则，即他们更加关注成为一个倾向于日益私有化的政府企业家。但忙于"掌舵"时，他们却忘记了是谁拥有这艘"船"。行政官员在管理公共组织和执行公共政策时不应仅考虑"效率至上"的原则,更应致力于承担为公民服务的职责,其工作重点既不应是"掌舵",也不应是"划桨",而应是建立具有完善整合力与回应力的公共机构。

根据新公共服务理论,首先,政府的职能既非"划桨"也非"掌舵",而是服务。政府应以实现公共利益为目标,帮助公民表达和实现共同利益,而非试图在新方向上控制或驾驭他们。这个共同利益不仅指经济利益,更在于保证平等、公正、民主、自由等关系公民切身利益的权利。在这一过程中,行政官员需要"战略地思考、民主地行动",致力于建立公共利益观念、创造共享利益,制定符合公共需要的政策和计划,并通过集体努力和协作,使其最有效、最负责地得到贯彻执行。

其次,政府服务的对象是"公民"而非"顾客"。公共利益源自对共同价值准则的对话协商,而非个体自我利益的简单叠加。因此,行政人员要超越企业家身份,重视公民权和公共服务,公共服务的提供要重视"人"而不只是生产率,不仅应关注市场,还应关注宪法和法令,关注社会价值观、政治行为准则等,更要关注建设政府与公民、公民与公民间的信任与合作关系。公共部门要在尊重所有人的基础上通过合作和共同领导来运作。与视公共资金为己有的企业家式行政方式相比,如果行政人员和公民都致力于为社会做出有意义的贡献,那么公共利益就会得到更好的实现。①

综上所述,如果说企业家政府理论建立在个人利益最大化的基础上,新公共服务则建立在公共利益观念上,它把公共利益的民主价值、公民权和服务看作公共管理的规范性基础和价值观。新公共管理理论认为,政府不仅仅是为顾客提供服务,而是在服务基础上提供民主,是对企业家政府理论合理反思基础上的批判与超越。

3."新公共服务型政府":中国行政改革展望

在我国目前的理论研究中,对服务型政府的讨论许多是在企业家政府理论框架下进行的。一些学者甚至认为服务型政府的理论基础理所应当的是新公共服务理论。这仅仅缘于二者名称的相似,是对两种理论内在精神与原则的误解。一方面,在对公共服务型政府的研究中,新公共管理取向与

---

① 参见王振涛:《公共服务型政府:理论澄清与展望》,《前沿》,2006 年第 10 期。

新公共服务取向并存,基本概念互相替代,使得研究处于盲目、混乱和纠缠不清的状态。一些学者没有意识到这一研究方法的失误,仍将企业家政府理论、新公共服务理论与公共服务型政府混为一谈,从而得出自相矛盾的结论。如果服务型政府以新公共服务理论为起点,就应当使用该理论的基本观点去解决现实问题,但与此相悖,学者却在采用企业家政府理论继续指导服务型政府建设。而新公共服务理论本身是对企业家政府理论的扬弃,与之相比更具合理性与优越性,企业家政府理论被用于指导基于新公共服务理论基础上的服务型政府建设无疑不符合历史唯物主义。另一方面,如果服务型政府以企业家政府理论为起点,就应当充分采用该理论的基本原则去构建,但与此相反,一些学者却在采用新公共服务的观点对其加以指导,而这无疑只会使得服务型政府丧失其合理性,相关研究也将陷入自相矛盾的境遇。因此,首先认清服务型政府的理论起点究竟为何,再者认清新公共服务理论与企业家政府理论的关系,则成为进行下一步研究的必要前提和首要任务。这样才能判定现有研究成果的合理性及存在的问题,才能将研究引入更高阶段,才能有效指导改革和避免失败。

真正意义的服务型政府应该是以新公共服务理论为基础的政府形态,而非企业家政府理论指导下的服务型政府,因而可将其称为"新公共服务型政府"。这绝不仅仅是名称的简单变更,而是涉及理论基础、方式方法、基本原则、具体形态和构建对策等一系列深层问题的转向与更新,是政府改革的全新指导理念。

二、服务型政府理论流变

在当前我国国内相关研究领域,为了不断完善服务型政府理论,为建设服务型政府提供理论支持,学者们深刻挖掘了服务型政府的理论渊源。服务型政府的概念是在新公共服务理论大行其道的背景下被提出来的,因此一些学者将新公共服务理论作为服务型政府理论的理论来源之一。侯玉兰在分析登哈特新公共服务理论的七大原则的基础上提出,要以新公共服务理论为基础,构建现代服务型政府。也有学者不同意这种观点,例如王雁红认为,受西方国家新公共管理运动的影响,服务型政府成为我国政府管理者和学者们频繁提及的词语。四川行政学院的王艳认为服务型政府并没有超越传统公共行政的模式,也就是否认了将新公共服务理论作为其理论来源。除此之外,学者们还从更为广阔的视角为服务型政府理论提供了理论依据。南京大学的束锦和苏州大学的肖靓从公共行政理念的转向和政府失灵及其矫正两个角度为推进服务型政府建设寻求了理论依据。他们认为公共行政的变革是以理念为先导的,而公共行政的理念有着自身的发展轨迹,即由统治到管理再到服务。他们总结了矫正政府失灵的一般对策,即加强制度约束、进行市场化改革和转变政府职能,他们认为,建设服务型政府是解决政府失灵的关键。①

中央民族大学管理学院的肖陆军和杨丹从四个方面为建设服务型政府提供了理论依据:第一,从政治学的视角看,马克思主义的民主理论是服务型政府建设的理论源泉;第二,从行政学的视角看,现代公共行政学理论是服务型政府建设的直接支撑;第三,从行政法学的视角看,行政法治观念正在经历从管理行政到服务、从注重行政权力的行使到注重对相对人权利的尊重、从以物为中心到以人为本的变革;第四,从公共经济学的视角看,公共产品支出原理为服务型政府建设提供了理论依据。②

郑州大学公共管理学院的何水也从几乎相同的角度探讨了服务型政府的理论依据。他提出,人民主权理论、新公共管理理论、行政法治理论、为人民服务理论分别为服务型政府建设提供了政治学、行政学、行政法学理论依据和最根本的理论落脚点。张康之从政府规模的视角分析了政府规模的不虞效应及对策的不适,认为传统的统治型和管理型政府形态都共同包含着政府本位主义和权力本位主义的理念特征,自身无法克服政府规模膨胀问题,而服务型政府尊重政府结构分化和政府职能专业化的历史趋势,但它不允许政府结构分化和政府职能专业化造成政府规模的膨胀。这样,他就从限制政府规模的角度为建设服务型政府寻找到了理论依据。③

董幼鸿提出随着以公有制为主体、多种所有制经济共同发展的基本经济制度的形成,市场经济的主体应当是企业,政府不应再充当市场经济的主

---

① 参见杨磊:《服务型政府理论研究综述》,《湖北行政学院学报》,2006 年第 6 期。
② 参见肖陆军、杨丹:《服务型政府的特点及其理论依据》,《理论学刊》,2005 年第 6 期。
③ 参见何水:《服务型政府建设的理论依据与现实背景》,《云南社会科学》,2005 年第 4 期。

体力量。应转变政府管理模式,由一元化管理转向政府、公民、社会中介组织和市场主体共同治理的多元化治理模式。在公共服务型政府建设与创新过程中,要坚持以政府为主导,吸纳政府以外的市场主体和社会主体积极参加政府公共服务活动,实现公共服务主体的多元化。还有学者提出要用市场的力量改造政府,将政府行政环境向市场模式靠拢,采取成本核算、顾客导向、业务流程再造、全面质量管理、绩效考核与奖金、内部市场等企业化的管理模式,提高政府工作效率。①

三、现阶段关于服务型政府观点的探究

我国公共管理理论界目前关于服务型政府理论的研究已经得到了长足发展。各国的行政改革实践也为这一理论贡献了有益的经验。因此,总结以往理论与实践方面所积累的经验与教训,是今后继续深入服务型政府建设的首要前提。

例如,从服务型政府的理论基础而言,一些研究者认为服务型政府的理论基础包括民主行政理论、治理理论和后现代理论。② 一些研究者认为政府公共性理念是服务型政府的原初理念,民主理论是服务型政府的奠基性理论,马克思主义的代表制思想是服务型政府的直接指导思想。一些学者认为以登哈特等人为代表的新公共服务理论和以卡特森·格利夫等为代表的公民参与理论及实践改革模式,对正在进行的中国政府改革具有特别重要的意义。此外,还有一些学者认为,在中国服务型政府建设过程中可资运用的理论观点十分丰富,涉及众多学科,但是指导我国服务型政府建设的理论基础只有一个,那就是马克思主义的民主理论。有学者指出:"到西方国家的公共行政理论中去寻找服务型政府的理论根据甚至理论模型的做法,会阻碍、误导服务型政府的理论探讨。"还有学者认为,社会契约论、新公共服务理论和为人民服务理论都不是服务型政府的理论基础。

在实践层面,国内学者也提出了一些问题:一是关于公共服务是"顾客主权"还是"公民主权"的原则设定。辛传海认为新公共管理行政改革提出

---

① 参见王东强:《服务型政府理论研究综述》,《行政论坛》,2009 年第 6 期。
② 参见刘俊生:《论服务型政府的价值基础与理论基础》,《南京社会科学》,2004 年第 5 期。

顾客服务理念,却遭遇到一系列的策略性和政治性挑战。二是关于价值理性和工具理性。邓仕仑认为建设服务型政府,面临的选择是遵循价值理性还是遵循工具理性。他指出理论界一些学者从"公民主权"概念出发,将服务型政府的本质及其理论基础从工具理性拔高到价值理性,值得商榷。因为服务型政府的立论理念有先天缺陷,而且立论依据不足,同时暗含着削弱国家政治领导和管理功能的隐忧。三是服务型政府的异化。王艳从政府提供的服务本身出发,提出服务型政府有三种异化形态:差别服务、强制服务、不对称服务。她认为导致服务行政异化的根本原因是,服务型政府模式只不过是用一种类型的"行政中心"替代了另一种类型的"行政中心",所有的服务都是在一个权力中心的控制下进行。① 它并没有超越传统公共行政的范式,仍然具有传统公共行政的特征。② 有学者从服务型政府实际运行的角度分析,认为存在以下误区:政府是公共产品和公共服务的建设者,建设服务型政府须扩大政府职能,服务型政府须脱离市场,建设服务型政府就应重公平而轻效率,服务型政府就是全能政府,服务型政府无须裁减人员与机构,服务型政府意味着削弱政府权威。

　　综上所述,随着新公共服务理论逐渐被我国学者接受,学术界对服务型政府理论的研究已经取得了较为丰富的研究成果,特别是在服务型政府的含义、理论依据、基本框架和实现路径等方面展开了充分讨论。这些研究虽然在某些理论点上还存在分歧,甚至有不完善的地方,但百家争鸣的自由讨论正是学术理论取得突破和发展的前提条件。这些讨论对我国加快建设服务型政府,推进行政体制改革具有重要意义。但从另一方面来看,服务型政府研究仍然存在着缺陷和不足,具体表现为以下三个方面。

　　第一,理论的规整性还有欠缺。首先,在概念界定方面,学者们大都根据自己选定的取向和理论兴趣对"服务型政府"的概念作出界定和阐释。例如,有些学者将服务型政府解释为提供公共服务的政府,或将进行过任何以服务为导向改革的政府都称为"服务型政府"。这种对概念的归纳方式使得服务型政府的核心表征较为模糊,缺乏较为综合全面的描述和总结,也反映出学界对服务型政府本质属性的了解有待深入。其次,在理论建构方面,已

---

　　①② 参见王艳:《服务型政府的异化与转型——论建立新公共服务型政府》,《云南行政学院学报》,2004 年第 4 期。

有研究尽管大大推进了服务型政府理论的形成,但缺乏全面、深入阐释服务型政府在公共行政学理论发展中的地位、服务型政府的理论架构、通过社会实践和观察来验证理论等工作。这使得对于服务型政府的研究仍未形成一套逻辑严谨、内容完整的理论体系。此外,在理论创新方面,尽管不同领域的研究者从各自研究的角度出发,在不同学科中为服务型政府建设汲取理论养分,然而许多相关理论研究重视国外理论而忽略我国目前政治、经济、社会发展的独特环境与现有的制度背景,这不仅会出现西方理论的中国适用性问题,也容易导致中国政府改革理论陷入西方的话语体系,而缺乏自有的、独特的理论解释力。

第二,现有研究大多将服务型政府的讨论局限于行政改革范畴。从目前我国对服务型政府建设的大量经验研究来看,无论是介绍地方政府"服务公众"的职能定位、政府流程再造的战略策略,还是创新公共服务供给机制等一系列改革措施,基本上还是在政府管理的层面来研究如何改善政府的治理方式。这些改革步骤虽然为服务型政府理论提供了大量鲜活的例证,但在经济改革先于"社会—行政"改革的转型中国,仅仅从具体操作层面上讨论行政方式的改良显然无法满足经济社会发展与人民群众对公共权力的期待。服务型政府建设的本质是政府与市场、国家与社会关系的调整,而这必然涉及更深层次的改革与利益关系的协调。

第三,规范的制度分析较多而实际的政府过程分析较少。当前我国政府运行过程中存在较多的正式规则之外的变通、选择性执行与"正式制度的非正式运作"现象。① 这些现象一方面源于我国目前行政体制下"决策统一性"与"执行灵活性"的政策张力;另一方面也源于科层体系内部"理性官僚制"的缺失与正式制度建设有待完善,在实践中很可能导致政府的政策制定与政策执行之间存在较大差距。② 如果只是停留在规范的制度分析层面,缺乏对政府运行机制与现实需求的了解和描述,缺乏对政府行为逻辑、政策结果的分析与评价,那么服务型政府研究对现实政府改革的推动意义就会大

---

① 参见孙立平、郭于华:《"软硬兼施":正式权力非正式运作的过程分析——华北 B 镇收粮的个案研究》,《清华社会学评论特辑》,鹭江出版社,2000 年,第 21~46 页。
② 参见周雪光:《权威体制与有效治理:当代中国国家治理的制度逻辑》,《开放时代》,2011 年第 10 期。

大减弱。

综上所述,服务型政府是相对于管制型政府而言的一种新的行政理念和政府运作模式,是当代世界各国政府改革和创新的趋势,其对于我国在新时期实现治理方式与治理理念的现代化同样具有重要意义。党的十六届六中全会强调"建设服务型政府,强化社会管理和公共服务职能",在党的十七大报告中又重申了行政管理体制改革的目标是建设服务型政府,为服务型政府理念在我国的实践确定了整体政策导向。可以说,服务型政府体现了人民政府的角色回归,反映了社会主义市场经济日趋成熟的条件下的政府职能的重新定位。

一方面,服务型政府建设体现了人民政府的角色回归。社会主义国家的政府是人民政府,为人民服务是各级人民政府的宗旨。然而以往的管制型政府和发展型治理方式都无法真正实现"为人民服务"的目标。在运行方式上,管制型政府"以政府为中心",以"便于管理"为原则,以行政指令、行政命令为主要管理手段,政府对市场、社会,乃至个体公民实行"大包大揽"的全方位干预和分配,行政权力渗透到社会生活的方方面面,人们社会生活的各个方面都处于行政权力的严格控制之下,从而剥夺了社会、企业和公民自由选择的权利和机会。自改革开放以来,在"以经济建设为中心"的指导思想下,发展型政府成为政府改革和发展的主要目标。各级、各地政府都把实现地区经济增长作为政府工作的中心。在这一过程中忽略了满足人民基本的公共需求的社会服务,政府在缩小收入差距、就业、公共卫生、医疗保健、公共安全、环境保护、文化教育等公共服务领域严重缺位,甚至使社会公平正义受到侵害。与上述两种职能定位不同,服务型政府以群众需求为中心,以公共服务为基本诉求,强调政府对市场、公民或社会的公共服务职责。服务型政府倡导公共利益、公民权利、民主程序、公正和公平、回应性等理念,表达了一种对人民或公民的全新关注,体现了人民政府的角色回归。

另一方面,服务型政府体现了市场经济条件下的政府职能定位的调整。服务型政府是建立在政府与市场框架之上的一种新的政府理念和政府模式,随着社会主义市场经济的发展和不断完善,市场调节机制成为完善社会资源配置,促进个人自由选择的一种基本的制度安排,这也相应地要求政府退出对经济、社会生活的直接干预。在市场经济条件下,政府主要是要搞好两个服务：一是要为市场主体提供公平竞争的环境，二是为人民的生存发展创造条件搞好服务。当前我国经济和社会发展呈现出这样的态势，即由市场提供私人物品供给有余，出现了产能过剩，而由政府提供的公共物品则相对供应不足，出现了公共服务短缺。以至于公众日益增长的对公共服务的需求同公共服务短缺、低效之间的矛盾已成为社会矛盾的较为集中的方面。这就要求政府将公共服务职能提高到优先的位置，实现由建设型政府向服务型政府的转变。在市场经济条件下，服务型政府建设就是要转变政府职能，从市场中的利益主体转变为公共服务的主体，把公共资源、公共产品公平地向公众分配，致力于创造一个有利于各种市场主体平等竞争的市场环境。同时着力建设惠及全民的基本公共服务体系，把更多的公共资源用于提供各项公共服务上。

第三节　服务型政府建设的理论分析

一、政治学的视角

无论在西方政治学理论中还是在中国特色的治理理论中，政府的建设始终与权力的行使密切相关。从政治学的角度来看待服务型政府，首先需要在理论上关注政府权力的来源和权力行使的合法性问题。因此，政治学视角下的服务型政府建设多从政府公共权力获得的角度诠释政府"服务行政"的必要性。

（一）马克思主义国家学说

根据马克思主义国家学说，国家是社会发展到一定历史阶段的产物。国家从社会中产生，居于社会之上并且日益同社会脱离，从而维护统治阶级所赖以生存的社会地位和秩序。因此，国家的本质是阶级性，总是与特定的阶级紧密联系，这种阶级性是通过其政治统治职能来实现的。从这一视角来看，政府的核心职能是其政治统治职能。然而当一个阶级取得政权并成为统治阶级后，面对相对稳定的社会环境，也会开始履行一定的社会管理职能。就这一方面而言，国家也同样具有公共性，即维护社会发展的社会管理职能。国家的社会性主要体现在以下三方面:要维护社会稳定,国家首先必须通过一定措施缓和不同阶级间的矛盾;其次,国家必须发展社会经济,提升民众的生活水平,保证民众基本需求的供给;最后,国家必须在全社会范围内确立起稳定的规则和秩序。正如马克思主义经典理论所指出的,国家政治统治功能的实现是以行使其社会管理职能为基础的,只有在国家适当地履行社会管理职能的前提下,才能确保社会生活的有序,进而实现政权的稳定。因此,马克思主义理论认为:一方面,国家的社会性归根结底是为阶级统治服务的;另一方面,国家的阶级性不能脱离其社会性,政府作为代表、维护统治阶级利益的公共权力组织,也必须尊重一定的社会规律,通过履行社会管理或公共服务等职能来实现统治阶级的阶级统治,否则会使阶级性失去存在的基础。

同时,马克思主义代表制思想成为服务型政府基本的理论基础。马克思主义国家学说认为,国家具有发展的历史性。国家是随着生产力的发展和生产关系的变革而产生和变化的,新型国家的本质就是人民当家做主。马克思在批判资产阶级代议制这种政权组织形式的各种局限和弊端的基础上,提出了能真正代表公民意志的政权组织形式——代表制。他认为代表制是"通过人民自己实现的人民管理制"。代表制把权力从压制人民、管制社会的力量变成了人民实现自我民主管理的力量。[①] 在以代表制为基础的政权组织体制下,权力重新回到人民的手中,实现了多数人对少数人的统治,真正体现了国家的一切权力属于人民。马克思主义代表制的思想本质就是公民是国家及社会的主人,而由人民选举产生的政府及其工作人员是为公民服务的公仆。这一核心思想与服务型政府公民取向的基本价值定位是一致的。

(二)西方政治哲学中的"社会契约"与人民主权理论

服务型政府理念的另一理论来源是法国思想家卢梭提出的"社会契约论"。"社会契约论"所体现的"主权在民"思想是现代西方民主制度的理论基石,也是在 18 世纪指导法国、美国等国家资产阶级革命的理论纲领。

在《社会契约论》一书中,卢梭围绕"自由"与"秩序"两种价值阐述了

---

① 参见李瑞存:《服务型政府的理论基础与现实动力》,《河北工程大学学报》(社会科学版),2012 年第 1 期。

"社会契约"的理论。一方面,卢梭认为"人生而自由",放弃自由就是放弃了人性,抛弃了做人的权利和义务;然而另一方面,无条件地放任个体自由会导致社会的混乱、暴力与无序,反而会使个人自由失去保障。因此在卢梭看来,社会秩序与个人自由同样重要,而人类社会任何合理的权威的基础是公民之间的"社会契约",它是一切个人权利实现的根本保障。根据社会契约论,为避免暴力与无序、保护人身自由和财产权利,人们认为有必要限制某些个体权利,将这部分权利交由指定的人按照一定的规则来行使,以便于其管理社会。人们服从政府权威的基础在于,人们认可政府是行使公共权力、解决社会问题和保障公众利益的正当权威。而通过社会契约所形成的政府权威的最终目的是保障订立契约的个体社会成员的生存和自由。

社会契约论认为政府的权力来源于被统治者的认可,如果主权者走向公共意志的反面,那么社会契约就遭到破坏,人民有权决定和变更政府形式和执政者的权力。因此,人民在政府中扮演着主人翁的角色,出于维护自身统治的目的,政府不仅要遵循民众的意志来行事,而且也要积极地为民众提供公共服务,以期得到民众的支持。由此可见,在西方政治思想理论中,保护人身财产安全、提供公共安全服务是政府的重要责任,也是政府合法性的基础。综上所述,西方政治哲学理论将"服务"看作政府与生俱来的一项职能,认为政府为了证明其合法性、合理性,必然尽可能地为社会、公众提供服务。

从资产阶级革命的历史与当前西方民主国家的治理实践来看,社会契约理论为服务型政府的实践奠定了理论基础。根据这一理论,国家是经由社会契约而产生的一个新的政治共同体,这一结合行为产生了一个道德的与集体的共同体,支持这一理论的法国思想家卢梭探讨了人民与政府的关系。他认为,政府是在社会成员与主权国家之间所建立的一个中间体,以使两者得以互相适合,并负责执行法律和维持社会的、政治的自由。在一个政治共同体中,人民掌握国家的最高权力,而政府只不过是一个代理人,它必须按照公意的指示而活动,因而政府只不过是人民主权的执行者。作为主权的拥有者,人民可以限制、改变和收回这种权力。政府官员的权力在本质上是一种委托,以主权者的名义在行使着主权者所托付给他们的权力,而这种权力应当是公共利益的体现。广大民众作为委托者和国家的所有者,享有自由、平等、公正等基本权利。因此,作为被委托者的政府必须积极地回应民众的诉求,同时解决民众在个人发展中所面临的种种困难,保证民众的合法权益。人民主权和社会契约理论为近代西方民主制度的建设,以至于现代服务型政府理念的提出奠定了理论基础。

二、管理学的视角

近现代以来,行政学领域的重要研究议题之一是如何确保行政领域的民主和保证政府的行政行为是公民意志的反映。在这一研究背景下,新公共管理理论应运而生。在政策实践层面,20 世纪 70 年代末开始兴起于西方国家的新公共管理运动体现了诸多新的理念,其中主要内容之一在于如何提高和改善公共服务。新公共管理理论是关于如何管理公共部门的最新的范式变革。它最初发源于英国,后来通过美国、澳大利亚等国的广泛实践扩展到全球。虽然新公共管理运动在各国的发展进程不一,改革和政策选择的侧重点也有所不同,但其基本诉求涵盖如下内容:第一,新公共管理理论要求对政府和市场之间的关系进行重新定位,通过在政府内部引入"市场化"的竞争机制,使各类资源得到最优化的配置,改善政府提供公共服务的质量和效率。第二,新公共管理运动主张重新整合国家和社会的关系,以多种组织形式生产和提供公共物品和服务,逐步形成公民组织、民营机构与政府等多元主体共同参与公共事务的治理,实现多主体的合作与共治。第三,新公共管理运动主张对政府组织的运行方式和运行机制进行根本性的变革,把高度集权的、官僚主义盛行的组织结构转变为分权的、扁平的、民主的组织结构。第四,新公共管理运动提出要强化政府的核心竞争力,建立一个具有高度民主法治、责任与回应和高效透明的政府管理体系,要求政府能够以主动、灵活和低成本的方式实施管理行为,有力应对行政环境的变化,实现政府管理的使命。新公共管理理论为我国建立以公民为本位的服务型政府奠定了现实的理论基础。[①]

1979 年撒切尔夫人担任英国首相后在英国率先开始了新公共管理运动

---

① 参见李瑞存:《服务型政府的理论基础与现实动力》,《河北工程大学学报》(社会科学版),2012 年第 1 期。

的实践。撒切尔夫人的政府改革以市场为核心,调整政府与市场的关系,主张强化市场机制和市场力量,尽可能减少政府干预,同时把私营部门的管理方法和手段运用于公共部门的管理中来。这些改革实践中包括政府政务外包、公共事业民营化、重构官僚组织、权力下放、绩效管理与培养企业家精神等。到 1988 年,政府改革开始实施"下一步行动方案","顾客中心论"成为 20 世纪 90 年代英国政府改革的指导思想。"顾客中心论"认为公众是顾客,政府的职责是为顾客服务,这一改革既标志着英国公共服务改革的一个转折点,也是西方各国政府改革的一个新的里程碑。新公共管理运动由一种市场化取向的政府改革转向以质量和顾客满意为目标的政府再造。但是新公共管理理论也面临一些局限。首先,新公共管理的理论模糊了政府与公民的关系,损害了现代民主制度所倡导的宪政主义和公共精神,陷入了对市场机制的盲目崇拜之中,忽视了市场可能遭遇的失灵和可能的腐败困境。其次,新公共管理理论还存在对结果导向和绩效的过分推崇,极易导致公共部门核心价值的扭曲,使政府由于难以达到好的绩效而放弃一些对民众来说最为重要的物品及服务的提供。

在这一理论和实践背景之下,为克服新公共管理理论的局限,自 20 世纪 80 年代末以来,新公共服务理论应运而生。新公共服务理论的提倡者罗伯特·登哈特认为,新公共服务是建立在公共利益的观念之上的,是建立在公共行政人员为公民服务并确实全心全意为他们服务之上的。在新公共服务理念下,"公民优先"取代了新公共管理的"顾客第一"。同时,新公共服务表达了一种对民主价值的全新关注,政府应当通过民主机制来实现集体行动,而不是通过市场化手段来达成目标。两者之间的关系不是出售与购买,而是信任与合作。登哈特指出:"与新公共管理建立在诸如个人利益最大化之类经济观念之上不同,新公共服务是建立在公共利益的观念之上的,是建立在公共行政人员为公民服务并确实全心全意为他们服务之上的。"新公共服务理论为服务型政府提供了最直接的理论来源和理论支撑。①

---

① 参见蒋永甫:《服务型政府的理论基础与现实归依》,《广西教育学院学报》,2008 年第 3 期。

三、经济学的视角

经济学角度对政府建设的观点主要来自于两类需求：一是市场自我独立运转的需求，二是市场需要政府提供间接帮助的需求。这两类需求合在一起，就形成经济角度对政府"现代性"的一个强烈要求：尊重市场运行规律并提供"有限而必要"的行政服务。

（一）西方古典经济学中的"守夜人"理论

在市场经济的发展史上，市场与政府的关系大致可以概括为三个阶段。看不见的手即"守夜人"阶段、市场失灵—政府干预阶段和自由市场—政府失灵阶段。英国经济学家亚当·斯密是推崇"守夜人"式经济学理论的代表人物。斯密认为，自由企业制度和自由市场机制完全能够实现资源的最佳配置和经济发展，从这一意义而言，政府只需充当"守夜人"，并据此界定了政府的三项经典职能：第一，保护社会，使其不受其他独立社会的侵犯，即政府负有维护国家安全之责；第二，尽可能保护社会上的每个人，使其不受社会中任何他人的侵害或压迫；第三，建设并维护某些公共事业及某些公共设施。同时，斯密反对政府对企业实施过分干预，认为过分管制的结果将会导致资本或其他生产要素由较有利的用途改到较不利的用途。在这一理念要求下，政府将职能局限于为经济发展服务的范围内，与尊重民意、集中民智、增进民权、保障社会经济发展的服务型政府理念不谋而合。斯密的观点给我们现今建设服务型政府的启示是：第一，市场规则这只"看不见的手"能够把个人利益同社会利益有机协调起来，政府没有必要过度干预市场机制运转和直接参与企业的生产经营活动，就这一意义而言，服务型政府应是有限政府。第二，在许多经济社会事务的治理方面，政府并不一定比民众更高明，个人、市场、企业不能完成的任务，政府往往也不能有效地完成，就这一意义而言，政府应当履行的职责是监督私人产业、指导私人产业、使之最适应于社会利益。

（二）近现代西方经济学中的"政府干预"理论

从20世纪20年代到20世纪60年代，以凯恩斯主义经济学和福利经济学为标志的政府干预理论处于鼎盛时期。特别是在二战之后的西方国家，由于市场失灵现象的出现,政府被赋予越来越多的职能。凯恩斯主义理论认为,从宏观经济学的层面看,市场经济不是天然产生的制度,更不是天然稳定和谐的制度,而是在历史进程中经人的主观能动作用而逐渐形成和完善起来的。凯恩斯在其著作《就业、利息和货币通论》中提出,医治市场失灵的药方是政府相机运用财政、货币政策。相机的财政政策指:萧条时期减税、增加财政开支,必要时可以运用赤字政策;高涨时期增税、减少财政开支。从微观经济学的层面看,市场经济的自由发展产生了垄断、外部性等其自身难以克服的问题,破坏了市场机能、降低了社会福利。针对垄断问题,特别是对于提供公共服务的运输、自来水、煤气、电力等行业,即使由私人经营也应当接受政府的监督。所以政府应颁布和执行反垄断法;对垄断企业的价格、利润和服务质量进行监督;对自然垄断行业可以实行政府直接经营或政府所有、特许经营。

与此同时,西方福利经济学理论也支持政府更加积极地行使经济、社会的管理和服务职能。例如,一些福利经济学家提出,政府应当采取以下措施来解决经济发展中的"外部性"问题:首先是将税收作为调节经济生产的杠杆,即对可能产生"负外部性"的行业和活动征税,对有"正外部性"的产业和活动给予补贴。其次,政府应当强化自身的管制职能,例如直接经营具有明显外部性的行业。根据凯恩斯主义理论和福利经济学理论,政府除了亚当·斯密界定的三项经典职能外,还被赋予了一系列新职能,例如反垄断以维护公平竞争,维持宏观经济平衡,管制私人企业,开办和经营国有企业,实现社会公平,提供公益物品,维持物价稳定,实现充分就业等。政府干预理论和实践对于我们建设服务型政府的主要启发在于,指出市场失灵是政府干预经济活动的前提,而政府的服务职能在于通过实现社会公平、促进社会福利来克服市场失灵的弊端。西方经济学中的政府干预理论为我们建设服务型政府提供了方法上的借鉴。

(三)"新自由主义"理论的产生和发展

自20世纪70年代以来,发生在西方国家经济与社会领域的各类问题促使理论界与实务界反思政府失灵现象背后的原因。在这一时代背景下,新自由主义经济学派逐渐兴起,在理论上回归到限制政府职能的"有限政府"政策主张,从而引发西方国家新一轮的行政改革浪潮。其中公共选择学派对市场经济与政府的关系分析得较为透彻,对西方国家政府改革实践产生了较大的影响。公共选择学派在政治和社会领域的一个关键性假定是,公共选择主体的行为是经济人行为,即官僚和任何其他人一样不是受到公共利益的激励,而是受到其利己的利益激励。

公共选择学派认为,对政治领域人们行为规则的传统假定是靠不住的,由此公共选择理论家作出假设:当由那些并非神灵的政府官员来操纵政策的制定和执行,干预市场运行,其效率并不比由市场机制自身解决问题高。同时他们提出,最好的结果应是市场力量的作用最大化,政府的作用则相应减少。自 20 世纪 80 年代起,在公共选择理论指导下的新公共管理运动几乎席卷了西方主要资本主义国家,其主要改革措施是实行政府公共服务的市场化和放松对经济的直接管制。这一理论对于我国建设服务型政府的启示是指出政府不是万能的,政府行为(包括服务行为)必须置于公众认可的规则指导下,而且可以通过多种手段实现。

从上述西方国家市场与政府关系的演变和发展来看,政府管制和市场机制在不同的历史时期和社会条件下交相发挥主导作用,小政府—大政府—小政府的三次转变得出的共同点和规律性是:第一,就政府职能而言,其最主要的职能就是服务于民众、企业,例如保护公民财产权、保护企业自由竞争、提供公共产品等。第二,就实现服务职能的途径而言,市场机制和政府干预各有利弊,二者必须兼顾,取长补短。第三,就政府行为范围而言,以不损害市场机制为政府行为的界限。我国建设服务型政府也应考虑到所处社会的特定阶段和行政对象所处的不同领域,灵活地、有侧重地运用市场和政府两种手段。①

综上所述,本章对"服务型政府"的内涵、构成要素与价值取向等方面的剖析,对服务型政府的概念进行了解读,在此基础之上对服务型政府理念的理论源流进行梳理。从本章理论综述中可以看出,服务型政府理念不仅来源于近现代西方政治学、管理学研究中的新公共管理理论及新公共服务理论,更可以追溯至马克思主义经典著作中的"劳动人本论"与毛泽东思想中的"群众路线"思想。在此基础之上,本章从政治学、管理学与经济学角度,

_____

① 苏立宁:《服务型政府的理论依据》,《河北理工大学学报》(社会科学版),2009 年第 3 期。

探讨建构服务型政府的理论依据及现实路径选择。就政治学视角而言,在马克思主义国家学说、代表制理论及西方启蒙哲学中的"社会契约论""人民主权论"中均可以发现有关政府"服务"职能与责任的理论萌芽;在管理学领域,现代西方新公共管理与新公共服务理论方面的既有研究成果为我国建设服务型政府提供了理论支持与丰富实证经验;在经济学领域,建设服务型政府是克服市场失灵与政府失灵,保障主体权益,实现资源优化配置及维护市场主体平等充分竞争的必然要求。

第二章 服务型政府的建构、功能和供给成效分析

服务型政府职能的实现有赖于科学合理的机制设计和服务供给。结构优化的政府组织、定位清晰的功能体系、明确的基本公共服务疆域,对于提高政府行政效率、推动政府行政职能转变、深化行政体制改革、提高人民群众的满意程度都具有重要的意义。在服务型政府发展理念下,"以怎样的方式和形式来设计各种类型的行政组织体,配以多少公务人员和哪些权力手段,以及如何在组织体内部与组织体之间确立合理的结构关系,才能符合当时当地具体情境中人们对公共行政的期待"[①],或者说,怎样理解和设计服务型政府的组织结构、职能体系,使服务型政府基本服务供给更为均等化和合理,理应成为我们深入探讨的一个重要问题。

第一节 公共服务领域政府与社会组织关系理论演进与建构路向[*]

在公共服务供给领域,社会组织特别是公益服务型组织,作为社会领域最重要的载体之一,能有效弥补政府和市场在公共服务供给中"双重失灵"所带来的缺失。[②] 积极培育壮大社会组织,完善公共服务供给体系,目前已成为世界各国的共识。当前,我国社会组织与政府的关系正处于由依附、相对独立到共同合作、协作的复杂动态发展过程中,把握好政府和社会组织的关系对学界而言既是一个难题,也是一个研究热点。本节在梳理归纳政府与社会组织关系理论演进脉络的基础上,提出政府与社会组织有效合作的

---

① 沈岿:《公共行政组织建构的合法化路径》,《法学研究》,2005 年第 4 期。

* 本部分内容作为前期成果发表在《学习与实践》,2015 年第 11 期(作者王玉良、沈亚平)。

② 参见萧炳南:《浅谈社会管理创新背景下政府与社会组织的协同》,《学习论坛》,2012 年第 2 期。

理想图景,探索影响政府与社会组织双向嵌入互动的基本因素,并探讨实现理想图景的建构路向。

一、政府与社会组织关系的理论演进

政府与社会组织之间存在着先赋的博弈结构。[①] 在政府与社会组织关系的理论发展演进中,因社会组织经历了国家政策对其态度的发展变化,逐步形成了四种不同的关系理论,主要体现为冲突、补充、合作与协作。

(一)冲突关系理论

冲突关系理论始于 19 世纪末 20 世纪初,受福利国家理论影响而产生。

该理论极力宣扬政府在公共服务中的主体决定作用,反对社会组织参与公共服务供给,并否定社会组织在其中的作用,也就是说政府对社会组织持有一种怀疑甚至敌视的态度。"在政府与志愿组织这样的各种中介机构之间,存在着一种固有的冲突——一种政府一直获胜的冲突。"[②]该理论认为,社会组织参与公共服务体系将妨碍专业服务体系的发展。可以认为,这种理论是"'强国家'理论在公共服务领域的高度升华"[③]。在这种理论的指导下,国家对社会组织采取压制的态度,政府和社会组织之间几乎没有关联性,政府的权力主导地位使得社会组织的发展受到极大掣肘,甚至通过法律政策限制其运行和发展。其实,以刘易斯·A.科赛为代表的冲突理论学派认为,冲突具有正面效应。马丁·E.马蒂指出:"冲突是社会互动的一种形式……不受控制的冲突可以是破坏性的,但是,否认冲突在稳定社会秩序和提升公共福利方面的功效,会阻碍创建和维系一个富有成效的社会系统这项重要工作……因此……要创造和保持一种能使冲突变得对社会有益的机制。"[④]而且当前社会组织参与公共服务的正面功能已被实践所证明,得到了

---

① 参见刘祖云:《政府与非政府组织关系——博弈、冲突及其治理》,《江海学刊》,2008 年第 1 期。

② 张文礼:《合作共强:公共服务领域内政府与社会组织关系的中国经验》,《中国行政管理》,2013 年第 6 期。

③ 杨和平:《公共服务领域内政府与社会组织的关系构建——基于博弈论研究的视角》,《贵阳市委党校学报》,2013 年第 6 期。

④ Martin E. Marty, The Nature and Consequences of Social Conflict for Religious Groups, in R. M. Lee, M. E. Marty, *Religious Social Conflict*, NewYork: Oxford University Press, 1964, p.174.

世界公认。因此,这一关系理论不仅不符合政府与社会组织互动发展的现状与要求,反而容易让社会组织处于受偏见、受歧视的地位,不利于社会组织在公共服务领域的成长及功能发挥。

(二)补充关系理论

补充关系理论是20世纪70年代因公共服务的政府失灵和市场失灵而出现的。"补充关系"指的是,政府是公共服务的首要和优先提供者,社会组织仅仅充当补充角色。20世纪70年代经济发展出现了缓慢、停滞和通货膨胀并存的"滞涨"局面,以政府为主导的公共服务供给模式面临巨大财政压力,公共服务无法得到有效及时供给。此外,政府在公共服务供给中还存在代表性失灵,即公共服务需求具有多样性和差异性,但政府只能代表中位选民的偏好,难以满足普遍需求,而遗留下一些特殊群体的超额需求或特殊需求。① 公共服务供给不足又使公民产生对政府的信任危机,这直接导致了政府供给的失灵。公共服务的"非竞争性""非排他性"和效用不可分割的特征,不可避免地出现"搭便车"现象,使得市场公共服务供给与公众的实际服务需求间存在差距,市场供给失灵。在政府失灵和市场失灵的双重压力下,政府开始思索扩大公共服务供给主体。基于此,社会组织充当补充的角色,参与公共服务供给,弥补这些超额需求或特殊需求。补充关系理论认可社会组织在公共服务供给中具有积极作用,比冲突关系理论前进了一步。但不难看出,由于政治决策、政府偏见等原因,社会组织只是作为政府的补充性力量而存在。与现实中社会组织在公共服务领域发挥的价值作用并不符合。补充关系理论并不能充分解释公共服务领域政府与社会组织的关系。

(三)合作关系理论

合作关系理论是20世纪90年代由美国学者莱斯特·M.萨拉蒙提出的。该理论认为,在公共服务领域,政府是公共服务资金的提供者和监管者,社会组织则是公共服务的提供者和传递者,两者角色和分工虽不同,但地位平等,属于合作伙伴关系。政府与市场失灵引发的缺失,需要社会组织介入弥补。而社会组织在公共服务供给方面存在慈善供给不足、慈善的特殊主义、慈善的家长式作风和慈善的业余主义等缺陷,这些缺陷能够被政府

---

① 参见张洪武:《政府提供公共产品的有效性选择》,《党政干部学刊》,2010年第5期。

所克服。① 作为合作伙伴,社会组织保持自身的独立性,与政府一样在公共服务管理和决策中享有发言权和决策权,并承担相应的责任。② 而且与政府直接提供公共服务相比,采用合同外包等形式将部分公共服务外包给社会组织可能成本更低、效率更高、质量更好。因政府和社会组织各存在优势和失灵的可能性,需要二者携手合作才能进行互补。这种平等合作关系比补充关系理论又递进了一步,也更符合现实,受到较多学者的认同。然而合作关系理论强调了二者的合作,却又忽视了各自的独立性发展,在解释力方面仍有一定的局限。

(四)协作关系理论

协作关系理论是建立在协作治理理论基础上的。协作治理理论是由克里斯·安塞尔和艾里森·加什于 2007 年提出的。他们认为,协作治理"是这样一种治理安排,即一个或多个利益相关者与公共机构围绕公共政策或公共项目等公共事务进行协商式的合意决策过程,形成以共识为导向的决策"③。协作治理理论并不具有突发性,社会转型和变迁速度的加快,使得政府治理面临新的环境挑战——各种"跨领域、跨边界公共问题"不断涌现,地区间、组织间、部门间的相互依赖性不断增强,公共事务治理越来越需要包括政府、企业、志愿组织和个人共同完成,即所谓的"协作治理新战略"。该理论"描述了多组织情境下的组织促进和运行过程,解决单个组织不能解决或者难以解决的问题"④。经济社会的发展和民众收入水平的提高,使得民众的公共服务需求发生了很大的变化,具有复杂多样性、全面渐增性和交互渗透性,依赖传统政府单一的供给主体难以产生理想的供应效果,必须由相关组织协作才能实现。尤其"当公众偏好更多的政府行动而同时要求更少的政府干预时,为了在特定问题领域取得成果,人们可能要求采取协作结

---

① 参见李国武:《公共服务领域政府与社会组织关系研究》,《科学决策》,2011 年第 7 期。

② 参见[美]莱斯特·M. 萨拉蒙:《公共服务中的伙伴——现代福利国家中政府与非营利组织的关系》,田凯译,商务印书馆,2008 年,第 109 页。

③ Chris Ansell, Alison Gash, Collaborative Gover - nance in Theory and Practice, *Journal of PublicAdministration Research and Theory*, 2007(18):pp.543 - 571.

④ Agranoff Robert, Michael Mc, *Guire. Collabora - tive Public Management*, Washington D. C.: Georgetown University Press,2003, p. 280.

构"①。公共服务领域政府与社会组织的协作关系理论，既是基于对公民公共服务需求的多样化、复杂化的及时回应，也是对现实中公共服务供给碎片化现实局限性的一种有效整合。该理论认为，政府和社会组织是在平等、协商协调和共赢的基础上，实现公共服务的有效供给。政府和社会组织既相互独立又通力合作，秉持平等协商、合作共赢的理念，为提供多样化、动态化、整合性公共服务而采取联合行动。政府和社会组织之间协作的出发点是追求公共服务这种公共价值的实现，通过协商机制和外部力量的嵌入，实现碎片化公共服务的有机整合，增强政府公共服务供给能力，降低公共服务供给成本。协作与合作有很多共性，都是为实现某一单凭个人力量不能实现的目标而与他人一起工作。但协作又不同于合作。"合作为多数人所接受的定义是指人们为了追求有益的目标，反对有害的目标而共同工作"，而"协作有时仅意味着通过一定的努力去帮助别人"。② 同时，与合作关系理论下社会组织"由于缺乏独立性，社会组织只能同政府发展一种被动的以政府意志为主导的'合作关系'"③不同，协作关系理论支持协作各方的独立发展，尤其是除政府以外的协作主体能动性的发展，这有利于推动公共服务供给主体主动发展和公共服务供给体系的健全发展。

二、互动嵌入：公共服务领域政府与社会组织关系的理想图景

"嵌入"是一种状态，本来指某一事物牢牢地进入或插入另一事物的过程和结果。卡尔·波兰尼于1944年在《巨变——当代政治与经济的起源》一书中首次提出"嵌入性"概念。经过学者们的不断努力，"嵌入性"理论逐渐形成较为完整的理论体系，并逐步在社会网络、组织发展等领域得到普遍应用，进而向社会资本组织发展战略联盟网络等新的经济社会学理论方向发展。④ 当前，嵌入性理论主要用来表达和分析经济行为与社会关系之间的关联，而管理学研究者则用其来分析组织绩效，且"分析对象也从经济型组

---

① ③ ［美］罗伯特·阿格拉诺夫、迈克尔·麦奎尔：《协作性公共管理地方政府新战略》，李玲玲等译，北京大学出版社，2007年，第23页。

② 同上，第2页。

④ 参见应洪斌：《产业集群中关系嵌入性对企业创新绩效的影响机制研究：基于关系内容的视角》，浙江大学博士学位论文，2010年。

织扩展至非营利的社会组织,分析作为政治环境因素的国家如何利用其特定的机制与策略,营造符合国家政治偏好的组织运营环境,从而达到对社会组织的相互嵌入。嵌入是建构的基础,建构是嵌入的目标。政府与社会组织的运行过程和逻辑进行嵌入性干预和调控的目的。这种干预和调控作用也使得社会组织乐意借助于政府提供的政治机会主动对政府职能进行反作用"①,这种"干预、调控"及"反作用"也促使政府与社会外化为一种互动关系模式,即"互动嵌入型关系模式"。公共服务供给绩效的实质也是组织绩效的一种表现形式之一,即政府与社会组织的整体性绩效。

一直以来,我国公共服务供给模式都存在严重弊端。首先,公共服务由政府提供是理所当然的观念早已固化。政府是公共服务的唯一供给主体,公民公共服务意识不强,对政府提供公共服务习以为常,使得政府在公共服务供给过程中财力负担过重:一方面,政府作为单一供给主体,甚至广泛参与私人产品供应,不仅公私角色错位,而且产品和服务在市场上具有垄断性,顾客的意愿和利益得不到有效的维护;另一方面,垄断必然导致创新缺失,公共服务供给不足且效率低下。

其次,由于政府对社会组织的偏见等因素,压制或禁止社会组织参与公共服务,极大地削弱了社会组织参与公共服务的积极性和发展活力,难以满足公众公共服务需求多样化、动态化、复杂化的现实。而"西方(20 世纪)70年代的行政改革给人们的启示之一是:随着社会的进步,特别是科学技术迅速发展,人们越来越深刻地认识到,在处理政府与市场、政府与社会、政府与公众的关系上,传统意义上的政府职能将发生变化,政府会把更多职能以多种形式下放给那些非政府、非营利性组织承担。这些组织不仅要提供公共服务,而且要承担对社会公共事务的管理"②,可以这样认为,公共服务政府垄断包揽弊端严重,社会组织有责任凭借其独立、客观等特性而赢得的社会信任,从而承接政府转移出来的部分公共管理职能,主动承担一些公共服务的供给,防止政府职能转移可能带来公共服务供给的"真空地带"。因此,对于公共服务领域来讲,政府与社会组织关系的理想图景是政府与社会组织

---

① 刘鹏:《从分类控制走向嵌入型监管——地方政府社会组织管理政策创新》,《中国人民大学学报》,2011 年第 5 期。

② 陈庆云:《公共管理研究中的若干问题》,《中国人民大学学报》,2001 年第 1 期。

互动嵌入。嵌入是构建的基础,构建是嵌入的目标。

政府与社会组织的互动嵌入,一方面指社会组织嵌入由政府主导的公共服务供给体制中,另一方面,政府也以其特有的方式嵌入社会组织中。在此,政府与社会组织在嵌入方向上是双向互动的,在嵌入的主体和客体上是多元的。这种"互动嵌入"既有上述"协作"的意蕴,同时又能激发社会组织能动的"自主性"发展,强调"双向主动"。

社会组织的"自主性"发展,就是社会组织能"按照自己的意愿和目标来行事",在协作过程中每个社会组织都可以树立并维持自身的权威,它强调社会组织的能动性、自觉性。李友梅等从"制度—生活"的视角指出,自主性是指"嵌入生活之中并运作生活、改变生活的个体和群体理性化的自我选择、自我设计、自我组织与掌控调度的行动"[1]。这就意味着社会组织积极主动参与公共服务供给,加强与政府的通力协作,通过发挥自身的人力成本低、更知悉居民偏好等优势弥补政府的不足,共同提升公共服务的供给质量和水平,从而赢得政府和社会的信任和支持,改变传统观念对社会组织的偏见,为自身营造良好的发展环境和发展契机。"协作"的含义则主要强调政府主动寻求与社会组织共同工作的意愿,以及政府与社会组织的合作程度。一般来说,政府主动寻求合作的意愿与两者之间的合作程度成正比。[2] 因为从我国的治理实践可以看出,政府作为资源与权力的最大占据者,主导着与社会组织的协作与否。政府主动嵌入社会组织,寻求公共服务供给的合作与分担,通过购买公共服务引入社会组织的力量,建构公共服务多元化供给主体平台和体系,有利于克服民众生活水平不断提高,促进公共服务需求数量不断增加、公共服务质量不断提高,改善政府自身生产与供给存在严重不足的弊端;同时又能在一定程度上对社会组织参与公共服务给予必要的指导和监督,逐步实现对社会组织的制度化管理。

由此,政府与社会组织"互动嵌入"的关系是一种自主性强与协作程度高的理想状态。这种状态就是二者建立在平等协商的基础之上,社会组织

① 姚华:《NGO 与政府合作中的自主性何以可能? ——以上海 YMCA 为个案》,《社会学研究》,2013 年第 1 期。
② 参见尹阿雳:《双向嵌入——社会组织与政府的互动逻辑》,华东理工大学硕士学位论文,2014 年。

自身有很强的自主性,并不会因为主动参与到公共服务供给中而丧失自主性;政府也因其自身局限性而信任并依赖社会组织的力量,并为社会组织的有序发展营造良好的空间和环境。二者之间双向嵌入,互动协作,共同提供公共服务,提升公共服务供给的质量和绩效。

三、双向嵌入型政府与社会组织关系建构的现实困境

(一)信任基础缺失导致政府与社会组织间存在信任冲突

信任是一个国家实现良治或善治的根基。无数经验表明,社会治理既不能根据弱肉强食的丛林法则来推动,也不能一味地依靠妥协让步来维持,而是必须与社会成员的主观需求相契合,以社会成员的互惠合作和信任支持为基础。① 在公共服务领域,政府与社会组织的相互信任是二者实现双向嵌入型关系的重要根基。有学者指出,在所有推动政府与非营利组织合作的因素中,信任是最重要的。② 然而从目前我国信任现实情况看,社会信任和政府信任情况都不容乐观。《中国社会心态研究报告 2012—2013》显示,中国社会的总体信任进一步下降,已经跌破及格分的信任底线,人际不信任进一步扩大。而一项由中宣部、中组部策划,由新华社、人民日报、中国社会科学院和四个民主党派参加的,调查范围涉及全国经济发达、欠发达、较边远三类地区中的五十个大、中、小城市的针对中国共产党和政府的信任调查显示,只有两成的民众信任党和政府的工作。③

公众对党和政府信任基础的缺失,导致在政府与社会组织之间的信任也存在冲突:一方面,基于传统观念和文化,政府在国家社会治理中基本都处于主导地位,对社会力量表现出不信任的态度,甚至在政策措施方面对社会组织的发展进行压制,限制社会组织的正常发展。正如一位国外学者的分析:"发展中国家和转型经济体的政府,大部分都相对不信任公民社会,依然守着传统观念,把国家作为首选政府,倾向于依靠自己的设备,而不是寻

---

① 参见陈朋:《信任缺失是当前社会治理问题的症结》,《社会科学报》,2014 年 2 月 27 日。

② See Van Slyke D M., Agents or Stewards:UsingTheory to Understand the Government – Nonprofit-Social Service Contracting Relationship,*Journal of Public Administration*, 17(2):pp.157 – 158,2007.

③ 参见程情:《政府信任关系:概念,现状与重构》,《探索》,2004 年第 3 期。

求和民间社会合作来解决问题。在很多案例中,将非政府组织即使不看作是敌对的,也至少是持怀疑的态度。"①尽管目前政府开始逐步鼓励社会组织积极参与到国家和社会治理中来,但整体上对社会组织的信任度依然不高。另一方面,社会组织也因担心政府过多干预而失去自主性,或者对政府行为失范、绩效偏低、官僚化作风不认同等因素,对与政府的嵌入合作保持谨慎的态度。

(二)制度机制障碍影响了政府与社会组织间的互动合作

资源依赖理论认为,社会组织对政府的资源依赖最根本的是对法律法规等制度规范的依赖。因为"法律法规关于社会组织的界定确保其发展空间的合法性。如果缺失了此种界定,社会组织便失去了合法性基础"②。斯坦莫也指出:"制度决定着谁能够参与某种政治活动的政治场所;影响着行动者的目标确立和偏好形成。"③

目前,我国正积极探索构建政府与社会组织的互动协作机制,相关的法律、法规、制度建设都相对滞后于动态多元的公共服务需求,致使政府与社会组织的有效协作存在诸多制度障碍,如对社会组织的登记制度改革步伐缓慢、分类标准不明晰、财务税务制度不完善、志愿服务及社会认可制度缺乏、审批权限高度集中等,都限制了社会组织的壮大和良性发展。这些制度障碍严重制约了政府与社会组织之间的有机互动协作。从本质上看,这种制度障碍主要在于政府不愿向市场和社会下放权力及配套措施不到位,致使社会组织发展空间受到严重挤压。

(三)公共理性欠缺使得政府与社会组织协作的社会动力不足

公共理性是任何一个共同体维系并有效运转的核心要素,其核心在于公共性,本质在于公共的善,目的是寻求公共利益。政府与社会组织形成有效的双向嵌入关系的重要前提是二者功能的充分有效发挥,尤其是社会组织的公共性功能,这离不开民众的广泛参与和大力支持。我国"强国家,弱

---

①　Derick W., Brinkerhoff Exploring State – CivilSociety Collaboration: Policy Partnerships in Developing Countries, *Nonprofit and Voluntary Sector Quarterly*, 28(4): pp. 59 – 86, 1999.

②　杨柯:《公共服务中政府与社会组织合作机制优化路径分析》,《云南行政学院学报》,2013年第4期。

③　Sven Steinmo, The New Institutionalism, in Barry Clark and Joe Foweraker eds., *The Encyclo – pedia of Democratic Thought*, Londan: Routlege, 2001, p. 782.

社会"的传统,使得公共文化和公共理性先天不足,公众自主、自治、参与观念素来淡薄。社会公众对公共事务基本上是弱关注、弱参与,公共责任和志愿服务的观念淡薄,更不用说公民参与的组织化程度。据湖北省民政厅联合华中师范大学城市社区建设研究中心对湖北省的城市社区建设情况进行的调查研究显示,居民政治性参与与非政治性参与的总体参与率大多停留在60%以下的水平,少有达到80%的参与项目与行为。① 同时,由于政府自身在公共政策中的自利性扩张本性,涉及公共利益与自身利益存在冲突时,出于自身利益的考量,也可能会阻止公民参与公共事务,或者提高公众参与公共事务的成本,抑制民众参与公共事务的热情,而这些因素都是构成社会组织良性发展的外部基础要件和推动力量。没有了公众的支持与回应,社会组织也就失去了与政府积极协作共同参与公共服务的动力。

(四)问责陷入困境难以激发政府与社会组织的协同努力

明确界定责任是实施有效问责的重要前提。在政府与社会组织形成双向嵌入型关系公共服务供给模式下,政府部门和社会组织等各类行动者是通过竞争、合作、协商等方式,最终形成某种相对稳定的分担机制和资源交换模式,在制度安排上则建立在政府与社会组织之间权力共享、责任分担的机制上。这种机制也导致了责任边界模糊、责任认定困难。

公私机构之间的问责面临诸多障碍:一方面,责任边界模糊。在传统公共服务供给模式下,政府作为唯一的供给主体,责权一体,是责任的全权承担者。但在嵌入型关系模式下,公共服务供给有政府部门和社会组织相互协作,公共服务整体绩效就是二者共同行动的产物。公共服务提供主体的多机构化及边界的模糊性导致责任边界的不确定性和责任扩散性,责任追究较为困难。有学者就认为,责任本身就是传统等级制管理模式下的概念,将之强加于协作性公共管理之上,本身就是一种错置。② 另一方面,责任信息不透明。政府与社会组织的协作在很多情况下都是通过商业行为的方式进行的,商业行为是需要保密的。而公共服务供给与公民的公共利益密切

---

① 参见张大维、陈伟东:《城市社区居民参与的目标模式、现状问题及路径选择》,《中州学刊》,2008 年第 3 期。

② See Donald F. Kettle, Managing Boundaries inAmerican Administration: The Collaboration Imperative, *Public Administration Review*, 66(s): pp. 10 – 19, 2006.

相关,这本身又是一种公共行为。公共行为的信息透明性要求就与商业行为的信息保密性要求产生了冲突。这些因素使得问责可能陷入相互推诿扯皮、转嫁责任等困境。

四、双向嵌入型政府与社会组织关系的建构路向:基本策略的选择

（一）夯实信任基础,构建政府与社会组织间合作型信任

信任是协作的基础。信任关系的建立是激发协作动力的前提。信任根据不同的标准可以被划分为不同的类型。张康之认为:"在对信任问题的研究中,我们根据农业社会、工业社会和后工业社会的基本历史形态以及熟人社会和陌生人社会的交往和人际历史形态,把信任区分为习俗型信任、契约型信任和合作型信任。在农业社会和熟人社会中,人们之间的信任基本上属于一种习俗型的信任,在工业社会和陌生人社会中,发展出了一种契约型信任,而在走向后工业社会这种新的陌生人社会的过程中,正在生成一种合作型信任。"[①]基于此,政府要摒弃传统的冲突关系观念,主动适应当前公共事务发展的新形势新变化,大力培育和发展社会组织,并通过建立政府与社会组织之间的公共承诺机制、平等对话机制,培育相互信任的道德文化,完善规范、有序、诚信的制度环境,建立互信关系,构建合作型信任,促使双方注重承诺、兑现承诺,以平等、独立主体的身份展开对话协商,以诚信制度约束强化信任,以道德文化熏陶信任,加深政府与社会组织之间的信任关系,提高协作主体之间的信任度。同时,社会组织也需加强自身建设,增强组织能力,主动承担起公共服务的供给责任,共同提高公共服务的供给质量,获得政府与社会公众的认同与信任,这样才能最终促使政府与社会组织之间形成高信任度的伙伴关系。

（二）突破制度困境,为社会组织创造足够的发展空间和制度环境

制度化是最稳定的保鲜剂。缺乏以制度保障为前提的任何事物都会随着时间、环境的变化而出现功能上的萎缩,只有制度化才能永久发挥其原有

---

①　张康之:《在历史坐标中看信任——论信任的三种历史类型》,《社会科学研究》,2005年第1期。

的功能。① 当前我国制约社会组织健康发展的主要制度因素是国家层面的制度环境。俞可平指出,中国社会组织面临着制度剩余与制度匮乏并存的局面②,严重影响社会组织的生存空间和行动权利。因此,要积极推动制定规范统一的社会组织基本法律,根据不同类型的社会组织制定专门法规体系,形成一个有力推动政府与社会组织形成互动嵌入型协作关系的制度框架。这包括改革现存不能发挥实质作用的法规政策和完善较为缺乏的有关监督约束和支持性制度,做到既保证法律的严肃性、指导性和可操作性,又能调动社会组织的积极性,激发社会组织活力,还可以对社会组织进行有效的监督与评估,促进社会组织的发育发展。具体而言,如改变现有的关于社会组织的限制分支原则和非竞争原则,鼓励它们开展竞争;建立社会组织第三方评估制度;修订关于社会组织登记管理条例,降低登记审批门槛等。此外,要尽快出台《慈善法》《志愿服务法》等支持性法律条例等,为推动双方的互动协作创造有效的制度引导和激励。正如德里克·布林克霍夫所说,一个支持性的法律框架对具有活力的非政府组织和充满生气的公民社会的出现,以及建构有效的伙伴关系都是首要的。③

(三)培育公共精神,扩大公民有序参与公共服务的意识和氛围

现代公共服务精神认为,公共服务需要与积极的公民参与相互协作才能有效实现。前提是公民应具备较高的公共精神,即公共理性。"这种公共理性就是所有公共生活参与者的伦理约束,是现代社会的一种精神原则和公共领域的行为准则与道德风尚,构成协调人与政治、人与社会、人与人之间文明关系的价值规范。公共精神是现代公共领域的道德准则,是公众为公共利益而行动的气质特性,它能够引导公众自主地作出判断和选择,帮助公众形成理性品质,对信任的生成至关重要。"④是否具有公共理性,可以反映出一个公民在应对公共事务时的心理承受能力和应变能力的强弱。在公

---

① 参见杨和平:《公共服务领域内政府与社会组织的关系构建——基于博弈论研究的视角》,《贵阳市委党校学报》,2013 年第 6 期。

② 参见俞可平:《中国公民社会:概念、分类与制度环境》,《中国社会科学》,2006 年第 1 期。

③ See Brinkerhoff Derick W., Government – Non – profit Partners for Health Sector Reform in CentralAsia : Family Group Practice Associations in Kaza – khstan and Kyrgyzstan, *Public Administration and Development*, (22): pp. 51 –61, 2002.

④ 上官酒瑞:《现代社会的政治信任逻辑》,上海人民出版社,2012 年,第 262 ~ 263 页。

共服务供给中,政府与社会组织的嵌入协作需要公民的强关注、强参与。一方面,政府要积极培育现代公共文化,激发公民的主体意识、自主意识和权利观念,不断提升公众文化素养,积极创新民主参与制度机制,畅通公民有效参与渠道,引导公众积极有序地参与公共事务、公共生活,自由表达对公共事务的意见和看法,努力构建一个"开放性社会";另一方面,社会组织要加强与民众的互动沟通,扩大民众对于社会组织参与公共服务供给的知情权、监督权。当然,公共理性的培育还需要教育机构、媒体等各种力量的共识参与,加强教育,大力弘扬,从而为政府和社会组织营造有利于公民参与公共服务供给的良好氛围。这也是公民参与公共服务供给的倡导者所一再强调的。"在公共服务中,只有在行政管理者与公民共同工作的条件下,很多公共服务项目才能实现预期的成效",因为"只有接受服务的个人才能够完成这种改变。他或她是所发生任何个人转型的重要的'共同生产者'。公共服务代理者并非向公民提供'最终产品',而是和公民一起共同完成人们多期望的转变"。①

(四)创新问责途径,实现对公共服务供给主体的有效问责

社会组织已成为除政府之外公共服务的重要供给主体,与之相伴随的一个无法回避的问题是:如何保证社会组织真正承担起公共服务的供给责任,使受益人真正受惠? 问责制被认为是解决问题的答案。② 一方面,要优化问责工具。问责工具是问责主体用来使社会组织说明、解释或证明其行为正当性的可重复使用的手段和方式。③ 可以根据问责主体的不同,采用不同的问责工具,如通过撰写执行报告、现场监测、财务抽查、内部评估等方式实现对规制者或资助者的向上问责;通过聘请第三方进行评估回应来自同行或独立第三方的横向问责;通过有效回应一线员工、志愿者、受益人、媒体或一般民众的质疑或投诉而实现向下问责。另一方面,责任只有内化为行动者的价值准则,才可能使行动者自觉做到对公共利益负责。公共伦理正是以公共利益为价值取向的,其核心要义在于维护和保障公共利益。要使

---

① G. P. Whitaker, Coproduction: Citizen Partici - pation in Service Delivery, *Public Administration Review*, 40(13): pp. 240 - 246, 1980.

② See R. E. Herzlinger, Can Public Trust in Nonprofitsand Governments be Restored? *Harvard BusinessReview*, 74(2), 1996.

③ 参见付金鹏:《社会组织提供公共服务的问责工具分析》,《中国行政管理》,2013 年第 10 期。

公共活动不偏离公共利益这个"价值取向",就必须通过公共伦理来调节各行动主体、公共权力和公共利益之间的关系,规范公共权力,使之按照公共意志的命令行使。因此,要大力加强对政府官员和社会组织成员的伦理道德教育,建立起参与公共服务供给的所有成员共同享有,而不仅仅是公共管理部门人员所独自享有的价值观,从而使各供给主体将公共责任内化为自身的价值准则,真正做到对公共利益负责,实现政府与社会组织对公共服务供给的协作共治。

第二节　服务型政府的功能分析

一、从理念到实践:服务型政府的发展脉络

我国建立服务型政府的理念及实践图景并非无源之水、无本之木,而是根植于社会发展的基本矛盾、经济体制改革的基本逻辑、政府转型与行政发展的现实压力,并在借鉴国外政府改革前沿理论与实践基础上提出的,具有中国特色的概念。中国在新世纪伊始提出建设服务型政府的发展目标是一种"历史压力下的历史性选择"[1]。

（一）从为人民服务的政府到服务型政府的逻辑递进

与西方国家政府不同,在我国,政府更准确的称谓应该是"人民政府",为人民服务是我国政府始终坚持的根本宗旨,这使得我国政府在成立之初就具备了人民性与服务性两大属性。其中,人民性是为了在国体、政体中确保人民主权与人民当家做主,并由系统的国家组织架构与制度运转体现出来,侧重政治性色彩。而服务性是对国家机构,尤其是对政府职能、机构等基本元素设计与运行的基本框定,也是对政府与社会之间服务与被服务关系的描述,侧重服务性色彩。这就使得为人民服务的政府与服务型政府在根本逻辑上是一致的。有学者就认为"服务型政府就是为人民服务的政府,

---

① 朱光磊等:《服务型政府建设规律研究》,经济科学出版社,2013年,第1页。

它把为社会、为公众服务作为政府存在、运行和发展的基本宗旨。"①但从具体演进上,服务型政府与为人民服务的政府既有联系,更具有明显差异。

其差异性主要体现在以下三个方面:首先,从层次上看,为人民服务的政府是对政府性质与宗旨的规定,是本质层面上的问题;而服务型政府则是对政府职能体系与结构的再设计,是具体层面上的问题。为人民服务的政府所体现的人民性与服务性两大属性实际上也是政府政治属性与社会属性的体现,人民政府成功实现了二者的有机结合。服务型政府是在政府职能设计与职能转变中突出公共服务职能,并统筹协调管理与服务二者的关系,更加接近实际改革要求。因此,二者所阐述的不是同一层次的问题。其次,从运行上看,为人民服务的政府与服务型政府存在明显的不变与变的差异。为人民服务作为我国政府的根本宗旨,是由我国以人民民主专政为国体与以人民代表大会制度为政体的社会主义性质所决定,不存在变化或改革的空间;而服务型政府是我国经济体制改革、行政体制改革与政府发展的产物,其确立形成的过程也是政府职能转变与调整的动态适应。最后,从目的上看,为人民服务的政府是对政府合法性根源的确定,而服务型政府是在新的实践中强化政府合法性,也即以服务型政府建设引领新的合法化过程。

根据哈贝马斯的定义,"合法性"意味着"某种政治秩序被认可的价值","统治秩序的稳定性也依赖于自身在事实上的被承认"。② 阿尔蒙德对"合法性"的定义更加具体。他认为:"如果某一社会中的公民都愿意遵守当权者制定和实施的法规,而且不仅仅是因为若不遵守就会受到惩处,而是因为他们确信遵守是应该的,那么这个政治权威就是合法的。"③在合法性起源上,中国共产党在领导全国各族人民在争取民族独立、国家解放过程中确立了党的执政与政府领导的起始合法性。为人民服务的宗旨旗帜鲜明地表明了我国政府的合法性根源在于人民支持和拥护,但在不同阶段,政府寻求合法性的途径和方式不同。伴随我国现代化建设实践的深入和公民权利意识的

---

① 刘熙瑞:《服务型政府:经济全球化背景下中国行政改革的目标选择》,《中国行政管理》,2002 年第 2 期。

② [联邦德国]尤尔根·哈贝马斯:《交往与社会化》,张博树译,重庆出版社,1989 年,第184 页。

③ [美]加布里埃尔·阿尔蒙德、小 G. 宾厄姆·鲍威尔:《比较政治学:体系、过程和政策》,曹沛霖等译,上海译文出版社,1987 年,第 25 页。

觉醒,在中国共产党完成由革命党向执政党转变的同时,政府合法性强化已从基于革命功绩转为基于发展政绩,并开始侧重以提供公共服务,改善和保障民生为重点增强人民对政府的满意度。当下,建设服务型政府就是对以往单纯追求经济发展、片面寻求的"GDP 导向"的政绩合法性实践的纠偏,是在为人民服务的宗旨框架下,更加突出以公共服务改善民生,以服务质量赢得人民满意的合法性的强化路径。

(二)从服务行政理念到服务型政府模式的具象演化

"服务型政府"概念是学术界在多年讨论基础上,由服务行政理念发展而来。[①] 从经济基础与上层建筑的关系看,我国提出建设服务型政府的目标是市场经济发展的必然产物,也是市场经济所要求的服务行政理念的升华。服务型政府重要理论源泉之一是服务行政理念的发展。1938 年,德国行政法学家恩厄斯特·福斯多夫在《当成为服务主体的行政》一文中提出"服务行政"的概念。在我国,"服务行政"概念从提出到扩展应用再到成为服务型政府的理念基础,经历了一系列发展演变过程。

1. 服务行政理念的提出

在国内学术研究中,服务行政理念的提出可以追溯到行政法学与行政学两个源头,二者之间相互交流、相互促进,共同发展和丰富了服务行政的内涵体系。在行政法学领域,行政法学研究者基于我国由计划经济向市场经济过渡的经济转型实践所提出的行政法理念与角色更新诉求,较早地提出并论述"服务行政"相关问题。在计划经济时期,受苏联行政法理论影响,我国行政法遵循片面的"管制需要"说,[②]充当政府对经济社会实施管控的工具。然而 1992 年,党的十四大明确提出建立社会主义市场经济体制的改革目标后,我国由计划经济向市场经济的转轨开始走向系统化、制度化。计划经济下出于管制需要的行政法理论迫切需要进行革新重塑以适应新的市场经济改革需求。早在 1995 年就有学者提出,市场经济下驱动社会运行并决定资源配置的关键应在于市场,政府机构设立与行政行为应围绕市场活动

---

① 参见程倩:《"服务行政":从概念到模式——考察当代中国"服务行政"理论的源头》,《南京社会科学》,2005 年第 5 期。

② 参见[苏]B.M.马诺辛等:《苏维埃行政法》,黄道秀译,江平校,群众出版社,1983 年,第 29 ~ 38 页。

提供必要的服务和保障,行政法实现由"控制"转向"以服务为目的",对于顺利实现向市场经济过渡具有决定性意义。① 也有学者认为,现代行政法的主要内容应该是"服务"与"授益",重心是"服务行政",理论基础是"服务论",将服务行政作为我国行政法的理论基础,将有助于促进我国的行政法制建设。②

相对于行政法学领域的研究,行政学更突出经济转轨及市场经济建设过程中对政府服务职责与角色的探讨与塑造。同样在 1995 年,有学者提出我国行政现代化的目标就在于建立市场化的政府行政,实现公共行政由国家权力载体转变为提供公共服务的实体。③ 1996 年,有学者总结道,在我国社会转型过程中,权威行政与服务行政呈现出一种犬牙交错、相克相生的状态,而"服务行政"将是政府公共管理与服务发展的必然趋势。④ 学术界对服务行政的研究探讨在充实行政学前沿学术成果的同时,开始实现理论研究与改革前沿逐渐结合。

2. 从服务行政到服务型政府

从学术成果看,我国对服务行政理念的早期研究基本分布在 1995—1998 年这一时间段。在行政学研究中,1998 年,新一轮政府机构改革成为学术研究的重点,但也有学者从机构改革入手,在融合服务行政理念基础上首次提出"服务行政模式",并将其作为继传统的统治行政、近代的管理行政模式后的新的行政模式。⑤ 改革实践需求在指引理论研究方向的同时,也促进了理论研究的升华。在政府机构改革推动下实现的由服务行政到服务行政模式的跨越式研究为服务型政府理论的提出奠定了知识储备基础,服务型政府理念呼之欲出。2000 年,"服务型政府"概念首次得以明确阐释,有学者提出:"服务型的政府就是为人民服务、为社会服务、为公众服务的政府,政府定位为服务者角色,将服务作为一种基本理念和价值追求,把为社会、为

① 参见崔卓兰:《行政法观念更新试论》,《吉林大学社会科学学报》,1995 年第 5 期。
② 参见陈泉生:《论现代行政法的理论基础》,《法制与社会发展》,1995 年第 5 期。
③ 参见张成福、党秀云:《中国公共行政的现代化——发展与变革》,《行政论坛》,1995 年第 4 期。
④ 参见马敬仁:《转型期的中国政府、企业与社会管理——中国管理情结解析》,《中国行政管理》,1996 年第 1 期。
⑤ 参见张康之:《行政道德的制度保障》,《浙江社会科学》,1998 年第 4 期。

公众服务作为政府存在、运行和发展的基本宗旨";并将服务型政府作为与
统治型、管理型政府并列但根本性质迥异的新的政府模式,其核心区别在于
"服务型政府在制度上保障服务理念贯穿于公共权力运作的全过程,严防政
府凌驾于社会之上"①。此后,更多的学者开始关注服务型政府理论体系的
研究与建构,分别从政府宗旨与性质、社会转型与政府职能转变、政府与社
会关系、政府治理模式等角度论述服务型政府的内涵、框架与运行机制等,
使服务型政府研究逐渐成为政治学、行政学领域的研究重点与热点。

(三)从服务于经济到聚焦于公共服务的实践进路

服务型政府的提法出现于实践领域的时间略滞后于理论研究。在具体
含义上,最初实践中的服务型政府要比学术讨论中的服务型政府的范畴狭
窄,侧重强调服务于市场经济与市场主体,后来经过理念更新与实践发展,
服务型政府的实践含义才逐渐转到公共服务上。

1. 服务于市场经济——地方政府对服务型政府的早期探索

我国市场经济改革发展的大潮、以政绩为导向的官员考核晋升机制既
为地方政府竞争提供了平台,也为地方政府创新注入了动力。其中,服务型
政府理念的提出就是具有创新性的地方政府在市场经济条件下努力寻求发
展突破口的成果之一。2001 年 6 月,大连市第九次党代会率先作出建设服
务型政府的决议,同年 10 月,大连市政府通过《大连市关于建设服务型政府
的决议》,明确要求建立满足市民和投资者要求的"公共管理"机制;时任大
连市市长的夏德仁提出建设服务型政府,必须对现行的政府行为进行规范,
优化大连的经济发展环境,把大连打造成为交易成本低、商务机遇多和市场
秩序好的投资宝地。② 2001 年 10 月,时任上海市市长徐匡迪表示,为应对加
入世界贸易组织(WTO)后的体制性挑战,上海正在全国率先建立一个高效、
精干的服务型政府,为中外各类企业提供良好的政府服务和安全稳定的社
会经济环境。③ 2002 年初,时任南京市市长的罗志军认为服务型政府需要与
经济发展同步规划、同步建设,并提出按照"一年构建框架,三年初步完成,

① 张康之:《限制政府规模的理念》,《行政论坛》,2000 年第 4 期。
② 参见李天斌、单超哲:《三管齐下推动服务型政府建设》,《经济日报》,2003 年 11 月 12 日。
③ 参见徐匡迪:《上海将率先建立高效、精干的服务型政府》,2011 年 11 月 27 日,新华网,ht-
tp://news. xinhuanet. com/newscenter/2001 - 11/27/content_136196. htm。

五年形成规范"的框架拟于 2015 年初步建成规范透明、廉洁高效的服务型政府。① 这些地方政府能领先于其他地方较早地提出建设服务型政府的理念与政策,反映了地方政府为适应市场经济要求进行职能转变与角色调整的创新探索,但也反映了实践初期地方政府对服务型政府认识的狭隘。

2001—2002 年,尽管有地方政府提出建设服务型政府的实践命题,但对什么是服务型政府,怎样建设服务型政府并没有形成清晰的认知,进而导致早期的服务型政府建设实践存在不可避免的局限性:一方面,对服务型政府功能确定狭隘化。在服务型政府建设的早期实践中,地方政府基本将服务对象限定为市场经济及市场主体,即通过提高政府行政效率与服务质量改善当地招商引资与企业发展的环境,为市场经济及市场主体服务,最终还是体现为以发展经济为目的。服务型政府在某种程度上充当了地方政府加快经济发展的新的生长点。考虑到地方政府所面临的经济发展与政绩考核压力,这种服务型政府认知模式及实践进路有其发生和存在的合理性,但的确已经偏离了服务型政府的本质含义。另一方面,将服务型政府建设简单化。地方政府将服务型政府视为一项可短期内规划完成的任务或可细化操作的具体项目,甚至把建设政府门户网站、开设便民服务热线、设置领导接待日等"细枝末节"等同于服务型政府建设,简化、拉低了服务型政府的内涵与层次。

服务型政府代表着我国社会转型期市场经济发展要求下的新的政府模式,其更加突出政府的公共服务导向,涉及行政体制、政府职能、行政文化等的系统调整与变革。尽管早期地方政府并未从系统改革、治理范式转换角度看待服务型政府建设,但这些带有摸索性质的创新实践为我国后期推行的更加完整意义上的服务型政府建设奠定了实践基础。

2. 确立公共服务导向——建设服务型政府实践的全面展开

2002 年 11 月,党的十六大首次将政府职能明确为"经济调节、市场监管、社会管理与公共服务",这一界定为我国政府职能转变指明了方向。2003 年初突发的"非典"疫情暴露出我国公共服务事业的落后与不足,也使得以往片面追求经济增长的发展道路难以为继。在很大程度上,"非典"疫情充当了打开建设服务型政府"政策之窗"的"问题源流",为我国提出建设

---

① 参见吴纪攀:《南京再造服务型政府,市长直言法无禁止都能干》,2011 年 10 月 31 日,新华网,http://js.people.com.cn/html/2011/10/31/43148.html。

服务型政府的目的创造了契机。2004 年 2 月和 3 月,时任国务院总理的温家宝分别在中央党校、十届人大二次会议上强调要"建设服务型政府"。2006 年 10 月,党的十六届六中全会进一步要求"建设服务型政府,强化社会管理和公共服务职能",服务型政府第一次被写入党的指导性文件中。此后,党的十七大、十七届二中全会、十八大、十八届三中全会等多次党的重要会议不断重提服务型政府建设,并呈现逐渐强化、深化、细化的趋势。与服务型政府顶层设计相对应,服务型政府建设实践在全国范围内迅速铺开。

与 2001—2002 年地方政府对服务型政府的探索不同,此次在中央层面提出的服务型政府建设框架更加突出政府的公共服务职能,既包括为市场经济、市场主体服务,更突出为社会、为公众提供公共服务。在认知层次上,建设服务型政府作为政府治理创新的系统范式,与加快政府职能转变及机构改革相结合,成为深化行政体制改革、促进政府发展的基本目标。在管理与服务的关系处理上,建设服务型政府并不是忽略管理,而是更加突出基于服务目的的管理;在服务型政府框架内,改善管理与强化服务是一致的,并且在推进国家治理体系与治理能力现代化过程中,服务型政府应将管理、治理、服务等多种工具手段融合运用于公共治理与服务过程中。在实施路径上,建立符合国情、完整可持续、基本覆盖城乡的基本公共服务体系,健全基本公共服务制度,推进基本公共服务均等化是现阶段建设服务型政府的重要路径。构建基本公共服务体系及制度也成为连接服务型政府建设与社会民生改善的桥梁,使得服务型政府建设直接贴近民众需求。在具体内容上,服务型政府框架下的"公共服务"一般是指基本公共服务,即由政府主导提供的旨在保障全体公民生存和发展基本需求的公共服务,主要包括基础教育、社会保障、医疗卫生、就业服务、公共文化、环境保护、基础设施等领域内的基本服务事项。

二、基于应然与实然的二分:服务型政府的功能阐释

功能是指对象满足需要的属性。政府功能,即政府在公共事务治理中应具备的功效或应该发挥的作用。在这里,我们将政府功能作为区别于政府职能的概念使用。从范畴上看,功能包涵职能,职能比功能更具体。不同发展阶段、不同国家的政府职能存在明显差异,但政府的基本功能却在本质上大致相似。从二者的关系上看,政府功能体现政府存在的基本价值,而政府职能是政府功能的具体呈现载体,政府通过履行各项职能体现政府的功能价值。有学者认为:"政府功能是需要实在的政府职能和行为来体现和实现的。"①这也暗含了政府功能与职能的差异与联系。从政府功能角度入手,进一步将讨论研究的焦点聚焦于服务型政府的功能,而从应然与实然角度分析服务型政府的功能,可以更好地理解服务型政府建设在理想与现实间的差距,增进对服务型政府内在价值与外在功用的理性认识,有利于明确服务型政府的建设方向与路径。

(一)政府功能起源与基本构成

关于政府功能起源,有两种学说最具代表性。一种学说是以自然权利与自然法为基础的社会契约论。该理论认为,政府是出于打破"一切人反对一切人的战争"的自然状态,由理性个人让渡权力给特定的"主权者",由"主权者"维护自然法正义,保护个人安全、维持和平,这一"主权者"最主要的代表形式就是政府;或是为了在"完备无缺的自由状态"确立用以解决平等主体间纠纷、冲突的裁判尺度和裁判者。而订立契约、放弃部分权利以组成公共权力的正当行使主体,保护个人人身与财产安全,这一行使主体也就是政府。正如洛克所说:"这就是立法和行政权力的原始权利和这两者之所以产生的缘由,政府和社会本身的起源也在于此。"②另一种学说是以阶级关系、阶级利益为核心的阶级斗争论,属于马克思主义理论体系中的一部分。该理论认为,当社会发展到一定阶段时,阶级分化与对立的加剧会使社会陷入不可调和的境地,为了缓和阶级矛盾,维护统治秩序,需要一种产生于社会又凌驾于社会之上的力量,这就是国家。③而政府则是国家力量的最主要构成,是维护统治阶级意志及利益的首要利器。由此可以看出,政府功能是特定发展阶段社会共同体得以维系的前提,统治、管理、秩序维护等不同社会需求决定了政府的功能构成与发挥。

关于政府功能的基本构成有两种划分方法。第一,从功能内容维度看,

---

①　李荣娟:《和谐社会构建中的政府功能》,《当代世界与社会主义》,2005 年第 6 期。

②　[英]洛克:《政府论》(下篇),叶启芳译,商务印书馆,1981 年,第 78 页。

③　参见《马克思恩格斯选集》(第四卷),人民出版社,1995 年,第 170 页。

政府功能基本构成主要包括两项,即维持社会秩序与提供公共福利。前者指保护国家及个体免受其他国家及个体的侵犯,后者指建设社会公共事业,提供必要的公共管理与服务。第二,从功能运行维度看,政府功能基本构成可分为两项或三项,即统治、管理两分法与统治、管理和服务三分法。前者体现为马克思、恩格斯所概括的政府具有政治统治、社会管理两大功能。马克思主义理论认为:"政治统治到处都是以执行某种社会职能为基础,而且政治统治只有在它执行了它的这种社会职能时才能持续下去。"[①]而在统治、管理之外增强服务功能,是对现代社会日益增长的公共服务诉求的回应。一个现代国家的政府必须同时包含并且有效发挥统治、管理、服务这三项基本功能。在不同社会发展阶段,这三项功能所处的地位、所占的比例各不相同,从而也就构成了不同政府模式及政府功能体系。从理论上看,人类社会发展史上的政府模式大致可分为三类,即古代社会注重统治功能的统治型政府、近代社会注重管理功能的管理型政府、现代社会注重服务功能的服务型政府。当然,现实世界各国具体国情、发展阶段的差异,使得多种政府类型并存于国际社会。从严格意义上讲,发达国家基本处于第三阶段的政府发展模式,而我国目前处于现代化与后现代化叠加时期,政府既要优化管理,又要强化服务。建设服务型政府目标的提出既暗示了我国在全球化时代政府改革与发展面临的压力,同时也昭示了我国政府敢于突破创新、开拓进取的魄力。

(二)服务型政府功能应然状态

服务型政府功能的应然状态是指理想状态下服务型政府应发挥的功效与作用,主要体现为建设服务型政府的初衷和意义。具体包括以下三点。

1. 建设服务型政府有利于强化政府公共服务功能

服务型政府的核心特征就是将政府的服务功能置于首要位置,突出并强化公共服务职能,以提供充足、优质、符合需求的公共产品、设施、服务及制度,实现基本公共服务均等化,促进社会公平正义,达到良好的社会福利民生状态。改革开放以来,我国曾长期过度重视经济发展,忽略社会发展,甚至以牺牲社会公共利益为代价盲目追求经济增长,导致政府公共服务水

---

① 参见《马克思恩格斯选集》(第三卷),人民出版社,1995年,第523页。

平严重滞后于经济发展水平,并在遭遇"非典"等突发事件时容易暴露出严重的社会危机。公共服务的历史欠账、日益增长且未得到有效满足的公共需求、经济发展与社会福利的严重失衡,对我国全面改革事业提出挑战,也"倒逼"政府强化公共服务职能。另外,持续多年的经济高速增长为增加公共服务供给积累了物质基础,为服务型政府功能发挥创造了有利条件。随着经济发展进入新常态,服务型政府也必须进入强化公共服务、改善社会民生的新常态,重点加强基本公共服务体系建设,通过系统化、持续化地提供旨在保障全体人民生存和发展基本需求的公共服务增进社会公平正义,使全体人民共享改革发展的成果。

2. 建设服务型政府有利于深化政府系统改革,建立健全现代政府制度

我国由计划经济体制向市场经济体制的转轨加剧了我国社会转型的强度和复杂度。随着市场经济的完善与发展,政府必须不断改革调整以适应市场经济发展要求,并致力于满足由市场经济孕育的现代公民的基本生存发展需求。建立并完善现代政府制度是我国市场经济发展与全面深化改革框架内政府改革的基本路径选择之一。现代政府制度是相对于传统政府制度而言的制度安排,它是以市场经济为基础,以社会为取向,遵循法治原则并由此出发而构建起来的关于政府的体制模式、组织系统、职能体系、权力运行方式等的制度体系。[①] 而服务型政府建设是一场涉及政府职能转变、机构编制改革、行政文化重塑等多领域调整与革新的系统变革。从制度建设角度看,服务型政府建设为构建现代政府制度提供了有效的试错平台与制度试验场域。同时,服务型政府的要义除了在物质层面上增加公共服务供给,改善公共服务质量外,还涉及制度层面的建设,即构建完善的基本公共服务制度,并将其作为公共产品向全民提供,这本身就构成了现代政府制度的一部分。

3. 建设服务型政府有利于优化政府治理实践,推进国家治理现代化进程

2013 年 11 月,党的十八届三中全会提出我国全面深化改革的总目标是"完善和发展中国特色社会主义制度,推进国家治理体系和治理能力现代

---

① 　参见沈亚平:《现代政府制度:行政发展研究的新视角》,《中国行政管理》,2008 年第 5 期。

化"。在国家治理体系与治理能力现代化视阈下重新审视服务型政府建设,可以发现其暗含的功能,即服务型政府建设为优化政府治理实践创造了契机,是推进国家治理现代化进程的重要动力源泉之一。鉴于我国政府在市场经济、社会发展中的重要地位,政府治理无疑是国家治理的关键构成,政府治理体系与治理能力现代化的程度直接关系到国家治理体系与治理现代化目标的实现。而服务型政府建设本身就是政府治理创新的重大举措。以服务型政府建设为重点和主线,政府通过转变职能、深化行政体制改革、创新行政管理方式等实现自身有效治理的同时,还可以带动市场与社会两方面的治理进展:一方面,通过进一步简政放权,优化市场监管,为市场在资源配置中起决定性作用留有足够空间,促进现代市场体系和与之相匹配的宏观调控体系的建立与完善;另一方面通过加强公共服务提供,推广政府购买服务,鼓励和支持社会参与,激发社会组织活力,推进社会治理创新,实现公共事务与公共服务的多元善治格局。

(三)服务型功能实然状态:成效与问题

服务型功能实然状态是指服务型政府的功能实际发挥程度,具体表现为服务型政府建设的实际成效及存在的问题。从应然状态看,建设服务型政府应是我国政府应对社会转型挑战、推进全面深化改革、改善福利民生、增进公平正义的"一剂良方"。但这剂良方的实际功效还必须经由实践检验。自2004年建设服务型政府的构想与规划在中央层面达成共识并进入实践落实以来,我国服务型政府建设取得了显著成绩,但仍存在一些问题导致服务型政府应然功能未能完全发挥。

1. 我国服务型政府建设的成效

在政府职能转变方面,政府在就业、医疗卫生、社会保障、住房保障、教育、文化体育、基础设施等方面的职责履行不断加强。例如,在"十二五"期间,我国城镇新增就业人数超过6400万人,城镇保障性安居工程住房建设4013万套,农村贫困人口减少一亿多,教育水平和质量明显提升,基本医疗保险实现全覆盖,基本养老保险参保率超过80%,覆盖城乡的公共文化服务设施网络基本建立。①

---

① 参见李克强:《政府工作报告——2016年3月5日在第十二届全国人民代表大会第四次会议上》,2016年3月5日,新华网,http://news.xinhuanet.com/fortune/2016-03/05/c_128775704.htm。

在政府机构改革方面,中央与地方政府以公共服务为切入点,不断优化组织结构。在中央层面,围绕探索建立职能有机统一的大部门制,整合重组形成人力资源和社会保障部、环境保护部、住房和城乡建设部等部门,为政府更好地提供就业、养老、社会保障、住房保障、环境保护等服务奠定了组织基础;在地方层面,地方政府围绕服务型政府建设在机构改革方面取得了一系列创新性经验。例如,天津市在简政放权、深化行政审批制度改革过程中,逐渐探索出以相对集中行政许可权为核心的行政审批模式。2014 年 5月,天津市滨海新区行政审批局正式成立,行政审批局统一行使原来分属政府各部门的行政许可事项并承担审批责任,18 个部门不再有审批职能,审批印章由 109 枚减少为 1 枚专用章。2015 年 3 月,天津市 16 个区县行政审批局全部挂牌运行。2015 年 5 月,中央编办、国务院法制办在天津市滨海新区召开现场会,充分肯定滨海新区等地实施的"审管分离"行政审批制度改革经验,并确定在其他省市开展扩面试点,推广"一枚印章管审批"的创新实践。整体而言,集中行使行政审批权是地方政府简政放权改革的一大进步,对提高地方政府管理与服务的效率,推进地方服务型政府建设进程具有重要意义。

2. 服务型政府建设存在的问题

我国经济社会发展实践的复杂性与政府能力及其所掌握资源的有限性决定了服务型政府的实际功效必然与应然功能存在一定差距。以问题为切入点,讨论研究服务型政府的应然功能在实践发挥中出现的偏差及问题,有利于更好地把握服务型政府建设的方向。目前,我国服务型政府建设存在的问题可从政府在具体实践中暴露的问题与政府公共服务质量两个方面论述。

在具体的政府实践中,下列问题对服务型政府建设影响较为严重。第一,服务行政的理念并未有效贯彻到服务型政府建设实践中,不良行政问题时有发生,严重损害政府形象。云南"躲猫猫"事件、上海"钓鱼执法",以及频频见诸网络媒体的暴力拆迁、城管暴力执法等事件,暴露出部分地方官员及基层行政管理人员法治与服务意识淡薄、乱作为、违法作为等问题。这些事件和行为都破坏了地方政府的整体形象与公信力,与服务型政府的价值追求和建设取向背道而驰。第二,部分地方政府对建设服务型政府的内涵理解不到位,导致服务型政府建设流于形式。例如将服务型政府简单理解为建设政务大厅或服务中心、开设几部便民服务电话、建设政府门户网站等,使服务型政府建设表面化、形式化;甚至有些地方政府在这些具体事务上也表现出敷衍了事、应付差事,导致政务大厅盲目求大求新却形同虚设、无法真正便民利民,门户网站等电子政务设施存在着更新慢、处理慢、反馈慢等弊端。第三,政府官员腐败及作风问题是当前政府存在的一大隐患,也是制约服务型政府建设的一大隐疾。腐败问题关乎我国社会主义事业与全面深化改革事业的成败,也是建设服务型政府必须要解决的问题。虽然党的十八大以来,我国反腐力度不断加强,反腐效果明显,但不断曝光的官员腐败与作风问题在时刻警醒人们反腐仍然在路上的同时,也反映出我国服务型政府建设的难度。作风优良、业务精湛的领导集体与公务员队伍是建设服务型政府的人力资源基础。若腐败问题得不到有效治理,政府系统内的"蛀虫"必然会毁掉政府存在的合法性与服务型政府建设的根基。

在政府公共服务质量方面,公共服务质量不佳问题影响服务型政府的建设成效。考虑到政府公共服务所涉及的事项较为庞杂,在此仅以公共文化服务为例分析政府公共服务的质量问题。首先,公共服务供给不足问题仍然突出。我国 2015 年全国公共图书馆图书总藏量为 83844 万册,人均图书藏量仅为 0.61 册,远低于国际图书馆协会和机构联合会制定的"人均 1.5～2.5 册"的标准;[①]而与平均每 2 万人左右拥有一所公共图书馆的国际标准相比,2015 年我国大约每 40 万人才拥有一所公共图书馆,与国际标准差距悬殊。其次,基本公共服务非均等化问题依旧突出。我国公共文化服务城乡、区域、群体差异明显,减损了公共文化服务的公共性。在城乡公共文化服务比较上,以文化事业费为例,2010 年,全国文化事业费 323.06 亿元,其中农村投入 116.41 亿元,仅占 36.0%;2015 年,全国文化事业费 682.97 亿元,其中农村投入 330.13 亿元,只占 48.3%,仍未到全国一半;[②]在不同区域公共文化服务比较上,2015 年,东、中、西部文化事业费分别为 287.87 亿、164.27

---

① 参见文化部:《2015 年文化发展统计公报》,2016 年 11 月 10 日,文化部官网,http://zwgk. mcprc. gov. cn/? classInfoId＝748。

② 文化部:《2015 年文化发展统计公报》,2016 年 11 月 10 日,文化部官网,http://zwgk. mcprc. gov. cn/? classInfoId＝748。

亿、193.87 亿元,各占总额的 42.1%、24.1%、28.4%,区域之间差距明显;①
在不同群体享受到的公共文化服务上,针对农村进城务工人员、老年人、未
成年人、残疾人等特殊群体的公共文化服务供给相对短缺。

三、实然与应然的差距:服务型政府功能状态偏差的原因剖析

服务型政府建设是一项长期的系统工程。目前我国建设服务型政府的
目标仍未完成,服务型政府应然功能与实然功能仍有较大偏差,服务型政府
建设实践仍存在诸多问题。究其原因,我国社会转型期的经济社会发展的
复杂性、政府改革的不确定性都增加了服务型政府建设的难度,阻碍了政府
服务功能的有效发挥。

(一)中国经济社会发展的时空特殊性背景下服务型政府建设的复杂性

1978 年,党的十一届三中全会在拉开改革开放大幕的同时,也重启了我
国的现代化进程。改革开放近四十年来,我国的现代化建设成绩突出,但问
题众多。在我国快速现代化过程中,区域差异问题暴露得更加明显。其中,
东部较发达的省市已完成现代化进入后现代化阶段,而中、西部地区还处于
现代化中期或初期阶段。有学者将这一现象概括为“两化叠加”,并将其视
为中国治理最大的、无形的难题。② 不同区域不同的发展实践与发展阶段构
成了我国经济社会发展的时空特殊性,也增加了服务型政府建设的复杂性。

一方面,“两化叠加”加重了政府管理与服务的难度。“事实上,现代性
孕育着稳定,而现代化过程却滋生着动乱”③,现代化的过程是社会公共事务
增多、社会关系更加复杂的过程,也是各类社会问题、矛盾冲突增加的过程,
要求政府承担更多的公共管理和社会治理任务;而“后现代化或后工业社会
的中心是服务——人的服务、职业和技术的服务”④,对政府的服务职能及服

① 文化部:《2015 年文化发展统计公报》,2016 年 11 月 10 日,文化部官网, http://zwgk.mcprc.gov.cn/? classInfoId=748。
② 参见朱光磊:《“两化叠加”:中国治理面临的最大难题》,《中国社会科学报》,2014 年 11 月 17 日。
③ [美]塞缪尔·P.亨廷顿:《变化社会中的政治秩序》,王冠华、刘为等译,上海人民出版社,2008 年,第 31 页。
④ [美]丹尼尔·贝尔:《资本主义文化矛盾》,任晓香译,生活·读书·新知三联书店,1989 年,第 198 页。

务质量提出了更高要求。按照一般规律,"在现代化阶段,政府发展的基本特征就是强化管理;在后现代阶段,政府发展的基本特征才是扩大服务范围和提升服务水平"①。而现代化与后现代化在我国经济社会发展上的重叠交叉,要求现阶段服务型政府建设必须在合理利用有限公共资源的前提下既要实施现代化的管理,又要扩大公共服务以满足社会新增的公共需求。

另一方面,"两化叠加"使服务型政府建设更加难以达成共识。现代化与后现代化阶段的发展要求、公共需求存在明显差异,处于现代化过程中的地区可能要求更快更好地发展经济,提高人们物质生活水平,而处于后现代化的地区可能更加追求良好的社会福利、高质量的公共服务与满意的社会环境等。而我国现阶段的"两化叠加"不仅体现在全国范围内的不同区域,也体现在同一省份的不同县市,甚至同一县市内的差距,这就使得在某一层级上建设服务型政府面临多重目标选择,关于建设什么样的服务型政府的共识更加难以达成。

(二)外部条件未完备的前提下服务型政府建设的长期性

西方发达国家虽然没有"服务型政府"的提法,但大部分西方国家政府已建立起了以公共服务为导向的政府。从西方国家的经验看,以公共服务为导向的政府应该是经济社会发展到一定阶段的产物,是在现代化完成、物质财富积累充分、市场经济发达、公民社会成熟等外部条件完备的情况下,在恰当时机进行的政府革新。而我国提出建设服务型政府的目标是基于以往片面追求经济增长,忽视社会建设与公共服务供给导致一系列社会问题、矛盾及冲突的实践压力而采取的政府革新战略,属于"倒逼"型的政府改革。但从外部环境看,我国建设服务型政府的外部条件尚未完备。这就决定了我国服务型政府建设必定是一项长期工程。实际上,早在建设服务型政府的目标提出之时,学术界就有观点认为该目标提出得过早,服务型政府并不能很好地概括我国社会转型及经济社会发展所需要的政府类型。从一定程度上讲,本该作为终极目标的服务型政府被当作阶段目标较早地提了出来。

服务型政府建设至少需要以下三个条件的完备。首先,成熟的市场经济是建设服务型政府的经济基础。成熟的市场经济可以充分发挥市场在资

---

① 朱光磊:《"两化叠加":中国治理面临的最大难题》,《中国社会科学报》,2014年11月17日。

源配置与经济发展中的作用,从而可以使政府退出微观经济领域,集中精力与资源搞好宏观调控与公共服务;另外,发达的市场经济可以为建设服务型政府、强化公共服务积累充足的物质财富。而我国市场经济体系仍处于发展阶段,远未达到成熟发达的地步,政府仍需要继续进行市场经济改革以确保市场在资源配置中发挥决定性作用;在地方政府层面,更好更快地发展市场经济仍是政府施政的重要目标。

其次,充足的社会力量是建设服务型政府的辅助条件。以公益性社会组织、公民团体及个人为代表的社会力量的成长和壮大是服务型政府退出社会自行调节领域的前提,也是增加公共服务供给、改善公共服务质量的重要辅助力量。而我国的社会组织、公民团体等社会力量先天不足,后天发育水平参差不齐,在一些重要公共领域无法承接政府相应职责的转移,在公共服务多元化供给中参与范围、力度仍然不够。这就使我国的服务型政府要承担更多的公共管理与服务职责。

再次,健全的法治国家体系与社会规则体系是建设服务型政府的依托屏障。从某种程度上讲,完整意义上的服务型政府只能存在于法治国家与规则社会。完善的法律制度、较强的法治观念与规则意识可以很好地规范社会关系,协调社会行为,减少社会冲突与矛盾,进而减少政府对社会的微观管理,缩小行政职能范围,简化政府机构,为建设服务型政府提高良好的依托屏障。就我国经济社会实践看,上述条件正在不断改善,但距离成熟完备还有一定差距,这就导致我国服务型政府建设存在诸多困难与阻力,服务型政府应然与实然功能的偏差。

(三)政府系统配套改革未到位的条件下服务型政府建设的困难性

从所涉及的领域和事项看,建设服务型政府不是单一的改革事项,而是糅合了政府职能转变、机构改革、财政体制完善等多领域改革的系统性工程。服务型政府建设的水平及成效与政府系统配套改革进度息息相关,在政府其他领域配套改革未跟进、未到位的情况下,建设服务型政府的难度无疑是很大的。

首先,加快政府职能转变是建设服务型政府的内在前提,而目前政府职能转变仍未到位,影响了服务型政府建设进程。从1984年10月,党的十二届三中全会首次明确提出政企分开与政府职能转变问题,到2013年11月党的十八届三中全会仍在强调加快政府职能转变,证明了政府职能转变的重要性与艰巨性,也反映了我国政府职能转变仍处于现在进行时。在当下的政府职能转变与调整中,中央与地方政府职能划分不够清晰细化、政府职能在各领域的配置不合理、社会管理与公共服务职能仍需强化等问题都加重了服务型政府建设的难度,这些问题不解决,服务型政府建设也就无法向深层次推进。

其次,深化机构改革是服务型政府建设的结构基础,而目前政府机构改革不彻底形成的遗留问题成为服务型政府建设的内在障碍。政府职能转变与机构改革是不可分离的有机组合,也是建设服务型政府的前提基础。多年来,我国政府机构改革主要围绕政府职能转变,以建立职能有机统一的大部门制为重点展开,取得了显著成效。但目前存在部门职责重叠、部门协调机制不健全、机构改革的制度保障与法治基础不完善等问题。另外政府机构改革与行政区划改革、事业单位改革等相关领域改革没有很好地结合起来,导致机构改革效果低于初始设计,这些都对服务型政府建设向纵深发展造成了一定结构障碍。

再次,优化公共财政体制改革是建设服务型政府的资源保障,而目前公共财政体制与服务型政府建设要求不匹配,延缓了服务型政府建设的进程。财政是庶政之母、邦国之本,完善合理的财政制度能够为服务型政府建设提供充足的财力保障。在服务型政府框架下,公共财政体制应该从侧重经济建设向侧重增加公共服务供给、实现基本公共服务均等化转变。但目前我国公共财政体制存在地方政府财权与事责不匹配、公共服务支出不足且支出结构不合理、财政转移支付及资金不合理不规范不透明等问题,制约了地方政府公共服务职能的强化与改善,从而影响服务型政府建设的整体进程。

四、追求服务型政府良好功能状态的策略组合

(一)以系统的机制体系引导、规范服务型政府建设与运行

1. 建立系统完备的决策机制,提高服务型政府决策水平

现代社会公共事务的纷繁复杂、社会问题与矛盾的激化增加了政府决策的难度。建设服务型政府必须建立科学化、民主化、法制化的决策机制。

第一,建立审慎的决策启动程序,建立重大决策事先调查研究及合理性论证制度。政府启动决策前必须深入了解民情民意,体恤民力,防止出现劳民伤财、与服务宗旨相悖的决策;同时,社会公共问题是否应该进入政府议程必须经过严格筛选论证,某些影响重大的公共问题可先由公众议程初步讨论、协商后,待时机成熟时再引入政府议程,进入决策程序。第二,提高决策民主参与程度。除了在决策集体内部贯彻集体讨论、集体决定外,对于涉及公共利益的决策必须引入社会参与,健全落实决策听证、公众参与、专家咨询等制度,将公众意见、专家建议、社会舆论等重要信息纳入决策方案制定。第三,严格依法决策,完善决策内容合法性审查制度,提高决策程序的法制化水平,建立健全重大决策问责纠错、责任追究与决策失误赔偿制度。

2.健全科学规范的运行机制,实现服务型政府有序高效运转

与政府提供的民生公共服务不同,政府对经济、社会、文化等事务的管理属于政府行政服务。这些带有服务性质的管理活动是服务型政府运行的外在表现,其管理水平与服务效果直接关系到服务型政府的整体形象与公信力。因此,必须健全科学有效的运行机制规范服务型政府运转。秩序源于建制,服务型政府与法治政府建设是"一枚硬币的两面",缺一不可。健全服务型政府运行机制最重要的是将法制理念与服务理念融合于服务型政府管理与服务实践中。第一,服务型政府必须严格坚持依法行政,遵循"法定职责必须为、法无授权不可为"的原则,以行政法治杜绝不良行政现象。第二,严格依法推进政务公开制度建设,探索完善政府数据开放制度,实行阳光行政与透明行政。第三,强化对服务型政府建设的监督,在完善政府系统监督体系的同时,拓宽新闻舆论、公众等社会力量监督渠道,增强外部监督的有效性。第四,对于常规性问题,应制定明确、简洁、有效的行政处理程序,提高服务效率;对于突发性问题,应探索建立突发事件预警及应急处理机制,保障服务型政府在常态与非常态下的正常运行。第五,加强政府人力资源管理与培训,为服务型政府运行打造一支合格的公务员队伍,强化公务员尤其是基层公务员与一线执法人员的法制观念、服务意识及能力。

3.探索多元有效的评估机制,保障服务型政府良性持续发展

科学的评估机制是保证服务型政府按既定轨道运行的指向标,也是发现、纠正服务型政府存在问题的准绳。因此,服务型政府的良性持续发展需

要建立多元有效的监督。第一,探索建立科学合理的服务型政府评价指标体系,既包括架构服务型政府建设整体效果的综合性评价指标,尝试以"服务型政府指数"评估各地服务型政府建设水平,也包括构建适合不同层级、不同领域评价需求的指标体系。第二,在改进政府内部自评估的同时,引入第三方评估,引导民间智库、高校科研单位、新闻媒体等多元主体参与服务型政府评估,提高评估的科学性和说服力。第三,服务型政府评估结果应向社会公开,保障社会对服务型政府建设的监督。第四,建立服务型政府评估结果反馈机制,提高评估结果的利用率。对服务型政府建设水平及效果进行评估不是追"评估热"之风、搞政府形象工程,更不是走过场、走形式,而是为了以科学评估发现服务型政府实践存在的问题,并通过反馈环节将结果应用于再决策中,从而形成"建设—评估—反馈—改进"的良性循环,不断提高服务型政府的建设水平,促进服务型政府持续有效运转。

(二)加快基本公共服务体系建设,提高公共服务合作治理水平

1. 优化政府在基本公共服务体系建设中的职责,更好地发挥主导作用

在现实实践中,基本公共需求并不是一成不变的,而是随着经济发展、社会进步、物质生活水平的提高呈现扩大化、复杂化、异质化取向。目前,建立健全基本公共服务体系是政府提供基本公共服务的基本路径之一。为提高基本公共需求的满足程度,政府必须优化职责,在基本公共服务体系过程中更好地发挥主导作用。第一,基本公共服务的提供可分为生产与供给两个环节,政府应主要承担供给职责。政府的主导作用应围绕公共服务供给展开,为更好地保障供给,在条件具备的情况下,可引入社会力量参与公共服务生产。第二,优化政府对基本公共服务体系的决策引领作用。一方面,政府应准确把握人们最直接、最现实的基本公共需求及变化,基于实际需求作出科学决策,使基本公共服务体系建设符合实际需求;另一方面,政府应以基本公共服务均等化为目标改善基本顶层设计,完善基本公共服务体系系统规划,正确引领基本公共服务体系建设方向。第三,强化政府对基本公共服务体系的保障与监督作用。一方面,政府应当继续加大基本公共财政投入,为基本公共服务体系建设与运作提供充足的物质保障,尤其注重加大贫困地区、民族地区、边疆地区、革命老区等地基本公共服务体系建设的扶持力度;另一方面,以双向监督保证基本公共服务体系运行,既要加强政府

对多元参与主体、参与实践的监督,也要改善多元主体对政府的监督效力。

2.扩大社会参与,推广合作治理,实现基本公共服务体系共建共享与合作善治

社会参与和政府主导是建设基本公共服务体系的基本原则,二者相辅相成、相得益彰。为保障社会参与正向积极作用的发挥,更好地推广公共服务合作治理。应当建立规范完善的社会参与机制,实现多元主体在基本公共服务体系中的共建共享与合作善治。第一,支持、引导、规范社会组织、市场组织等社会力量参与公共服务生产与供给,提高公共服务生产效率与供给质量。社会组织具有志愿性、公益性、灵活性等优势,市场组织具有高效率、规范化等长处,二者参与公共服务生产、供给可以较好地弥补政府资源能力不足、公共服务供给单一化、公共服务质量不佳等缺陷。第二,根据公共服务的具体特性,分领域、分步骤推进公共服务市场化、社会化发展。不同公共服务具有不同程度公共产品或准公共产品性质,应根据公共服务具体特性、非政府主体的具体资质、参与能力等因素,谨慎理性地引导社会力量参与公共服务生产与供给,避免因政府盲目退出而导致更严重的公共服务供给不足或质量差等问题。第三,在社会力量参与、公私合作的领域应探索建立竞争机制,以竞争求效率。在公共服务市场化、社会化场域中,服务型政府的功能价值应体现在为多元主体创造平等的政策环境,协商制定规范的竞争程序,以平等主体的有序竞争提高公共服务效率。第四,建立完善针对社会力量的绩效评价机制。对于合作供给的公共服务项目,应健全由政府主体、社会主体、服务对象及第三方共同参与的评价审核机制,并建立长效跟踪机制,侧重对服务对象满意度的评价,以评价结果作为是否继续实施合作供给和选择合作对象的依据。第五,探索推行多元化的社会力量参与路径,创新公共服务合作供给方式。根据不同公共服务项目的特性及要求,可采用政府购买、委托、租赁、特许经营、战略合作、政府补贴、税收优惠、凭单制等多种社会力量参与途径及公私合作方式。

(三)围绕服务型政府建设,深化政府系统改革,推动政府治理现代化进程

从政府系统本身看,建成服务型政府的标志应该是以公共服务为主导的现代政府职能体系和相应的组织机构体系及公共财政体制的健全与完

善,即服务型政府应然功能的有效发挥。但从另一角度讲,加快政府职能转变、机构改革与公共财政体制改革,提高政府治理现代化水平又是建设服务型政府的必然途径。首先,围绕服务型政府建设,加快政府职能转变与调整,实现政府职能配置及实现手段的现代化。一方面,明确各级政府在公共服务中的不同责任,优化中央政府顶层设计与制度设定、宏观调控与管理、财政调配职责,强化省级政府对区域内基本公共服务均等化供给职责,加强市县及基层政府的公共服务政策执行权责,以及对部分公共服务的供给职责;另一方面,推广政府购买服务,提高政府对公共服务的购买能力及合作治理能力,构建政府与社会力量的合作伙伴关系。其次,深化政府机构改革,理清部门职责,以公共服务为导向建立发改部门、财政部门与科教文卫、社会保障等部门及公益性事业单位的协调机制;同时,继续推进大部门制改革并向地方政府延伸,优化政府机构设置与人员编制。最后,完善政府间财权与事责适应制度,优化公共服务支出责任配置,立足于服务型政府建设需求,改进完善预算管理、税收及转移支付制度,建立完善的现代财政制度。

第三节　基本公共服务的疆域及其供给的成效分析[*]

在我国日益复杂的社会分化过程中,贫富差距愈发加大的同时,公共服务供给的质量和水平在区域、城乡和群体之间的差距也在扩大。随着我国政府对社会管理和公共服务职能的不断强调和社会公众对公平正义诉求的凸显,基本公共服务均等化作为一项重要的政策目标得以确立。基本公共服务有其特定的疆域,对这一疆域的合理界定是基本公共服务供给的重要前提,也是分析供给成效和制定相关政策的依据。我国政府的基本公共服务受着多重要素的影响,在其供给中存在着供给不足、供给失衡、供给结构不合理及供给质量不高等问题,需要在今后的改革实践中加以解决。

一、基本公共服务均等化的提出

改革开放以来,我国在经济领域尝试并开拓着社会主义市场化的道路。

＊　本部分内容作为前期成果发表在《河北学刊》,2015 年第 1 期(作者沈亚平、李晓媛)。

在社会主义市场经济发展的过程中,由于体制转换并且新的体制尚未完善,原有体制下以身份、区域等作为享受公共服务依据的状况依然存在。由于地理、历史、体制等原因,城乡、区域和群体之间公共资源分配不合理,使得公共服务发展呈现失衡状态。此外,以往的价值选择确定于效率而非公平,公共服务公平的重要性得不到重视。在分配领域,往往将初次分配领域的收入差距扩大到再次分配的公共福利领域,使基本公共服务不均等问题在我国愈显突出。① 公共服务的供给缺位成为制约经济社会发展和人民生活水平提高的重要阻碍。一方面,从全国来看,公共服务的质量和水平难以满足人民群众日益增长的需求,因而有待于政府提升公共服务能力;另一方面,基本公共服务的差异化有待于消除,以切实保障政府公共服务方面的公平正义。

基本公共服务均等化问题涉及执政党在公共服务领域政策的确定和发展变化。从党的十四大提出兼顾效率与公平,经党的十五大提出的坚持效率优先、兼顾公平,再到党的十七大提出初次分配和再分配都要处理好效率和公平的关系,再分配更加注重公平,反映了党对于社会公平的逐步重视。党的十八大再次提出初次分配和再分配都要兼顾效率和公平,再分配更加注重公平,建设人民满意的服务型政府,确保到 2020 年人民生活水平全面提高,基本公共服务均等化总体实现,全民受教育程度和创新人才培养水平明显提高,就业更加充分,收入分配差距缩小,社会保障全民覆盖。这样,就为未来的政府职能的发展与转变指明了明确的方向。

中国行政管理体制改革围绕着相应目标来展开。改革目标主要经历了三个发展阶段:1978—1992 年,以精简机构为主要目标;1993—2002 年,以转变职能为主要目标;2002 年至今,以公共服务体系建设为主要目标。② 在行政管理体制改革发展的新时期,为了适应逐步实现社会公平的需要,在政府职能转变方面,建设服务型政府,积极构建公共服务体系成为政府改革的主要目标。党的十六大将政府职能明确定位为"经济调节、市场监管、社会管理、公共服务",公共服务成为与政府其他职能相并列的一项重要职能。党

---

① 参见赵怡虹、李峰:《基本公共服务均等化理论辨析与展望》,《中国物价》,2011 年第 1 期。
② 参见沈亚平、郑惠丹:《当代中国行政管理体制改革的目标与展望》,《河北学刊》,2010 年第 4 期。

的十七大提出加快行政管理体制改革,建设服务型政府。党的十八大则进一步提出建设人民满意的服务型政府。

"服务型政府"概念的提出,内含两个方面的要素,一是要强化政府的公共服务职能,二是要实现基本公共服务的均等化。对于后者,党的十六届六中全会提出"完善公共财政制度,逐步实现基本公共服务均等化"。党的十七大指出:"缩小区域发展差距,必须注重实现基本公共服务均等化,要按照基本公共服务均等化的要求,健全政府职责体系,完善基本公共服务体系。"党的十七届三中全会公报提出:"加快建立健全以工促农、以城带乡长效机制,调整国民收入分配格局,巩固和完善强农惠农政策,把国家基础设施建设和社会事业发展重点放在农村,推进城乡基本公共服务均等化。"党的十七届五中全会的思路则更为明确地提出要将完善基本公共服务体系放在重要位置,提出"着力保障和改善民生,必须逐步完善符合国情、比较完整、覆盖城乡、可持续的基本公共服务体系,提高政府保障能力,推进基本公共服务均等化"。党的十八大提出:"深化行政审批制度改革,继续简政放权,推动政府职能向创造良好发展环境、提供优质公共服务、维护社会公平正义转变。"

通过上述梳理可以发现,基本公共服务的均等化是政府在改革开放新时期的一项重要职能目标,而其本身也成为消除地区差距、城乡差距和群体差距,使全体人民共享改革开放成果,以及维系社会稳定、构建和谐社会的重要途径。

二、基本公共服务的疆域

公共服务是现代政府的一项重要职能。在市场经济条件下,社会资源主要通过市场来配置,社会生产也主要通过市场机制来调节,政府的作用除了宏观调控和市场监管之外,主要在于弥补市场失灵,即主要履行公共服务职能。国务院2004年颁布的《全面推进依法行政实施纲要》要求:"凡是公民、法人和其他组织能够自主解决的,市场竞争机制能够调节的,行业组织或者中介机构通过自律能够解决的事项,除法律另有规定的外,行政机关不要通过行政管理去解决。"这样,随着社会主义市场经济的建立和发展,以及政府职能的转变,政府的职能应当集中到强化公共服务上来。

当然,在不同的历史发展阶段,政府的公共服务都有其特有的界限。以色列学者叶海卡·德洛尔提出,人类的需求呈几何级在增长,而政府的治理能力呈算术级增长,永远不可能追得上人类的需求,这之间产生了政府能力的赤字。[①] 鉴于社会资源的有限性和政府能力的局限性,政府的公共服务不可能完全满足社会成员的所有需求,也不可能为社会成员的所有需求提供平等化的服务。因此,着眼于社会的公平正义,政府的公共服务只能限定在基本公共服务领域,努力实现基本公共服务的均等化。

虽然基本公共服务是近年来的研究热点,但是国内学者并没有就"基本公共服务"的概念或者如何界定"基本",以及基本公共服务的范围、内容达成共识,存在许多种表述。

有观点认为:"基本公共服务是指建立在一定社会共识基础上,根据一国经济社会发展阶段和总体水平,为维持本国经济社会的稳定、基本的社会正义和凝聚力,保护个人最基本的生存权和发展权,所必须提供的公共服务,其规定的是一定阶段上公共服务应覆盖的最小范围和边界。"[②]还有观点认为:"基本公共服务是满足居民直接的基本需求,建立在一定的社会共识基础上,全体公民都应该公平、普遍地享有的服务……政府必须利用公共资源和财政资金为整个社会提供公平可及的服务。"[③]

至于基本公共服务的种类,有的学者提出,一是底线生存服务,包括就业服务、社会保障、社会福利和社会救助,主要目标是保障公民的生存权;二是公众发展服务,包括义务教育、公共卫生和基本医疗、公共文化体育,主要目标是保障公民的发展权;三是基本环境服务,包括居住服务、公共交通、公共通信、公用设施和环境保护,主要目标是保障公民起码的日常生活和自由;四是公共安全服务,包括食品药品安全、消费安全、社会治安和国防安全等领域,主要目标是保障公民的生命财产安全。[④] 还有的学者认为,在当前我国社会主义初级阶段,我国实行基本公共服务均等化应包括四方面的内

① 参见周红:《叶海卡·德洛尔的政策思想研究》,山东大学博士论文,2012 年。
② 廖文剑:《基本公共服务均等化研究文献综述》,《辽宁行政学院学报》,2008 年第 9 期。
③ 曾红颖:《我国基本公共服务水平评价与政策建议》,《中国经贸导刊》,2011 年第 5 期。
④ 参见曾红颖:《我国基本公共服务水平评价与政策建议》,《中国经贸导刊》,2011 年第 5 期。

容:一是就业服务和基本社会保障等"基本民生性服务";二是义务教育、公共卫生和基本医疗、公共文化等"公共事业性服务";三是公益性基础设施和生态环境保护等"公益基础性服务";四是生产安全、消费安全、社会安全、国防安全等"公共安全性服务"。① 其他的观点认为基本公共服务涉及义务教育、医疗、住房、治安、就业、社会保障、基础设施、环境保护等方面,或者涉及医疗卫生、义务教育、社会救济、就业服务和养老保险,或者涉及义务教育、公共卫生和基本医疗、公共文化体育、基本社会保障以及公共就业服务等。

从以上观点来看,关于基本公共服务的界定和疆域存在着不同程度的歧义,因而需要加以澄清。因为合理地界定基本公共服务的内涵与范围是实行基本公共服务均等化的一项重要的基础工作。

在阐述基本公共服务时,需要明确基本公共服务的对象是现实社会的人。而人作为客观存在物具有自然属性和社会属性,因而也就有了自然意义上的需求和社会意义上的需求。美国学者赫兹伯格通过实证研究验证了人有两种需求:一是作为动物的需求,避免身体上的痛苦和清贫生活;二是作为人的需求,即追求心理方面的成长。因此,人与动物不同,其具有自然方面和社会方面的双重需求。对于基本公共服务这一范畴的理解,不能仅将其局限于人的自然要素方面,而是应当将人之所以成为人的社会要素考虑在内。有观点认为:"人类的生存和发展总是存在着三种基本的需要,即一定数量的物质生活资料、一定程度的社会秩序和一定水平的生活意义。"② 既然如此,在考虑基本公共服务时,就应当综合考虑上述各个方面。

这样,可以将基本公共服务分成两类:一是满足人们自然需求的服务,包括①社会保障、社会救助和就业服务等方面的基本生活保障,②治安安全、健康安全、消费安全、环境安全等方面的基本安全保障,③有关人们衣食住行等方面的基本设施保障;二是满足人们社会需求的服务,包括基础教育、公共文化、公共体育等方面的基本生活意义保障。

综上所述,可以这样认为,所谓"基本公共服务",即以政府为主的公共组织基于社会公平正义原则所提供的,旨在满足某一社会的普遍成员最为根本的自然需求和社会需求,使其获得最为基本的物质生活保障、社会安全

---

① 参见廖文剑:《基本公共服务均等化研究文献综述》,《辽宁行政学院学报》,2008 年第 9 期。
② 陈晏清:《当代中国社会转型论》,山西人民出版社,1998 年,第 6 页。

保障和生活意义保障等方面的服务。

基本公共服务具有以下特点：

第一，基础性。"基本"即为根本的、主要的、大体的意思。基本公共服务的首要属性即是基础性，它是能够直接满足全社会成员最低层次自然的、社会的需求，使人们能够延续生活最根本的公共服务，它体现了底线公平和起点公平。基本公共服务的缺失，将有碍于人们作为自然的存在和社会的存在。

第二，公共性。基本公共服务是全体社会公众普遍认可和共同诉求的服务。因此，基本公共服务覆盖广泛，影响深远。而且公共性还表现在基本公共服务应由以政府为代表的公共部门负责提供，基本公共服务供给的相关政策规定应通过民主法定程序，基本公共服务的供给能够保障并增进公共利益。

第三，现实性。基本公共服务主要针对一定经济社会发展时期社会公众最关心、最直接的利益问题。对于社会公众来说，基本生活保障、基本安全保障、基本设施保障和基本生活意义保障是要优先被满足的。因此，基本公共服务关系公民的最基本生活，政府就有责任提供基本公共服务以满足公民的现实需求。

第四，历史性。政府提供基本公共服务以满足社会成员的需求具有渐进性。经济社会发展阶段不同，基本公共服务的水平也就有所不同。随着国家经济的进步和科技的发展，基本公共服务的质量就会不断提升。因此，在基本公共服务的疆域和质量的发展方面，就体现为阶段性和连续性的统一。

三、中国政府基本公共服务供给的影响因素与成效分析

（一）基本公共服务供给的影响因素

任何基本公共服务的提供都受着供给和需求双重因素的影响，因此在探讨基本公共服务的成效之前，有必要首先分析这些影响因素。

1. 从供给来看，基本公共服务受着行政体制、社会经济状况和财政体制的影响

在行政体制方面，基本公共服务政策的制定和执行的合理性与有效性

有赖于民主参与环节的完善。能否贯彻"深入了解民情、充分反映民意、广泛集中民智、切实珍惜民力"的工作原则,将决定基本公共服务政策是否符合社会公众的真实需求,是否能够保障公共服务供给的水平和质量。在此,应当完善政府与社会之间的双向沟通体制和利益整合机制,使政府能够及时地收集和反馈不同地区社会成员对于基本公共服务的阶段性和发展性的需求,并能准确地归纳社会成员不同的个体诉求,以整合为统一的集体偏好,从而使基本公共服务的政策供给更有自觉性和针对性。此外,政府间的纵向关系也可以影响基本公共服务的供给。能否在各级政府间合理地划分基本公共服务供给的权责,并按照相应的权责配置适当的财力,决定着各级政府的公共服务资源能否匹配其公共服务事权,能否切实提供足量、有效、优质的基本公共服务。

国家和地区的社会经济发展状况是基本公共服务供给的经济基础,良好的社会经济发展将为基本公共服务提供强有力的支撑。就我国的情况来看,东部沿海经济发达地区的基本公共服务供给水平和质量普遍较高。同时,国家和地区经济发展的方向和结构也影响着公共服务供给的结构和重点。我国目前正处在全面建设小康社会的发展阶段,伴随着执政理念和管理价值的转变,政府正在实现从经济建设型政府向服务型政府转变,在经济得到发展的同时,基本公共服务愈加得到重视,对基本公共服务领域的投入力度逐渐加大,从而为基本公共服务供给提供了良好的条件。

财政体制也是制约基本公共服务的一个重要因素。财政支出水平影响着在总财政支出中各项基本公共服务支出所占的比重。而且各级政府间的财政体制也影响着基本公共服务供给的数量和质量,如果税收结构与分配不合理,地方政府就会由于税收不足导致财力有限,难以实施有效的基本公共服务供给。此外,转移支付制度也与基本公共服务的供给密切相关。一般性转移支付比重如果过低,对落后地区的基本公共服务均等化的作用则不明显;而专项转移支付比重如果过高,在缺乏对其监督和评估机制的情况下,可能导致资金效率低下,难以在平衡基本公共服务方面切实发挥作用。

2. 从需求来看,影响基本公共服务均等化的因素涉及自然条件、人口环境和社会经济发展状况

一个地区的地理地形等自然因素制约着其经济发展的速度、结构、重点

和方向,进而影响当地对基本公共服务需求的类别和水平。我国东部沿海地区由于其相对优越的地理地形等自然条件,改革开放以来经济发展迅速,而西部地区则由于地理位置偏远、交通不便、地形地势气候等方面的自然条件不佳,制约了这些地区的经济发展。对于这些地区,强化公共交通、公共通讯、公共基础设施等建设便显得尤为重要。

人口环境也是影响基本公共服务供给的相关因素。人口的数量决定着一个地区对基本公共服务需求的总量;人口结构的差异,决定着其基本公共服务需求的偏好,比如老龄化程度较高的地区对医疗、养老等方面的基本公共服务需求就很高;而人口分布的疏密程度也影响基本公共服务供给的频率和密度。

社会经济发展状况不仅影响着政府对基本公共服务的供给,也直接影响到对基本公共服务的需求。社会经济发展处于不同阶段的地区,对公共服务的数量和结构需求也不同。例如,对于一个社会经济发达的地区,自然类的公共服务需求比重会下降,而对社会类的基本公共服务的需求则会增高。

(二)我国基本公共服务供给现状分析

基本公共服务均等化是在改革开放之后,社会生产力和经济社会得到较大发展的时候由党和国家提出并在社会上达成共识的。在中华人民共和国成立后的相当一段历史时期,由于长期采用计划作为资源配置的主要手段,制约了本来水平就不高的生产力的发展,致使经济发展落后,工农业产品和社会生活品严重短缺,人们生活需求的配给制便成为不得已的选择。当时政府公共服务能力的低下,致使整个社会的基本公共服务难以得到保障。此外,政府有限的公共服务未能惠及整个社会,通过所有制、城乡分治和户籍等制度安排,在公共服务领域形成了行政性排他现象。农民不能获得像城市居民那样能低价享受的食品、住房、教育和医疗的服务。而且城镇和农村基本上是各自封闭的系统,享受不到上述服务的农民由于严格的户籍管理制度而不能自由迁徙到城市并享有与城市居民同样的服务。随着上述政策的长期实施,城乡之间的基本公共服务的差距越来越大。总之,改革开放之前,政府公共服务存在着两个基本特点:一是政府公共服务能力低下、公共产品匮乏;二是有限的公共服务未能实现城乡共享。

改革开放后,党和国家作出了把工作重点转移到社会主义现代化建设上来的战略决策,经济发展与经济建设得到了空前的关注,特别是经过 14 年的理论研讨和实践,在 1992 年决定建立社会主义市场经济之后,中国经济驶上了发展快车道,经济实力不断增强、国家财政收入大幅增加,人民生活水平相较于改革开放初期有了显著提高。

但是伴随着经济建设的高涨和发展,也带来相关问题。首先,我国原来的财政制度主要是以经济建设为主的一种全能型财政制度,以经济政策为主,社会政策为辅,政府的财政支出用于一般竞争性的项目太多,与民争利。① 对基本公共服务领域的投入不足,民生服务得不到应有的良好发展,基本公共服务供给水平与质量不高,这与人民群众对公共服务日益增长的需求构成矛盾。其次,地方官员考核中的国内生产总值导向引导其只关注地方的经济发展指标,为社会提供公共服务的主观愿望和冲动明显不足。因此,尽管多年来经济持续发展,但社会成员没有享受到与经济发展成比例发展的公共服务。再次,改革开放初期确定的效率优先、兼顾公平的发展取向,导致了东西部的非均衡发展和公共服务的非均衡供给,并直接拉大了公共服务的区域差距。

随着新时期我国行政管理体制改革的不断深化,政府由管制到服务、由全能到有限的转型,社会管理和公共服务职能越来越得到重视。政府开始由经济建设型向公共服务型转变。在以人为本的科学发展观的指导下和服务理念的引导下,政府逐渐加大对社会公共服务领域的投入力度,以改善民生为重点的社会事业发展被赋予了更突出的战略意义。2008 年《城乡规划法》的实施标志着我国城乡分割的规划制度的改变,进入城乡一体化的规划管理时代,城乡基本公共服务均等化的步伐加快。

近些年来,我国出台了更多的旨在改善民生的社会政策,基本公共服务供给在区域、城乡、社会群体间不断扩大的差距有所遏制。这主要表现在,在实施西部大开发、促进中部崛起、振兴东北老工业基地、鼓励东部地区加快发展的战略支撑下,不仅经济建设而且基本公共服务供给均向这些重点区域倾斜,国家支持与投入力度加大,区域统筹规划发展、基本公共服务的

---

① 参见常修泽:《中国现阶段基本公共服务均等化研究》,《中共天津市委党校》,2007 年第 2 期。

结构更加合理,各子系统的质量水平也有很大提高。例如,国家财政教育支出由 2007 年的 7122.32 亿元增长到 2011 年 16497.33 亿元;社会保障和就业支出由 5447.16 亿元增长为 11109.40 亿元;医疗卫生支出由 1989.96 亿元增长到 6429.51 亿元。[①] 在建设社会主义新农村的号召下,国家继续加大对"三农"的支出,支农惠农,免除农业税,有条件的地区更是开展废除农业与非农业的户籍区分,为广大落后农村地区的社会事业发展提供良好契机。同时,在分配制度上,调整个人所得税起征点等措施,体现了国民收入初次分配与再分配过程中兼顾公平与效率,再分配更加注重公平的理念。大力建设保障性住房、商品房限购等措施也在一定程度上缓和了在住房保障服务上不同社会阶层和群体之间的差距。

在取得成就的同时,我们也应该看到,由于我国自然条件、历史原因、政策惯性、体制背景、社会观念等原因,我国区域之间、城乡之间及群体之间基本公共服务供给的非均等化问题依然严重,主要表现在供给不足、供给失衡、供给结构不合理及供给质量不高等方面。

1. 供给不足

虽然近年来我国不断加大公共服务领域的财政投入,但占总财政支出比例仍然偏低。2011 年我国用于教育、文化体育、社会保障和就业、医疗卫生等公共服务的财政支出金额为 35929.60 亿元,占总支出的 32.89%[②],远低于发达国家水平。以教育领域为例,2010 年我国国家财政性教育经费占国内生产总值的 3.65%[③],远未达到 1993 年中共中央、国务院颁布的《中国教育改革和发展纲要》确定的 2000 年达到 4% 的目标。尽管根据《国家中长期教育改革和发展规划纲要》,要提高国家财政性教育经费支出占国内生产总值的比例,2012 年达到 4%,但是不仅仍然低于世界平均水平,而且距离满足财政性投入占国内生产总值比例达到 6% 这一教育现代化的基本支撑条件还有很大差距。

2. 供给失衡

基本公共服务的失衡主要表现在区域间失衡、城乡间失衡和群体间失

---

① 参见国家统计局:《中国统计年鉴(2008)》《中国统计年鉴(2012)》,http://www.stats.gov.cn/tjsj/ndsj/。

②③ 参见国家统计局:《中国统计年鉴(2012)》,http://www.stats.gov.cn/tjsj/ndsj/。

衡。中国的经济发展水平和公共服务水平都与地形一样,呈一种明显的阶梯形状。东部沿海与中部地区明显较西部地区的基本公共服务水平与质量要好。以义务教育为例,2011 年全国普通小学生师比为 17.71,北京地区普通小学生师比为 13.38,中部地区如河南为 22.04,而西部地区如贵州则为 20.74。① 足见在经济发展水平不同的地区,其义务教育水平也高低悬殊。甚至在同一地区不同的下级行政区划中,公共服务资源配置也存在失衡情况。比如天津市中心城区和平区,地理面积仅 9.9 平方千米,却拥有几乎全市最多最优质的中小学,而 2270 平方千米的滨海新区与之相比则显得义务教育资源匮乏。

虽然旨在打破城乡二元分治的城乡一体化已提出多年,中央和地方政府也都出台很多政策以响应,但是深层次的二元分割体制仍旧存在。例如有些地方虽然取消了户籍制度,但是仍然以地域和农业或非农业身份来作为享受公共服务的显性或隐性的划分依据;对失地农民的以土地换社保的歧视性行政补偿也屡见不鲜;最低生活保障在城镇和农村的标准差异颇大;在基本医疗卫生服务上,城镇职工基本医疗保障制度、城镇居民基本医疗保险制度和新型农村合作医疗制度以及医疗保险在内容、范围、标准上的差别待遇等诸如此类的情况更是数不胜数。

中国全面小康研究中心 2011 年的研究指出,同样作为国民、生产劳动者,同样作为人力资源和人才资源,由于不同的身份,其享受到的人力资源管理和服务内容是不一样的。虽然单位体制在社会主义市场经济日趋完善的过程中逐渐解体,但关于"单位"的种种历史遗留问题则很难轻易改变,因身份、等级不同而享受不同待遇的医疗、教育、住房、养老等基本公共服务的情况依然存在。在公务员、事业单位职工的薪酬普遍较高而广受社会诟病的同时,这种因身份定待遇的情况更加剧了不同社会群体之间的矛盾。性别歧视也是公共服务供给群体间差异的一种表现形式,如女性就业难、女童失学问题都体现了因性别而在公民权利和国民待遇上的差别。此外,农村进城务工人员也长期得不到和所在城市居民同等的权利和机会,依然是因身份、户籍等原因,劳动关系、子女就学、住房、医疗等都得不到满足。有调查

---

① 国家统计局:《中国统计年鉴(2012)》,http://www.stats.gov.cn/tjsj/ndsj/。

显示,74.81%的农村进城务工人员未参加任何保险,其养老、医疗、失业、工伤保险由单位购买的比例分别只有11.89%、12.61%、8.41%和23.09%。[1]

3. 供给结构不合理

计划经济时期,社会政策是经济政策的辅助,财政支出主要以经济建设性支出为中心。进入市场经济阶段,虽然扭转了这种趋势,将社会政策置于与经济政策同等重要的地位,加大对公共服务领域的投入力度,但是在公共服务投入内部,支出结构也不均衡。不同地区的基本公共服务的建设方向不同,其中既有各地实际情况不同导致对基本公共服务需求不同的原因,也有政府在对基本公共服务领域的投入的价值偏好原因。我国在公共服务的建设方面,比较关注生产性的公共服务建设,而对于"人本主义"或者说生活性公共服务的建设上有所欠缺。[2] 2011 年,我国国家财政支出共 109247.79亿元,用于教育 16497.33 亿元,约占 15.1%;用于社会保障和就业 11109.40亿元,约占 10.17%;用于医疗卫生 6429.51 亿元,约占 5.89%。[3] 可见,各类基本公共服务的投入水平高低不均,社会保障和就业、基本医疗和公共卫生等基本公共服务的供给水平还偏低,是需要进一步努力提高的薄弱环节。

4. 供给质量不高

政府的确负有提供公共服务的责任,但不意味着生产等于提供。我国公共服务沿袭传统的计划经济体制并由政府主导供给,这种供给模式带有明显的垄断色彩。私人企业和社会组织难以进入基本公共服务领域,或者介入的程度很低、份额很小。单一的供给模式长期缺乏外部竞争和激励,并且不能很好地感知和收集社会公众对于基本公共服务的有效需求,极有可能在基本公共服务总体供给不足的环境下出现局部浪费,降低公共服务资源配置效率。另外,缺乏对基本公共服务的评价机制和监督机制也是公共服务供给质量不高的一个原因。

我国目前的公民社会尚处于成长的初始阶段,自主精神和自主能力都还较弱,政府需要进一步培育公民社会的自主能力和参与能力,也要乐于开

---

[1]　参见李明强、金俊宏:《从基本公共服务均等化看城乡一体化的推进》,《农村·农业·农民(B 版)》,2011 年第 2 期。

[2]　参见马慧强、韩增林、江海旭:《我国基本公共服务空间差异格局与质量特征分析》,《经济地理》,2011 年第 2 期。

[3]　参见国家统计局:《中国统计年鉴(2012)》,http://www.stats.gov.cn/tjsj/ndsj/。

放允许市场进入的基本公共服务领域,鼓励、支持和引导多元社会力量参与,形成政府主导、市场引导和社会充分参与的基本公共服务供给机制。但要避免基本公共服务供给的过分市场化,因为有些基本公共服务只有由政府负责提供才能切实保证公平正义,而且政府要对基本公共服务的市场化供给过程进行必要的监督和管理。

我国区域间、城乡间经济发展的巨大差距和不同阶层、群体间收入分配的差距导致区域、城乡、群体间公共服务供给的差异。这有悖于公共服务供给"公平、公正"的价值理念。世界银行在《2004年世界发展报告:让服务惠及穷人》中指出:"在发展中国家,公共服务在大多数情况下无法惠及穷人,贫困人口难以获得更多负担得起的、质量更好的医疗、教育、环境卫生等服务,这导致人类在福利方面的广泛改善无法实现,摆脱疾病和贫困的基本目标难以达到。"

综上所述,提高我国基本公共服务供给的水平与质量,实现基本公共服务均等化是一个符合公平正义观念、顺应国际趋势的迫在眉睫的重要任务。面对这些挑战,我国政府将基本公共服务均等化作为一个重要的政策目标,以期逐步解决我国基本公共服务在区域间、城乡间和群体间的非均衡问题。

第三章　服务型政府建设的逻辑及路径选择

任何事物的发展都有其内在的规律,服务型政府建设也是如此。服务型政府建设是当前行政管理体制改革的核心任务。我国服务型政府的构建应在试错式改革进程中分阶段逐步推进,尤其应在实施的过程中探讨其发生和发展的规律。掌握服务型政府建设的规律,有利于加强服务型政府建设的主动性和自觉性,顺利地推进服务型政府建设的发展进程。因此,对服务型政府建设的逻辑及其路径选择的研究具有重要意义。

第一节　服务型政府建设的逻辑[*]

一、问题的提出

服务型政府建设是现阶段我国政府发展和改革的核心指向,也是我国政府再造的动力来源。服务型政府建设的发展有其自身的规律,从内在逻辑上对于服务型政府及其建设进行研究,有助于理解近些年来政府改革的主要走向,也有助于把握政府改革的复杂性及不同阶段的重点和变化趋势。服务型政府建设的逻辑包含以下内容:从其进路看体现为发展的阶段性与连续性的统一;从其特点看体现为构建的一致性与差异性的统一;从其取向看体现为供给的均等化和多元化的统一。

党的十七大提出"加快行政管理体制改革,建设服务型政府",并规划"到 2020 年,政府提供基本公共服务能力显著增强"。党的十八大进一步提

---

* 本部分内容作为前期成果发表在《理论探讨》,2015 年第 3 期(作者沈亚平、王阳亮)。

出"建设职能科学、结构优化、廉洁高效、人民满意的服务型政府"。对于政府公共服务职能予以突出强调,表明我国将政府公共服务供给能力改进作为行政体制改革的核心要点。

伴随行政体制改革的探索和演进,近些年来关于服务型政府的理论研究较为活跃。学术界一直以来围绕"改革"的主线,集中在背景、内涵、路径和技术方法等方面进行了梳理和研讨。理论界认为,服务型政府建设的缘起主要适应三方面的需要:一是经济体制改革的需要,二是社会转型的需要,三是政府改革的需要。① 从"经济建设型政府"转向"公共服务型政府"是中国市场化改革的选择。有研究指出,服务型政府的基本内涵是为全社会提供基本而有保障的公共产品和有效的公共服务,以不断满足广大社会成员日益增长的公共需求和公共利益诉求,在此基础上形成政府治理的制度安排。② 服务型政府建设的路径是政府创新,包括政治改革、行政改革和执政党执政方式的转变三个方面。③政府部门信息化技术和绩效评估等技术手段的运用在实现政务公开、改进公共服务供给的质量方面也具有推动作用。

服务型政府建设是现阶段我国政府改革的核心指向,也是我国政府再造的动力来源。而作为我国政府在新时期的自我形塑,服务型政府建设的发展有其自身的规律。从内在逻辑上对我国服务型政府及其建设予以研究,不仅有助于把握十多年来政府改革的走向,也有助于理解政府改革的复杂性及不同阶段的重点和变化趋势。服务型政府是我国政府改革的终极性目标,而其建设逻辑所涉相关要素为政府职能、公共财政和公共服务需求。这三重要素根据我国改革进程的不同时期、同一时期不同地区的经济社会发展水平和公共需求的变化构成了服务型政府建设的三重逻辑关系,即阶段性与连续性的统一、一致性与差异性的统一和均等化与多元化的统一。

二、服务型政府建设的进路:发展的阶段性与连续性

从我国政府自身的资源和能力等要素来看,服务型政府建设不可能一

---

①③　参见谢庆奎:《服务型政府建设的基本途径:政府创新》,《北京大学学报》,2005 年第 1 期。

②　参见迟福林:《论"公共服务型"政府》,《理论参考》,2006 年第 6 期。

蹴而就,它必将是一个递进完善的发展过程。与中国试错式渐进改革的主要特征相联系,服务型政府建设的发展动力是中央政府的资源配置能力、经济增长对社会公共服务需求的促进和制度化对公共服务质量的提升。从时间纵向看,随着我国经济快速发展,政府公共服务供给能力总体上是不断提升的,同时公共服务的需求类型和层次也不断地多元和提升。经济发展为公共服务的供给提供了财力保障,有效的财政体制是可持续供给符合公民需要的服务的前提。

服务型政府建设是长期发展目标,其过程的特点是持续渐进。我国服务型政府建设依据经济发展水平和政治周期可以被划分为三个阶段。

服务型政府建设的第一个阶段是 2002—2006 年。这一时期是服务型政府建设的起步阶段。该阶段延续了之前政府机构改革的思路,重点是政府职能转变,关键词是公共服务职能。自 1998 年政府机构改革起,理论界就已经开始深入探讨中国政府机构改革的目的、方向和途径等问题,构建一个什么样的政府逐渐成为理论热点。2000 年以后,政府改革的主题进一步深化,共识是一个良好的政府应该是有效履行公共管理和公共服务职能的"强政府"。基于这样的认识,"转变政府职能"成为政府改革的核心议题,而改变政府管理模式,构建服务型政府,成为政府改革的目标。① 2002 年,党的十六大在涉及政府职能改革时正式提出公共服务职能。围绕政府职能转变,学术界对服务型政府的含义、特征和路径研讨丰富。在政府实践领域,2003 年我国进行了改革开放以来第五次国务院机构改革。改革最突出的特点是,按照"经济调节、市场监管、社会管理和公共服务"的政府职能定位,以转变政府职能为目标,加强监管和宏观调控职能,减少审批事项,增强服务功能。2004 年,"服务型政府"的概念第一次被明确提出。这一时期,全国从中央到地方都提出了政府建设和政府创新的任务清单,建设服务型政府已成为明确目标。中央政府大量废除了过去的行政审批项目,全国人大通过了《中华人民共和国行政许可法》,明确了今后增设行政许可项目的限制性条件。基于此,有学者认为从审批到许可是政府管理的深刻转变,意味着政府正从管

---

① 参见燕继荣:《服务型政府的研究路向——近十年来国内服务型政府研究综述》,《学海》,2009 年第 1 期。

制型向服务型转变。①

第二阶段是 2007—2011 年,是服务型政府建设的转向阶段。这一时期理论界和政府实践领域对于服务型政府的理念更加清晰具体,建设重点转向基本公共服务,关键词为基本公共服务均等化。2007 年,党的十七大报告将"政府提供基本公共服务能力显著增强"作为全面建设小康社会的要求,并且强调通过缩小地区差距,完善财政体制,推进基本公共服务均等化。此时,财政政策开始由经济建设向公共服务领域倾斜,加大了公共服务投入。党的十七届二中全会的决定显示出行政体制改革的核心仍然是服务型政府建设,提供优质的公共服务是政府职能转变的目标。围绕基本公共服务的均等化,北京、浙江、广东等一些经济较为发达的地区比较早地开展了基本公共服务均等化的实践探索。北京市最早在 2007 年拟定了《北京"十一五"时期社会公共服务规划》。该规划出台时,北京市人均地区生产总值已突破5000 美元,人民生活水平正由"小康型"向"富裕型"转变,公共服务的需求日趋旺盛、日益多样化。同时正值筹办北京 2008 年奥运会,提升政府公共服务供给能力成为比较突出的工作。在这样的背景下,北京第一个公共服务规划不仅明确了公共服务的指标,还规划了财政配套体系和投资多元渠道。浙江省在 2008 年提出了《基本公共服务均等化行动计划》,这也是比较早的旨在加强基本公共服务的实践。该计划明确要与经济社会发展水平相适应,为全体公民提供基本公共物品和社会服务,主要围绕政府的重点工程和工作,提出了到 2012 年基本公共服务均等化的 14 个目标。广东省则在2009 年提出了《广东省基本公共服务均等化规划纲要》。该纲要规划至2020 年,分四个阶段,在全省建成基本公共服务体系,实现城乡、区域和不同社会群体间基本公共服务制度的统一、标准的一致和水平的均衡,率先实现省内各地区基本公共服务财政能力均等化,率先建立起基本公共服务多元化供给机制,基本公共服务水平在国内位居前列,在国际上达到中等发达国家水平。

第三个阶段是 2012—2015 年,这一时期为服务型政府建设的定型期,突出特点是制度化水平的提升。2012 年,以《国家基本公共服务体系"十二

①　参见《从行政审批到行政许可:服务型政府呼之欲出》,2003 年 8 月 29 日,新华网,http://news. xinhuanet. com/newscenter/2003 - 08/29/content_1051800. htm。

五"规划》的出台作为标志,全国大部分省份结合本省情况拟定了本省的基本公共服务体系"十二五"规划。在规划中,服务型政府建设的目标和财政配套政策进一步具体化,公共服务的标准、财政支出责任及覆盖水平在规划中都有明确的标定。这一时期,公共财政投入转向的政策效果开始显现,公共服务投入不断增加。以 2012 年的上海市为例,公共财政用于教育、社保、卫生、文化、体育、人口计生、城乡社区事务、住房保障等公共服务的支出占全市公共财政支出比重超过 50%。经济发达地区,如北京、浙江,根据经济发展水平,提出至 2015 年基本公共服务水平位居全国前列并达到中等发达国家水平的目标。这一时期,我国人均国内生产总值处于 5000~6000 美元水平,而在部分发达地区人均生产总值已从 7000 美元向 10000 美元跨越,地区差距较大。因此,可以预测如何缩小地区差距,在全国范围内实现基本公共服务均等化将成为 2015—2020 年第四个发展阶段的重点,也是全面建成小康社会的基本目标。

三、服务型政府建设的特点:构建的一致性与差异性

(一)服务型政府建设的一致性

在我国,服务型政府建设是以中央权威主导自上而下进行的,是整合中央政府改革和地方各级政府改革的系统工程。为了保证改革目标的集中及其实现的成效,有必要在全国"统一思想",统筹地区差异,确保中央的行政命令能够贯彻执行,使各地与中央政府的改革步调一致,保障改革顺利进行。

然而威权体制"自上而下"的特点与公共服务需求"自下而上"的属性存在一定的矛盾。政府的公共服务产生于公众的需求和权利,是对公民需求和权利的回应。政府履行公共服务职能应对公民负责;而威权体制则是强调上下权责统一,处于权力链条上任一环节的地方政府都要向上一级政府负责。这种矛盾的现实表现在两方面:其一,中央统一制定的政策往往具有宏观性,无法兼顾各地实际状况,对于公共服务的内容无法细化、具体化,政策语言多会用原则性代替法律性的细节规定。因此,需要地方在一统的国家政策的执行过程中因地制宜进行变通,然而在变通中可能使得中央政策

在地方走样。其二,公共服务的事权被层层下移至基层政府,基层政府并没有充足的财源和其他资源保障公共服务的兑现。

解决上述矛盾的路径是细分公共服务的层次,并将不同层次的公共服务事权匹配到相应的政府层级。分层级配置政府公共服务的职责首先就是要区分全国性的公共服务和地方性的公共服务。中央政府承担全国性基本公共服务和公共物品的供给。地方政府的主要职责在于供给地方性公共服务。省级政府和省级以下政府还应进一步区分。省级政府与中央政府均可属于宏观调控层面,其承担一定的转移支付的职能,可以平衡省内的地区经济发展差异对公共服务均等化的影响,并承担一部分省级以下政府无法负担的财政支出。省级以下政府的主要职责应是直接面向公民提供必要的、具体的地方性公共服务。对此,《国家基本公共服务体系"十二五"规划》提出,中央政府提供涉及中央事权的基本公共服务,省级政府提供涉及地方事权的基本公共服务,而市级和县级政府具体负责本地基本公共服务的提供。《中共中央关于全面推进依法治国若干重大问题的决定》也对各级政府的事权作了区分,"强化中央政府宏观管理、制定设定职责和必要的执法权,强化省级政府统筹推进区域内基本公共服务均等化的职责,强化市县政府执行职责"。

公共服务事权在不同层次政府间的匹配机制有二:其一,"自上而下"的分权,即中央政府向地方政府和非政府组织分权;其二,"自下而上"的分权,即地方政府要求更多自治权力及非政府组织要求政府更多授权和对其提供公共服务的支持。中央政府采取统一政策无法有效供给的地方性公共服务应放权给地方政府,下放事权也需匹配相应的财政保证,同时地方政府也存在供给地方公共服务的效率和成本问题。因此在特定的领域,对社会机制开放政策鼓励和资金支持,引入社会组织承担公共服务供给,也是地方政府提供公共服务的新机制。

(二)服务型政府建设的差异性

1.服务型政府建设中的城乡差异

我国经济快速增长过程中持续扩大的城乡公共服务水平差距决定了服务型政府建设的差异性。城乡分割制度是城乡公共服务差距的主要原因。在以往公共服务供给体制下,政府公共财政资源主要流向城市,而投往乡村的则明显不足。此外，一些本来应该由上级政府提供的公共服务却通过上级政府转移事权交由下级政府提供，最终落到基层政府。而由于基层政府资源有限，从而导致乡村公共服务的匮乏。城市居民的公共服务供给具有较为充分的资源保障，因此城市居民可以享受到良好的基础教育、发达的交通、优越的市政设施以及整洁的环境。但乡村居民不仅与此无缘，而且在乡村公共服务供给条件远低于城市的状况下，还要为享用这些公共服务交费。① 城乡公共服务的供给呈现悬殊的态势。

严格的城乡分割制度，借托户籍和就业政策，限制着劳动力流动和人口迁移。城市居民享受着住房、教育补贴、卫生医疗保障和养老保障以及城镇基础设施等福利，而来自农村的流动人口则游离在这种福利体制之外。经济发展带来了大规模的人口流动，很多农民进城务工，却无法享受城市的公共服务，子女升学受到限制等都成为社会不公正的累积。现行的养老保险制度对于工作流动性较大的农村进城务工人员群体并不便利，更换工作后难于变更养老关系，导致其消极对待养老保险，基本的合法权益得不到保障。② 近年来，农村进城务工人员子女在城市入学已有改善，可以异地参加升学考试，但是一些农民工子弟小学依然得不到当地财政的支持，学校的硬件条件和教学质量都与城市公立小学有较大差距。教学质量的差距让公平的政策掩盖了实际上不公平的现状。

服务型政府建设中需要统筹城乡公共服务供给水平。党的十八大报告在"推进经济结构战略性调整"的目标中，指出要"努力实现城镇基本公共服务常住人口全覆盖"；在"推动城乡发展一体化"目标中，提出要"加快完善城乡发展一体化体制机制，着力在城乡规划、基础设施、公共服务等方面推进一体化"。城乡公共服务一体化的实现首先要依靠财政体制，提高公共资源向乡村支付的比例；其次，还要重点加强农村基层政府的建设。作为与民众关系最为直接的基层政府，其主要职能应当定位于公共服务。然而现行的管理体制并不能保障基层政府以供给公共服务为核心，并对公众的需求作出迅速回应。受现行管理体制的约束和影响，基层政府更多是对上负责。因此，农村基层服务型政府建设过程中更应该注重化解条块分割在基层社

---

① 参见马晓河：《我国农村公共品的供给现状、问题与对策》，《农村经济问题》，2005 年第 4 期。

② 参见于建嵘：《基本公共服务均等化与农民工问题》，《中国农村观察》，2008 年第 2 期。

会治理上的问题,将政事分开,将部分原有的行政事业机构转变为面向农民的社会化服务机构。在城市服务型政府建设过程中,政府要在财政制度及户籍制度、社会保障、医疗卫生乃至义务教育方面进行必要的改革,为农村进城务工人员和随其流动的子女创造就业机会和生存及受教育条件。

2. 服务型政府建设中的地区差异

服务型政府建设在不同地区政府间存在差异性,这与中国经济快速增长过程中不断加深的地区差距相联系。我国地域广、人口多,东、中、西部地区在自然地理条件、工业基础、市场发育成熟度和国家政策扶持力度等方面有很大的差异性。据 1980—2002 年的数据显示,东、中、西部地区发展差距总体上呈继续扩大的趋势。我国地区发展不均衡不仅存在于此,不同省份,同一省、自治区内部不同市、县之间的差距也是经济发展不平衡的表现。[①]

服务型政府建设的地区差异性首先表现在公共服务财政投入在地区间不均衡。财政投入与当地的经济发展水平相关,经济越发达的地区,公共服务的投入越高。此外,国家转移支付政策对经济不发达地区公共服务财政投入有较大影响。近年来,随着国家西部大开发和基本公共服务均等化政策向西部地区的倾斜,西部地区公共服务投入增速较快。人均医疗卫生支出是衡量公共服务水平的一个基本指标。以 2007—2012 年的地方财政人均医疗卫生支出数据(如图 3-1 所示)分析,我国东部、中部和西部(除西藏自治区)地区人均医疗卫生公共服务支出整体呈现逐年增长趋势,其中东部和中部地区增长相对稳定,东、中部差距并没有较大改变。西部地区人均医疗支出以 2009 年为分界,在 2007—2008 年略高于中部地区但低于东部地区,2009 年后超过东部地区,成为人均医疗卫生支出最高的地区。以 2012 年为例,北京是全国人均医疗卫生支出最高的地区,人均医疗卫生支出为 1237.6元;西部地区 11 省的人均医疗卫生支出为 585.1 元;东部 11 省人均医疗卫生支出是 533.7 元;中部 8 省人均医疗卫生支出为 480.1 元。中部省份的医疗卫生公共服务投入平均水平低于东、西部地区。

---

① 王梦奎:《中国现代化进程中的两大难题:城乡差距和地区差距》,《农村经济问题》,2004 年第 5 期。

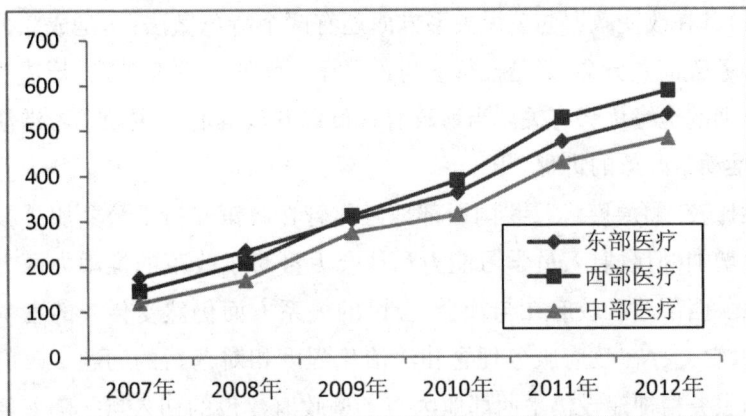

图 3 - 1　我国东部、西部、中部人均医疗卫生公共服务支出情况(单位:元)
(数据来源:根据《中国统计年鉴》整理)

其次,服务型政府建设的地区差异性表现在各地区人力资本水平的不均衡。地方政府的人员政策能力和服务精神,以及地区性决策咨询机构的支持,是服务型政府行政能力的来源。在人力资本的时代,政府拟定政策和法律需要大量具有较高文化水平的专业技术人才。现实中由于经济发展和工资水平的差距,人才向东部经济发展水平高的地区流动。东部地区的教育科研院所等决策咨询机构也较中、西部地区更为聚集。中、西部地区因经济发展和公共服务水平偏低,本地区人才流失加剧并难以吸引外来高级专业性人才,形似"马太效应"困局。

财政能力和人力资本的差异是地方政府发展与改革的现实基础。我国各省份之间在一定的时期内不可能具备同等的财力与人力资本水平。基于各地区地理区位和自然环境、民族构成、社会教育水平和第三部门发展等方面的不同,社会对于公共服务的种类和质量需求也存在差异。因此,在国家政府改革战略的统一目标下,地方政府改革应遵循地方特色模式。在沿海市场经济发达地区,财政支出相对宽裕,民间组织发育相对成熟,社会中企业和公民往往会以更高的标准要求政府提供优质的公共服务。以广东省顺德综合改革为例,改革驱动力一部分来源于省政府的政策,另一部分来源于社会倒逼机制。当地兼具"草根精神"和"现代精神"的企业家对于政府行政审批、住房保障、文化建设等方面提出了更高的公共服务要求。同时,单位制解体后,社区居民对公共服务的需求日益多元化。顺德积极扶持社会组织发展,其在改变政府与公民关系方面还有两个特色做法:一是成立公共决策和事务咨询委员会,二是推行参与式预算。此外,"顺德模式"形成还与其靠近香港的地缘优势有关。当地政府官员以开放的心态主动学习港澳管理经验,推动了改革的进程。①

相比较"顺德模式",我国西部地区尽管在政策支持下公共服务投入有较显著增加,但政府人员学习能力和社会力量对于改革的推动力两方面仍然欠缺。西部地区政府在与社会、公民的关系方面仍然受传统的官本位思想影响,普遍存在政府服务理念和法治化程度相对落后的问题。政府自身制度和服务精神建设仍是西部地区服务型政府建设的切入点。随着经济发展水平的提升,中部地区近年来公共服务投入逐年增加。尽管中部地区不具备国家对西部地区的财政扶持政策,但在教育科研资源方面较西部地区更为丰富。中部地区的政府改革特色除政府自身建设外,应着力创新公共服务融资方式,发挥科研院所和高等院校等智力支持功能。

四、服务型政府建设的取向:供给的均等化与多元化

服务型政府是以公共服务实现公民权利的政府,其供给公共服务的价值标准,首先为公正,其次为效率。公正在政府供给公共服务中表现为均等化;效率对应政府供给公共服务的多元化要求。均等化与多元化的关系是服务型政府建设的第三重逻辑关系。

公共服务根据需求层次,分为基本公共服务和扩展性公共服务。基本公共服务通常意义上包括基础教育、医疗卫生、社会保障和就业等领域。扩展性公共服务则高于基础层次,是在经济增长和国民意识改变的两方面作用下,社会公众要求更高质量、更多种类的特定的公共服务,例如老年护理、儿童保育、环境保护与再生等。

在服务型政府建设中,首先要实现基本公共服务的均等化,其供给及其保障主体是中央和省级政府。基本公共服务均等化是指"一定阶段上公共

---

① 参见肖滨、郭明:《以"治权改革"创新地方治理模式——2009 年以来顺德综合改革的理论分析》,《公共行政评论》,2013 年第 4 期。

服务应该覆盖的最小范围和边界"①。党的十八大报告将"基本公共服务均等化总体实现"作为全面建成小康社会宏伟目标的重要组成部分。应当指出,均等化并不是强调所有居民都享有完全一致的基本公共服务,而是在承认地区、城乡、人群间存在差别的前提下,保障居民都享有一定标准之上的基本公共服务。均等的内容则包含两个方面:机会均等和结果均等。目前中国基本公共服务主要强调机会均等,即公民都平等享受国家最低标准的基本公共服务的权利,也就是"底线的公平"。现实中,我国地区间的资源禀赋和人口、经济发展等方面的差异以及城乡的分割,公共服务供给的经济基础差异化明显。实现基本公共服务均等化,需要在城乡间、地区间及不同的社会群体间统筹。中央政府的职能主要体现在通过财政体制保障基本公共服务均等化的"底线"要求覆盖全体公民。

　　服务型政府公共服务供给的多元化有两层含义:一是服务内容的多样化,二是供给主体和途径的多元化。从供给服务内容上看,扩展性公共服务是在基本公共服务的基础上,政府回应公民多样化社会需求的政策行为。当地方经济社会发展到一定程度,对于公共服务的种类、服务质量等产生了分化。城乡之间、多民族地区以及人口输入和输出的大区都形成了不同的特定的公共服务需求。以养老服务为例,伴随老龄化的问题日趋严重,在老年护理服务方面的成本和人员需求持续增加。在经济落后的地区,经济条件和传统观念决定了家庭养老仍是主要的形式;而在一些经济发达的城市,形成人口输入型社会,地区工资水平较高,人们生活工作的压力较大,在未来独生子女家庭供养多个老人的模式下,家庭养老的压力将转化为对老年护理机构的需求。社区养老服务是回应上述需求的扩展性公共服务。此类公共服务通过社区与医院、企业和志愿组织合作,建立社区养老服务中心和托老所,为居家老年人提供医疗服务和紧急救援、文体娱乐、老年课堂、心理咨询、家政服务、送餐及送医送药等日常生活服务。

　　从供给主体和路径上看,扩展性公共服务的供给主体主要为省级以下政府及与政府合作的企事业单位和社会组织等第三方机构。供给的模式除以地方政府供给外,还包括市场化的公共服务外包模式和与第三部门合作

---

① 李善峰:《城乡基本公共服务均等化》,《开放时代》,2009 年第 8 期。

模式。政府可以通过与私人部门、第三部门签订公共服务的购买协议,由其生产服务,政府监督并支付费用。我国水电等民用公共事业一直由国有企业来保障供给,而一些公共服务,如儿童保育、老年护理及针对个人的就业培训服务等社会服务可以转移到第三部门,打破政府服务的垄断。政府由直接供给者转变为购买和监管者,改善服务效率。

服务型政府建设是在经济改革和社会发展需求下应时而生的,其发展过程体现为由简单到复杂,由低质量到高质量的递进变革过程。在不同发展变革阶段,服务型政府建设的重点不同。我国现实国情和政治体制决定服务型政府理论不同于以分权为核心的西方行政改革理论。以中央权威为前提,发挥中央政府在调配资源上的作用是服务型政府建设一致性的基础。由于我国地域辽阔且经济发展在地区之间不平衡,服务型政府建设在全国范围内既要有统一的目标,也需要结合各地经济社会实际情况分阶段规划服务的范围和供给方式。服务型政府建设一致性与差异性的关系,在服务供给的路径上表现为均等化与多元化的关系。服务型政府建设一致性的目标是公共服务的均等化;而差异性的目标是公共服务的多元化。在现有的中央地方分权体制下,服务型政府构建需要重新界定中央和地方的财权与事权,既需要中央政府顶层设计、统筹规划、财政改革和价值宣导;同时,作为公共服务主体的地方政府,也需要解决投融资渠道,吸纳各类市场主体,如企业、非政府组织等多元主体参与到公共服务体系中来,以更好地完成公共服务均等化和多元化的使命。

第二节 服务型政府建设的路径选择

“服务型政府”的概念与中国行政改革演进相伴生。2002 年党的十六大提出“经济调节、市场监管、社会管理和公共服务”的政府职能,公共服务开始进入政治与行政改革的视野。2004 年时任国务院总理的温家宝在中央党校省部级领导干部“树立和落实科学发展观”专题研究班结业式上正式提出要“建设服务型政府”,这是中央第一次正式提出“服务型政府”的概念。2006 年 10 月,党的十六届六中全会第一次把建设服务型政府写入执政党的文件中,在《关于构建社会主义和谐社会若干重大问题的决定》中明确要求

"建设服务型政府,强化社会管理和公共服务职能"。2007年10月,时任总书记的胡锦涛在党的十七大报告中再次提出"加快行政管理体制改革,建设服务型政府"。党的十八大报告在以往的基础上进一步提出"建设职能科学、结构优化、廉洁高效、人民满意的服务型政府"。如今,建设服务型政府已成为中国行政体制改革的核心任务。

服务型政府建设是一项复杂的工作。它的实现不仅需要中央政府的支持和重视,还应通过构建服务型政府的服务供给体系、绩效评估体系和政府问责体系等为其实现创造条件。

一、服务型政府公共服务的供给体系

在计划经济体制下,我国公共服务的运行模式是政府同时担任供给者与生产者的角色。这种运行模式与我国市场经济的要求相悖,也不适用于我国的服务型政府建设,更难以满足人们不断提升的对公共服务的需求。马斯洛的需求层次理论指出人的需求是层级递进的,当人们的低层次需求获得基本满足之后,人们就会寻求更高层次的需求。随着社会经济的发展和人们生活水平的提高,人们对公共服务需求的内容不断地发生变化。人们不再满足于单一的同质性的公共服务,而是希望获得多样化的公共服务。比如在强调经济发展的早期,人们可能更多地要求政府提供基础设施服务;当经济社会得到一定发展后,人们可能会要求政府更多地提供诸如基础教育、公共文化、公共卫生和社会福利等方面的服务。再如随着九年义务教育的普及,人们可能会要求职业教育、技能培训和专业辅导等有针对性的公共服务。总之,随着人们的身份、工作和收入逐渐差异化,标准化的服务提供模式已经难以满足人们的需求。

"随着科学技术的快速发展,买方市场的形成和公众需求偏好的改变,传统上以精细分工为手段并生产和提供大批量、规模化的公共产品和服务的工业型社会,正转向以无缝隙服务的方式生产和提供多品种、小批量的柔性化的公共产品和服务的现代社会。"[①]这就要求政府不仅要履行好其职能,

---

① [美]拉塞尔. M. 林登:《无缝隙政府:公共部门再造指南》,汪大海、吴群芳等译,中国人民大学出版社,2001年,第4页。

还应通过充分发挥行政机制、市场机制和社会机制的各自优势来整合社会资源以实现公共服务的有效供给。此外,还有其他几个方面的因素也推动政府进行公共服务供给体系的改革。比如现有的公共服务供给体系效率低下引起公众的诸多不满;中国的社会组织近些年不断地成熟和发展;公众对公共服务的需求不断地增长等。公共服务的供给不足已成为制约我国经济社会发展的重要问题,我国当前的很多社会问题和社会矛盾都在一定程度上与公共服务的供给不足和结构失衡有关。为了有效、公正地提供公共服务,政府在公共服务的提供中不应再扮演垄断者的角色,而应与市场、社会组织和公民合作,构建一个多元主体参与的合作网络,并针对公民不同的偏好和需求特点采取不同的供给方式,从而满足公民的公共服务需求。

(一)供给主体

1. 政府供给

政府提供的通常是普遍性服务。以萨缪尔森为首的新制度经济学派认为政府的主要职责就是提供公共物品和服务。公共物品的非排他性、非竞争性和外部性决定了政府相比于市场和其他社会组织来说,在提供公共服务方面具有一定的优势。因为政府拥有强制权力,能够提供市场和社会不愿提供的公共物品和服务;同时政府可以通过政治过程来确定公共服务的目标、数量、标准及规则,并运用监管、补偿等办法保证其顺利实施。

2. 市场供给

市场提供的通常是差异性服务。由政府提供公共物品和公共服务并不一定意味着政府自己生产公共物品和提供公共服务。政府可以通过征收税费、决定服务内容和服务水平来保留公共服务供给的责任,但可以不直接从事生产,可以将一部分公共服务的职能让与市场,让市场为公众提供公共服务。20世纪80年代以来随着新公共管理运动的兴起,英国、澳大利亚等很多西方国家都开始对公共服务的供给进行市场化改革。市场化改革的主要途径是在公共服务的供给中引入竞争机制,这不仅能够提高市场的反应和回应的能力,而且能节约行政成本从而提高服务的效率。

3. 社会供给

社会提供的是公益性和志愿性的服务。由社会来提供公共服务是指除政府与市场之外的社会力量出于社会责任感和公共利益的目的来提供公共服务,比如社会组织提供的公共服务。目前,社会组织在社会管理领域发挥着重要的作用,成为除政府、市场以外的一个重要的公共服务提供者。由社会来提供公共服务不仅可以缓解政府财力不足和公共服务的压力,更重要的是,完善的社会供给体系的建立是社会发展成熟的重要标志,它可以充分调动社会公众的积极性,增强社会的凝聚力,在社会中建立起协调机制、互助机制、自救机制和信任机制等。① 我国在《中共中央关于构建社会主义和谐社会若干重大问题的决定》中就明确指出,要"支持社会组织参与社会管理和公共服务"。

（二）供给方式

公共服务的供给方式经历了从政府自己生产服务到发动社会和市场力量参与公共服务生产的改变。传统的单纯依靠政府供给的单一供给模式已经或正在被由市场与社会力量共同参与的多元化供给方式所取代。同一种公共物品既可以由政府提供,也可以由市场和社会提供。政府提供并不意味着政府必须自己直接生产其所提供的物品,政府还可以通过财政支持间接地生产公共物品。究竟公共物品或公共服务是由政府直接生产还是间接生产,即公共服务或者公共物品的提供与生产是否应该分离,取决于分离与否的核算成本。

1.公共服务的政府供给方式

奥尔森在《集体行动的逻辑》中曾指出:"一个国家首先是一个为其成员——公民——提供公共物品的组织。"② 从中可以看出政府在公共服务供给中至关重要的地位。政府可以通过以下三种方式来提供公共服务:

（1）政府直接提供。政府通过税收政策和公共财政向社会直接提供公共产品和公共服务。由政府直接提供的公共产品和公共服务通常具有明显的非排他性和非竞争性,即是纯公共物品,社会通常可以免费使用。

（2）政府补贴或购买。政府直接提供公共服务,并不意味着政府需要自己生产该公共服务,政府可以通过资金资助或购买私人部门、社会组织生产的服务,然后再分配给服务对象,从而实现了公共服务的生产职能与供给职

---

① 参见郭道久:《第三部门公共服务供给的"二重性"及发展方向》,《中国人民大学学报》,2009 年第 2 期。

② [美]M. 奥尔森:《集体行动的逻辑》,陈郁等译,上海人民出版社,1995 年,第 96 页。

能的分离。

（3）政府管制。政府运用法律手段、行政强制等手段限制或者准许某些公共服务行为，以对公共服务进行规范和监管。

2. 公共服务的市场供给方式

市场化提供主要是在公共服务的提供中引入市场化的竞争机制。通过不同主体之间的竞争可以提高公共服务供给的效率，缓解政府的财政压力，从而提高人民的满意度。市场提供公共服务的方式主要有：

（1）凭单制。凭单是发给公民的一种凭证，公民可以凭其在市场上购买其所需的产品和服务。凭单制赋予公民很大的自主选择权，他们可以在市场上自由选择公共物品和服务的供应商，潜在的市场竞争可以提高产品和服务的质量并降低价格。

（2）特许经营。政府通过特许一定期限的经营权的形式吸引私人部门参与到公共服务的生产和提供中来。在合同期限内，私人部门可以通过向使用者收费获得收益，但同时承担商业风险。比如可以把公路、桥梁、港口等基础设施的专营权拍卖给私人企业甚至是外商，让其经营。

（3）合同外包。合同外包又称"合同出租"，在操作意义上，是指将"民事行为中的合同引入公共管理的领域中来，它的做法是以合同双方当事人协商一致为前提，变过去单方面的强制行为为一种双方合意的行为"①。在合同外包中，政府扮演的是委托者的角色，政府的职责是确定服务的数量和质量，然后按照合同程序将公共服务项目承包给私人企业或社会组织。政府不再是服务的直接提供者，而是通过对外包的公共服务进行监督，扮演着管理者的角色。

（4）使用者付费。对于像排污、公园等这类具有排他性的准公共物品，政府可以对它们确定"价格"，使用者只有支付相应的费用后方能享受这种公共物品。使用者付费既可以指政府或私人部门向获取公共服务的民众收费的行为，也可以指政府内部市场中的模拟付费，还可以指政府向提供公共服务的非政府部门付费的行为，其主要目的是把价格机制引入公共服务

---

① 陈振明：《当代西方政府改革与治理中常用的市场化工具》，《福建行政学院学报》，2005 年第 2 期。

领域。①

（5）政府资助。对于那些营利性不高或只有在未来才能营利、风险大的公共物品的提供，政府会有选择地对提供这些公共物品的企业给予经济资助，以平衡公共物品的社会收益与私人提供者的私人收益之间的差距。政府资助的方式主要有补贴、津贴、优惠贷款、减免税等。

（6）民营化。20 世纪 70 年代末 80 年代初，全世界掀起了一股民营化的高潮，其中以英国、新西兰和澳大利亚等国家为典型。民营化是指将原先由政府控制或拥有的职能交由私人企业或出售给私人企业。民营化的过程往往伴随着将私人部门的管理手段和市场激励方式引入公共服务提供中。民营化的方式主要有委托授权、政府撤资、政府淡出等。

（7）政府参股。政府参股是指在私人投资生产的某些公共物品中，政府以不同的比例参股来提供资金支持。这主要适用于初始投入较大的基础设施类公共物品项目，如道路、桥梁的建设。政府参股又分为政府控股和政府入股。政府参股的比例不是一成不变的，项目在建初期，政府股份一般较多，一旦项目进入正常经营，能获得较稳定的正常利润，政府便开始出卖自己的股份，抽回资金转向其他项目。②

（8）政府采购。政府采购是由政府在财政监督下，按照法定的方式和程序，从市场上直接购买物品或服务。政府采购通常采用竞争性招投标的方法，这既保证了质量，同时也节约了财政资金，提高了财政支出的效率。

3. 公共服务的社会供给方式

"西方 20 世纪 70 年代的行政改革给人们的启迪之一是：随着社会进步，特别是科学技术迅速发展，人们越来越深刻地认识到，在处理政府与市场、政府与社会、政府与公众的关系上，传统意义上的政府职能将发生变化，政府会把更多职能以多种形式下放给社会中那些非政府、非营利性组织承担。这些组织不仅要提供公共产品与公共服务，而且要承担对社会公共事务的管理。"③

社会提供公共服务的方式主要有：

---

① ②　参见张文礼、吴光芸：《论服务型政府与公共服务的有效供给》，《兰州大学学报》，2007 年第 3 期。

③　陈庆云：《公共管理研究中的若干问题》，《中国人民大学学报》，2001 年第 1 期。

(1)志愿服务。志愿服务是指志愿性服务组织出于个人的利他主义考虑,通过志愿服务来提供社会所需要的公共物品和公共服务,而没有从整个活动中获得任何经济利益。在美国,只有当志愿服务和通过市场提供公共服务失灵的情况下,才应发挥政府提供公共服务的作用。

(2)自助服务。在提倡"小政府,大社会"的背景下,很多的个人、家庭、邻里组织或社区协会参与到公共服务的提供中来以"卸载"政府的负担。自助服务的供给者在为社会提供公共服务的同时,自己也从中获益。自助服务的供给者和受益者是同一的。社会的自助服务在社区治安、垃圾清理与环境治理、社区文化生活、邻里以及家庭纠纷化解方面发挥了不可替代的作用。

(三)供给原则

1. 供给的受益范围原则

服务型政府建设需要正确处理不同层级政府之间的关系并对它们之间的职责权限进行合理的划分。不同层级政府间职责权限的划分应以公共服务项目受益对象不同、受益范围大小为依据。全国性公共产品由中央政府提供(或出资外包);地方性和区域性公共产品由地方政府提供(或出资外包),当地方政府因为财力限制而难以提供全国基准水平的最起码的公共产品时,由中央或其他地方政府协助(财政转移支付)。中央和地方共有的"交叉性"事权划分的基本原则应该是,在地方管辖范围之内的事务由地方负责,超出地方政府管辖范围之内的事务,则应由中央政府出面进行相应的协调。①

2. 供给的适当性原则

服务型政府建设应遵循服务供给的适当性原则。不管是供给不足还是供给过度都会产生不良后果。所谓公共服务供给的适当性原则是指,一方面,政府应根据社会公众的需要来确定所提供的公共物品和公共服务的范围、种类、规模和顺序等,而不是政府通过强制手段把自己认为需要的社会服务强加给公民。另一方面,政府的公共服务供给应与社会经济发展水平相适应,不能发展超出经济发展水平的公共服务,否则会对政府和社会造成

---

① 参见宏观经济研究院课题组:《公共服务供给中各级政府事权、财权划分问题研究》,《宏观经济研究》,2005 年第 5 期。

沉重的负担,"政府所做的许多事情是不能用金钱来衡量的。尽管如此,政府的开支仍是衡量政府活动范围最好的尺子"①。而且公共服务的供给具有非逆转性,即后期的服务供给不能低于或差于前期的供给水平,否则会引起公众的不满,影响社会秩序和社会稳定。因此,公共服务的供给只能是一个渐进的发展过程。总之,公共服务的供给应对等于公众的需求,防止出现供过于求或供不应求的情况。

3.基本公共服务供给的均等化原则

基本公共服务的均等化是指全体公民享有基本公共服务的机会和原则均等以及结果的大体相等,但尊重社会成员的自由选择权。基本公共服务均等化体现了社会公平和正义的价值追求。我国目前正处于社会主义发展的初期阶段,生产力发展水平不是很高,所以我们不可能实现公共服务供给的绝对公平。但是我国生产力水平相比于改革开放初期得到了很大的提高,具备了实现更高层次社会公平的条件。基本公共服务供给的均等化是社会公平和正义的基本要求。基本公共服务供给的均等化要求政府在提供公共服务的过程中采取倾斜性和补偿性的制度安排,以扩大西部偏远地区和广大农村地区的公共服务供给为重点,使公共资源配置向西部地区和农村地区及弱势群体倾斜,从而缩小东西部地区、城乡之间和不同群体之间在基本公共服务方面的差距,实现在一个国家范围内每一个居民都有平等享受基本公共服务的权利。党的十八届五中全会提出五大发展理念,其中之一就是"坚持共享发展,必须坚持发展为了人民、发展依靠人民、发展成果由人民共享,作出更有效的制度安排,使全体人民在共建共享发展中有更多获得感,增强发展动力,增进人民团结,朝着共同富裕方向稳步前进"。

4.供给的持续性原则

公众的公共服务需求具有连贯性,政府公共服务的供给应与公众的公共服务需求相适应,因此政府的公共服务供给也应具有持续性。政府在提供公共服务的过程中应根据一定时期经济社会发展状况和公众公共需求状况,积极并审慎地筹划公共服务的发展规划,既要考虑国家现有财政状况对公共服务供给的支撑程度来适当安排公共服务,又要根据未来经济增长形

---

① [美]托马斯·戴伊:《谁掌管美国——里根时代》,张维等译,世界知识出版社,1985年,第81页。

势,推进公共服务供给的发展进程,从而使公共服务的供给既体现有限度的阶段性,又体现有发展的连续性。

(四)供给内容

公共服务是指主要由公共部门提供的满足全社会共同需要的公共产品和服务。根据内容和形式,公共服务可被分为四类。第一类:基础性公共服务,指为公民及其组织从事经济、社会等活动所提供的基础性服务;第二类:经济性公共服务,指为公民及其组织从事经济或生产活动所提供的服务;第三类:社会性公共服务,指为公民的生活、发展与娱乐等社会性直接需求提供的服务;第四类:公共安全服务,指为公民提供的安全服务,如军队、警察和消防等服务。

随着社会经济的发展和人民生活水平的不断提高,人们的需求逐渐呈现出多样化的特征。在公民的个性化意识和差异化需求不断增强的条件下,人们已不再满足于单一化的公共服务供给。这样,作为人民满意的服务型政府应能及时回应民众的这种多样化需要,针对不同的群体、不同的个人、同一个体的不同发展阶段提供个性化、差异化的公共服务。

二、服务型政府绩效评估体系的构建

政府绩效评估作为一项行之有效的政府管理工具,其目的在于通过对政府活动的评定来提高政府的管理效能和公共服务能力。在我国以往的政府绩效评估中,绩效评估目的单一,存在一种单纯"以 GDP 论英雄"的绩效评估倾向,国内生产总值成为评估政府的关键指标甚至是唯一指标。在这种绩效评估体系的引导下,政府工作的全部重心就是提高国内生产总值,重经济发展轻社会发展,重当前绩效轻长远利益,重发展速度轻发展质量,从而引发各种粗放式、高成本、高耗能、低效率、低质量的发展。服务型政府以"公民取向"和"社会取向"为核心理念,不仅注重政府履行职能的过程,而且更注重政府提供公共服务的有效性。"结果导向"和"外部责任"是服务型政府绩效评估区别于传统管制型政府绩效评估的主要特征。因此,应构建与服务型政府理念相适应的政府绩效评估体系。"评估政府绩效主要不是看政府投入来了多少、做了多少工作,而主要是看它在多大程度上满足了社会和公众的需要。"①以此来促使政府在施政理念、政府职能、管理方式上的转变。

科学完整的绩效评估体系是一个由评估主体、评估指标、评估方法，以及在这些方面的制度安排组成的有机系统。服务型政府绩效评估体系构建就是在评估主体、评估指标、评估方法等方面的设计与形构。

（一）服务型政府绩效评估的主体

绩效评估的主体是绩效评估体系中的核心要素。绩效评估主体确定的合理与否，直接影响到绩效评估的结果是否具备科学性与有效性。所有与政府绩效相关的利益相关者，包括组织和个人，都应参与评估。专业评估机构虽然不是政府绩效的直接相关者，但也是政府绩效评估必不可少的主体，它可以弥补社会公众专业知识的不足。

1. 执政党

我国的政党制度是中国共产党领导的多党合作制，中国共产党是执政党，各级政府都应把中国共产党的核心理念作为自己的指导思想。我国宪法所确认的四项基本原则的第一条就是坚持中国共产党的领导。所以应把执政党作为政府绩效评估的主体。尽管执政党不负责绩效评估的具体工作，但是会对政府的绩效评估提出政策主张。例如，党的十七大报告提出："完善体现科学发展观和正确政绩观要求的干部考核评价体系"，党的十八大报告则提出："完善干部考核评价机制，健全干部管理体制"。

2. 国家权力机关

我国国家权力机关是各级人民代表大会，各级政府都要对权力机关负责并报告工作，受权力机关监督，这是宪法赋予权力机关的权力。权力机关对各级政府的监督和评估具有权威性。《中华人民共和国各级人民代表大会常务委员会监督法》第五条规定："各级人民代表大会常务委员会对本级人民政府、人民法院和人民检察院的工作实施监督，促进依法行政、公正司法"；第八条规定："各级人民代表大会常务委员会每年选择若干关系改革发展稳定大局和群众切身利益、社会普遍关注的重大问题，有计划地安排听取和审议本级人民政府、人民法院和人民检察院的专项工作报告"。上述规定

① 尤建新、王波：《公众价值——政府绩效评估的核心标准》，《上海管理科学》，2004 年第 5 期。

体现了权力机关对政府的监督和考核评价。"国家权力机关对地方政府绩效进行评估是保证主要领导的岗位责任制得到落实和其公开承诺得以兑现《中华人民共和国各级人民代表大会常务委员会监督法》的最有力的保障；也是为建设廉洁奉公、勤政为民的服务型政府的基本保证。"①

3. 国家行政机关

政府绩效评估是国家行政机关对自身的绩效所进行的评估。政府应对其自身的行为负责,自觉调控自己的行为。与其他的评估主体相比,被评估的政府对自己工作的努力程度最为了解,所以政府自身无疑是对自己绩效进行评估的最直接的主体。这种自我评估体现了政府自我评价与监督,因而是政府自律机制的组成部分。首先是上级政府的绩效评估。依据宪法和法律规定,地方各级人民政府是国务院统一领导下的国家行政机关,是上一级国家行政机关的下级国家行政机关。上级政府对下级政府负有管理责任,并了解其工作范围和内容。所以与其他考评主体相比,上级政府处于更为直接的地位。其次是审计机关的绩效评估。根据宪法的规定,国务院设立审计机关,对国务院各部门和地方各级政府的财政收支,对国家的财政金融机构和企业事业组织的财务收支,进行审计监督。《中华人民共和国审计法》第二条规定,国务院各部门和地方各级人民政府及其各部门的财政收支,国有的金融机构和企业事业组织的财务收支,以及其他依照本法规定应当接受审计的财政收支、财务收支,依照本法规定接受审计监督;第三条规定,审计机关依据有关财政收支、财务收支的法律、法规和国家其他有关规定进行审计评价,在法定职权范围内作出审计决定。近年来,审计监督已经成为监督政府的主要手段和工具。审计机关作为政府绩效评估的主体之一,正在发挥越来越重要的作用。如福建省、吉林省、重庆市等地政府开展的行政效能审计就是由审计部门对政府绩效进行的评估。最后是监察机关的绩效评估。监察部门是政府系统中设立的专门行使监察权的国家行政机关。建立行政监察制度的目的是为了加强监察工作,保证政令畅通,维护行政纪律,促进廉政建设,改善行政管理,提高行政效能。因此,监察部门也是政府绩效评估一个不可或缺的主体。

① 韩学义:《基于平衡计分卡的地方政府绩效考核研究》,中国矿业大学博士论文,2010 年。

4.专业评估机构

专业评估机构是从事政府绩效评估方面的理论研究和实践探索的专门组织。与其他的评估主体相比,专业评估机构具有专业优势和知识优势。政府绩效评估是一项专业性很强、技术含量很高的研究与实践活动,必须建立各方面专家组成的绩效评估机构,专门从事政府绩效评估的理论和实践指导,使政府绩效评估更符合客观、公正、准确的本质要求。例如,兰州大学成立的"中国地方政府绩效评价中心"就是一个专业评估机构,曾接受甘肃省政府的委托对所辖的下级政府和职能部门进行绩效评估。

5 社会公众与大众传媒

社会公众是政府管理和服务的对象,对政府绩效情况有着直接和具体的体验和感受,因而他们应成为政府绩效评估的重要主体。服务型政府把民众的满意作为其追求的目标,所以服务型政府的绩效评估应把公众纳入评估主体中来。这不仅可以使地方政府树立公民取向的绩效观,而且可以更好地服务公众。此外,大众传媒在监督政府方面正在发挥越来越重要的作用。它以独立的身份和独特的渠道直接或间接地承担对政府绩效进行评估的职能。

(二)服务型政府绩效评估指标

政府绩效评估指标体系在服务型政府建设及其绩效评估中占据重要地位。设计系统与合理的指标体系是服务型政府绩效评估的前提和保障,同时该指标体系也对服务型政府建设的行为发挥导向作用。政府绩效评估指标体系的建立是在一定的价值体系的指导下进行的。服务型政府"将以人为本作为最重要的公共行政理念和价值准则"[1],这就要求服务型政府绩效评估指标的设置必须体现"以人为本"的价值理念。

政府绩效评估指标的设置应紧紧围绕政府的基本职能展开。也就是说,并非政府所做的所有工作都应纳入绩效评估的范围之内。对政府进行绩效评估的前提是明确政府或政府部门的主要职能。政府绩效评估注重的是政府是否真正地履行了其法定职责,而不再局限于评估政府做了什么、做了多少。由于政府的职能不是一成不变的,所以绩效考评的指标也是不断

---

① 岳凯敏、徐光超:《民众本位:当代中国政府绩效评估的基本价值取向》,《成都理工大学学报》(社会科学版),2005 年第 4 期。

变化的；而且不同层级的政府，同一层级的不同政府部门其侧重点不同，各绩效考评指标的权重也应是不一样的。政府绩效考评指标的确定可以借鉴美国哈佛商学院罗伯特·卡普兰(Robert S. Kaplan)和大卫·诺顿(David P. Norton)两位教授共同创立的平衡计分卡(BSC)模式。平衡计分卡为企业提供了一种全面的评价体系，其核心思想是实现财务、客户、内部流程和学习与成长四个层面指标的平衡。虽然是从企业的发展战略出发，但平衡计分卡也适用于政府的绩效评估。只不过政府绩效评估的核心是对其业绩的认定和价值的估量，而企业的绩效评估更多的是关注企业的利润和生产成本。因此，当平衡计分卡应用于政府绩效评估时，应适时地作出调整，不能简单地套用平衡计分卡。借鉴和修正平衡计分卡的政府绩效评估指标可以调整为政府业绩、公众满意度、政府行为和学习与发展指标。

1. 政府业绩指标

政府业绩指标可以借鉴"3E"原则：即经济(Economic)、效率(Efficiency)和效益(Effectiveness)。"3E"实质上是三种关系，涉及领导活动的四个方面：成本、投入、产出、效果。经济涉及成本与投入之间的关系。经济性表现为获得特定水平的投入时，使成本降低到最低水平，或者说充分使用已有的资金获得最大量和最佳比例的投入。效率涉及投入与产出之间的关系，指管理活动的产出同所消耗的人力、物力、财力等要素之间的比率。高效率意味着用最小的投入达到既定的目标，或者投入既定而产出最大。效益涉及产出与效果之间的关系，具体包括产出的质量、产出是否达到了所期望的社会效果等。以环境保护为例，成本指环保主管部门获得的财政拨款，它是管理成本的最初形态；部门从事管理活动所耗费的人力、物力、办公设施和设备等是其投入；产出既包括决策活动的产出，如出台的法规政策、实施细则、环保计划、环境标准等，又包括执行活动的产出，如建设项目的审批、违规企业处罚数目或处罚金额、清洁生产技术的推广数目等；效果则主要体现为环境质量的改善。

2. 公众满意度指标

公众满意度指标是服务型政府绩效评估的重要指标。它包括以下八个方面的内容：①便利(convenience)。便利评价的是公民容易接近和获得政府服务的程度。②保障(security)。保障评价的是以一种使公民在接受服务时感到安全和有信心的方式提供服务的程度。③可靠性(reliability)。可靠性评价的是政府服务的正确性和按时提供的程度。④个人关注(personal attention)。个人关注评价的是政府服务与公民个人需求的匹配程度。⑤解决问题的途径(problem - solving approach)。解决问题的途径评价的是雇员为公民提供信息并且利用这些信息来帮助满足他们需要的程度。⑥公正(fairness)。公正评价的是公民相信政府服务是以一种对大家都公平的方式提供的程度。⑦财政责任(fiscal responsibility)。财政责任评价的是公民相信政府正在以一种负责的方式使用资金提供服务的程度。⑧公民影响(citizen influence)。公民影响评价的是公民认为他们能够影响其从政府那里得到的服务的质量的程度。①

3. 政府行为指标

"只关注最终产品和影响比如服务的数量、单位成本、顾客行为的改变或服务的完成等是粗鲁的、不可靠的、具有欺骗性的和无意义的。"②因此,政府绩效评价的指标还应包括政府的行为。政府行为是政府履行政府职能的行为。所谓政府职能,是指"在一定的社会时期内国家行政机关根据经济建设和社会发展的需要,在行使行政权力过程中所承担的职责和功能"。从普遍意义上理解,政府行为指的是"国家行政机关及其行政人员实施行政管理活动的总称"。因此,"政府行为是指政府及其工作人员在特定时期内特定执政理念的指导下,依照有关的制度所进行的社会管理和公共服务的活动。政府行为与政府理念是内与外的关系,政府行为是政府理念的一种外在化的表现形式,在很大程度上体现着政府的执政理念,而政府的理念则深刻地影响和决定着的行为"③。本书认为政府行为指标主要包括行为理念、民主参与和依法行政等。

4. 学习与发展指标

随着人类社会的发展,地方政府面临的外部环境不断发生变化,这就必然要求政府及时对自身的结构、机制和功能作出调整,实现政府管理创新,

---

① 参见[美]珍妮特·V.登哈特、罗伯特·B.登哈特:《新公共服务:服务而不是掌舵》,丁煌译,中国人民大学出版社,2010年,第44~45页。

② Flynn R., Pickard S. and Williams G., Contracts in the Quasi - market in Community Health Services, *Journal of Social Policy*, 24(4): pp. 529 –550, 1995.

③ 曹惠民:《第三方政府绩效评价情境下政府行为重塑》,《社会科学家》,2011年第6期。

以不断适应社会发展的需要。这需要政府具有较高的学习能力,通过保持旺盛的学习力,及时解决发展中的问题,从而推进政府管理的创新。总的来说,政府学习与发展的指标可以分为三个层次:①政府官员和公务员是否具备良好的学习意识和学习能力;②政府内部是否具有良好的学习氛围,是否能为工作人员提供通畅的学习渠道;③政府是否具有较高的组织学习能力来推动和帮助公务员学习。

(三)服务型政府绩效评估的方法

"从我国政府绩效评估的价值取向的演变中,我们可以找到选择绩效评估方法的启示。一个组织的价值取向往往决定着绩效评估的原则,同时绩效评估方法的选择也受到组织价值取向的影响。"①服务型政府以"社会取向"为其导向理念,这就要求服务型政府的绩效评估方法能够直观地反映公众对政府行为的接受和认可的程度。所以服务型政府绩效评估所采用的评估方法不仅应能评估政府的效率,还应能衡量公众对政府的满意度。

1. 主观评估方法

主观评估方法是指根据政府绩效评估专家、社会公众主观感知、体验和调查到的政府行为绩效和服务态度等衡量政府绩效的方法。在绩效评估的实践操作中,最常采用的主观评估方法是公众评议,比如河北邯郸的"万人议政府",针对评估的内容设计公众评议表和调查问卷,来评估公众对政府服务的满意度。

2. 客观评估方法

客观评估方法是指根据客观绩效评估指标,采用各种定性、定量的方法来对政府绩效作出科学精确衡量的方法。在绩效评估的实践操作中,最常采用的客观评估方法是多指标绩效考核,根据评估内容,设定绩效考核指标,对被评估单位进行绩效指标考核,比如公务员年度考核,机关目标考核等。

(四)服务型政府绩效评估的法制建设

绩效评估作为加强政府管理的重要工具,能够有效地提高政府工作的效率及质量。政府绩效评估不仅有助于公众监督政府的行为并发现其中存在的问题,而且还能够使政府及时了解公众的需求,使自己的行为导向公众

---

① 刘武、朱晓楠:《服务型政府绩效评估的新方法及其应用》,载董克用主编:《构建公共服务型政府——第三届中美公共管理国际学术研讨会论文集》,中国人民大学出版社,2007年,第200页。

的需求,从而更好地服务于公众。但政府绩效评估涉及评估主体、评估指标和评估方法等一系列的复杂环节,因此需要法律制度来保证绩效评估的客观性和公正性。促进政府绩效评估活动的法制化,对于提高政府绩效评估的有效性具有重要意义。

自20世纪以来,我国的政府绩效评估得到了蓬勃发展,并取得了一定的成绩。但是政府的绩效评估仍缺乏一整套完整的制度保障,使得现有的政府绩效评估缺少规范性,随意性较大。因此,应借鉴西方发达国家的有益经验,出台关于政府绩效评估方面的专门法规,规范和引导我国政府绩效评估的活动。只有这样,才能保证政府绩效评估不会流于形式,才能提高绩效评估的有效性,才能体现真正地对公众负责,才能保证服务型政府的建设。

三、服务型政府建设问责体系的完善

服务型政府建设应实现从"政府取向"向"社会取向"转变,要求政府切实承担起应当承担的责任,服务于人民的利益。世界银行的研究认为,腐败、利益团体和对政府的俘获是发展中国家良政治理路上的三只拦路虎。而从世界范围内来看,"目前形成共识的是,解决以上问题和保护公众利益的最佳办法是加强对政府的问责"①。

服务型政府建设中的问责体系的构建具有一定的必要性和必然性。其必要性主要表现为随着经济社会的发展和人们教育水平的提高,公众对公共事务的参与热情不断高涨。对政府进行问责是公众参与公共事务的重要途径。其必然性主要表现为我国近些年来行政体制改革的主要目标之一就是提高民主化的程度,而对政府进行问责体现了我国民主化改革的基本理念,因此问责体系的构建是历史发展的必然选择。

关于问责或者行政问责,有狭义和广义两种含义。关于狭义问责,中共中央办公厅和国务院办公厅颁发的《关于实行党政领导干部问责的暂行规定》第四条规定:"党政领导干部受到问责,同时需要追究纪律责任的,依照有关规定给予党纪政纪处分;涉嫌犯罪的,移送司法机关依法处理。"在此,

---

① The World Bank, *Social Accountability in Public Sector*, Washington D. C: The World Bank, 2005。

行政问责与党纪政纪处分、刑事制裁是并列的,因而属于狭义的问责。根据该暂行规定,问责主体为纪检监察机关、组织人事部门。关于广义的问责,属于学术研究的概念,问责对象涉及范围广泛,而且问责主体包括党政机关内外的诸多机关和组织。我们在此使用的是广义的问责概念。

(一)服务型政府建设问责的主体

关于公共行政责任控制的途径,可以分为内部控制和外部控制。内部控制属于公共组织的自律机制,是公共组织为了规范组织内部成员的行为,实现行政目标和完成行政任务的必要手段。而在公共管理中,只有内部的自律是不够的,如果不健全强而有力的外部控制,即他律机制,内部控制则难以有效地发挥其效用。所以服务型政府问责的主体应包括外部问责主体和内部问责主体。

1. 外部问责主体

第一,执政党问责。我国实行中国共产党领导下的多党合作制度。中国共产党是我国各项事业建设的领导核心,负责全面领导人大、政协和政府的工作。执政党对政府的问责可以保证政府更好地贯彻党的政策方针,避免政府"上有政策,下有对策",而且共产党对政府的问责有利于贯彻党管干部原则。通过对政府的问责,执政党可以了解领导干部的工作实绩和工作能力,从而为领导干部的任用、晋升等奠定基础。

第二,国家权力机关问责。我国宪法规定,全国人民代表大会作为最高权力机关拥有监督政府的权力。全国人民代表大会作为政府问责的主体具有一定逻辑必然性。政府作为公共利益的代表,它的权力来自于公民的授予,即接受公众的委托对社会公共事务进行管理。因此,形成了政府与公众之间的委托—代理关系。但正如公共选择理论所主张的,政府是理性的经济人,政府也会追求自身利益的最大化。这导致政府在执行公务的过程中可能会漠视公众的利益而追求自身利益的最大化。而且由于政府垄断了大部分的信息,公众很少能够觉察政府的自利行为并对其进行约束。人民代表大会是政府与公众之间的桥梁:一方面,人民代表大会是由公众选举产生的,对公众负责;另一方面,人民代表大会产生了政府,政府对人大负责并受人大的监督。因此,人大对政府的问责具有天然的合理性。

第三,国家司法机关的监督。司法机关在我国主要指各级人民法院和检察院。司法机关对政府的问责主要通过审查政府公共服务的行为是否违宪或违法来进行。司法机关对政府的问责与其他问责主体不同，它主要侧重于政府行为的合法性。其具体方式主要有两种：①行使违宪审查权。不少国家实行宪法保障制度，其最高法院往往根据宪法而拥有违宪审查权，有的国家还有专门的宪法法院，专门审理违宪案件。当发生特定的行政行为是否违宪的问题时，司法机关即可行使司法审查权，并宣告特定的行政行为是否违宪或是否有效，一经司法判决即产生法律效力。为了确保司法审查的有效实施，美国、加拿大、日本等国的普通法院，英国的最高法院都有发布调查令、执行令、禁止令、宣告性判决等方面的具体审查权和判决权。②审理和判决行政诉讼案件。法院依法对特定行政机关或行政官员的特定行政行为是否违法、越权、侵权、失职、不当进行审理和判决。①

第四，公民和大众传媒。公民是服务型政府问责体系中的一个重要的问责主体。服务型政府强调以人为本，只有把公民纳入问责体系中，实现公民对政府的直接监督，才能使服务型政府真正实现从"政府取向"向"公民取向"的转变。

大众传播媒体包括传统媒体和新媒体。传统媒体主要有报纸、期刊和广播电视等，新媒体主要指的是网络媒体。大众传播媒体作为问责主体具有一定的优势。它作为传递信息和新闻的载体，收集信息比较方便而且成本较低，因此对政府的问责能够相对的全面，因为其能够较易获得与政府相关的大量的信息。

2. 内部问责主体

第一，上级机关。目前我国政府问责体系中实行的主要是上问下责。我国的地方各级人民政府既是地方各级国家权力机关的执行机关，对同级人民代表大会及其常务委员会负责，并报告工作，接受其监督；而且其行为又要对上级国家行政机关负责，接受其监督。

第二，监察机关。监察机关是对国家行政机关及其公务员和国家行政机关任命的其他人员的执法、廉政、效能等情况进行综合性监督检查的机关。监察机关的问责可以确保行政机关勤政廉政，认真履行职责。

---

① 参见张国庆：《公共行政学》（第三版），北京大学出版社，2008 年，第 430 ~ 431 页。

第三,审计机关。审计机关是问责主体的重要组成部分。审计问责主要是指国家审计机关对特定机关的财政预决算活动、会计资料和财务状况等进行的审计活动。大部分国家都把绩效审计看作审计部门的主要职能之一。通过绩效审计,一方面监督国家财政预算资金的合理有效利用,对财政决算情况作出客观鉴定和公证;另一方面可以发现和揭露违法行为。绩效审计作为政府问责的重要组成部分有利于实现政府绩效评估的目标,有助于促进建立和落实政府绩效评估制度和行政问责制度。[①]

(二)服务型政府问责的对象

服务型政府强调“社会取向”,要求政府对人民负责,满足人民的需要。当政府的公共服务行为出现问题时,可以通过问责的方式来追究相关组织及人员的责任。为保证问责的实际成效,需要经由制度途径明确问责的对象,制度的缺失可能导致无责可问,给失职者推卸责任提供了机会。因此,制度的健全是问责机制发挥作用的前提。服务型政府建设的问责对象主要有:

(1)决策者。在一定意义上说,整个行政管理活动包括决策和执行两个环节,决策和执行的循环构成了行政管理的主要内容。决策在整个行政活动中具有根本性的作用。如果决策者制定的决策不科学、不民主,即使执行者再高效地执行决策,也不会提高公众的满意度。决策失误给社会经济带来的损失远远超过因执行失误而产生的损失,所以决策者负有更大的责任。在服务型政府建设中应强化对决策者决策的科学性、民主性和有效性的问责。

我国实行的是党管干部原则,我国各种政治关系中都包含着党政关系。由于党政领导人具有较大的行政决策权力,因此在服务型政府建设的问责体系中,无论是一级政府还是政府职能部门的党政主要负责人都应是问责的对象。

(2)执行者。行政执行是行政活动的重要环节,涉及行政目标能否实现,行政任务能否完成。行政执行是否高效和忠实于行政决策直接影响到行政决策的预期效果,而且执行者在决策执行过程中并不是完全被动执行,而是拥有一定程度的自由裁量权。所以为了提升政府的执行力,应把行政

执行者作为问责的对象,着力关注执行者是否滥用权力,是否存在行政越位、错位、缺位、执行不力和效能低下等现象。

（3）监督者。公共行政体系主要包括决策、执行和监督三个环节,服务型政府建设要求对这三个环节的活动均实施问责。作为公共行政体系的重要环节,监督可以对决策和执行起到重要的制约和促进作用,使决策者作出的决策真正代表民意,使执行者在执行决策时真正做到以人为本。如果监督者在履行其监督职责时,不能做到依法办事,存在偏袒包庇,就会纵容官员不负责任。所以也应加强对监督者的问责。

（三）服务型政府建设的问责范围

问责范围是指问责的事由。问责范围的合理界定对推进我国服务型政府建设问责体系的构建具有重要的意义。服务型政府建设的问责范围不能像传统的统治型或管制型政府那样仅仅局限于对滥用或误用公共权力的问责,还应增加对行政效率低下、行政不作为等的问责。服务型政府问责的范围包括:

（1）对结果的问责。对结果的问责强调对官员的行为所引起的不良结果进行问责。现阶段我国的一般情况是,官员的行为导致重大安全事故、群体性事件时才启动问责机制。对结果的问责作为一种事后问责主要目的是对问责对象进行惩罚并追究其责任。

（2）对行为的问责。这里的行为包括"作为"的行为和"不作为"的行为。服务型政府要求其问责体系不仅起到惩戒作用,还起到预防作用。也就是说,这种问责不限于事后追惩,对已造成的后果追究责任,而且也要防止不良行为后果的发生。所以除了对行为的结果问责外,还应对不履行或不正确履行职责的行为进行责任追究,从而有效预防不合法和不合理的行为发生。

（3）对道德的问责。行政道德对官员的行为具有直接的影响和决定作用,会直接影响到官员的行为。政府官员的行为关乎整个政府的形象,所以在服务型政府建设中应对官员违反行政道德的行为进行问责。道德问责是服务型政府问责的重点发展领域。

四、服务型政府参与体系的健全

服务型政府是以"公民取向"为其指导理念的。"公民取向"理念包含"回应公民需求,倾听公民呼声,公民选择权,公共服务设计和提供过程中的公民参与,部门绩效评估以公民为主体"①五个要素。因此,服务型政府提供服务的内容和方式应顺应公众的需求,以公众的满意度作为衡量政府绩效的主要标准,以公众的评价决定政府公共政策调整的方向。也就是说,在服务型政府建设中应鼓励公民参与,只有这样才能更好地实现以人为本、全心全意为人民服务的目标。

(一)公民参与的意义

1. 公民参与有助于构建有限政府

服务型政府是有限政府。有限政府有两个方面的要求:一是政府应受到法律法规的约束,不存在超脱于法律之上的政府;二是政府应该有所为有所不为,政府应该把自己的职能限定于掌舵而不是划桨。公民参与有助于构建有限政府。通过鼓励公民参与,公民社会组织建立了与政府之间的伙伴关系,并承担了一些原来由政府承担的职能,使有限政府成为可能,并形成以政府为主体,社会组织、市场参与的多元的社会服务体系。

2. 公民参与有利于构建透明政府

服务型政府是透明政府。透明政府应该让公民知道政府正在做什么、怎么做以及效果如何。公民的积极参与有利于透明政府的构建:一方面,公民参与要求政府信息公开。政府要以积极透明的姿态来面对社会,让权力在阳光下运行,从而获得民众的理解和支持,并在整个社会形成强大的凝聚力。另一方面,公民参与可以使公众获得更多的与政府有关的信息,从而能够对政府实施有效的监督。

3. 公民参与有利于构建责任政府

服务型政府是能够及时回应公民需求的责任政府。按照洛克等社会契约论者的观点,社会或者共同体为了保卫自身及其每一位成员的自然权利

---

① 周志忍:《当代政府管理新理念》,《北京大学学报》,2005 年第 2 期。

起见,建立了立法权,并将之委托给政府,并给政府的立法权施加了限制。一旦人民发现政府的立法行为与社会对它的委托相抵触,人民就仍然享有最高的权力来罢免或更换政府,从而取消委托。这也就是说,政府的权力来自人民的委托、受人民监督、向人民负责。人民不仅有权利享受政府提供的公共服务,而且还有权对政府的行为进行监督并要求其承担责任。公民的积极参与,对政府行为的关注和监督,对责任政府的建设具有重要的作用。

4. 公民参与有利于构建高效政府

服务型政府是高效政府,即高效率、高质量地为社会提供公共产品和公共服务。公民参与可以从两个方面提高政府办事的效率和质量:一是公民参与有利于信息畅通。一方面,公民参与使得公民能够充分地表达自己的意愿,从而使政府能够准确地了解公民的需求,从而提高政府服务的效能;另一方面,公民参与能够及时向政府反馈政策的执行情况,使政府及时了解政策存在的问题并作出调整,从而为公民提供更好的公共产品和服务。二是公民参与是调动和整合社会资源的有效手段,政府与社会构成了多元合作模式,从而利用社会充足的资源和专业技能为公众提供更充足、更高效的服务。

(二)公民参与的途径

1. 培养公民的参与意识

人的任何一项行为都存在着一定的动机。公民的参与行为也离不开心理因素的影响。驱使公民参与的动机是多种多样的。政治学研究将其归纳为如下六个方面:一是"重视可以得到的报酬";二是"认为选择是重要的";三是"相信自己能够帮助改变结局";四是"相信如果自己不行动,结局将会不满意";五是"拥有关于当前问题的知识或技能";六是"只要克服较少的障碍便可行动"。① 因此,可以通过新闻舆论的引导作用,让公民了解到自己的权利,使公民意识到并有效行使该项权利,也可以通过教育使公民具有一定的参与技能,从而培养公民的参与意识,让公民更好地参与到服务型政府建设中来。

---

① ［美］罗伯特·A. 达尔:《现代政治分析》,吴勇译,上海译文出版社,1987 年,第 138 页。

2.完善公民参与的制度建设

邓小平同志曾经指出:"制度好,可以使坏人无法任意横行;制度不好,可以使好人无法充分做好事。"服务型政府建设中的公民参与需要在制度上有所突破,以好的制度作为公民参与的保障。首先,应完善社会主义市场经济制度。政治参与是市场经济规则在社会公共领域的运用,因此完善社会主义市场经济制度是发展公民参与的基础途径。其次,要完善公民参与的政治制度。应设置和改进政治机构和设施,确定政治组织和机构的职能及其相互之间的权力关系,开拓和完善公民有序参与政治生活的途径和制度。最后,应完善公民参与的法律制度。应根据社会和经济发展状态,制定和完善与公民参与有关的法律法规,使公民参与实现规则化和规范化,政治参与过程实现程序化,真正做到公民参与有法可依。

3.扩展公民参与的形式

美国学者托马斯在其《公共决策中的公民参与:公共管理者的新技能与新策略》一书中提到了五种公民参与的形式,包括关键公众接触、公开听证、公民调查、咨询委员会和共同生产。[①] 我国现阶段的公民参与形式主要是听证会,参与形式单一。因此,在服务型政府建设过程中应借鉴国外的经验,并结合中国的具体国情扩展公民参与的形式,使公民参与形式多样化。

4.转变政府官员的理念

由于长期的"官本位"思想的存在,使部分官员形成这样的错误理念,即公民参与会减少自己的权力。一部分官员甚至认为公民不具备参与的能力,因此在执政的过程中拒绝或者抵制公民参与,并维持执政过程的神秘性。服务型政府是透明政府,服务型政府的建设需要公民的参与,因此在服务型政府的建设中,应去除官员的封闭行政、全能行政、管制行政的观念,树立主权在民、公民参与的理念。

---

① 参见[美]约翰·克莱顿·托马斯:《公共决策中的公民参与:公共管理者的新技能与新策略》,孙柏英译,中国人民大学出版社,2005 年,第8~9 页。

第四章　服务型政府建设的挑战与创新

自服务型政府概念提出以来,除了学术界对之研究得到了较大的发展之外,中央和各地方政府也在服务型政府建设方面加强了实践。然而尽管当前行政管理体制改革的目标是建设服务型政府,但是服务型政府并非只是履行公共服务职能,而是在加强公共服务供给的同时完善社会管理。因此,研究服务型政府建设中社会管理创新就具有重要意义。同时,服务型政府建设过程中应当注重开拓创新,本章研究了以管家理论重塑政府购买公共服务的行为,以及"大数据"时代政府数据开放制度建设的路径,以期对服务型政府建设有所裨益。

第一节　服务型政府建设中社会管理创新研究 *

一、服务型政府建设需要社会治理创新

服务型政府是中国行政管理体制改革所要实现的目标。从中央领导层提出建设服务型政府开始,社会管理就一直和服务型政府建设相关联。2006 年 10 月,党的十六届六中全会通过的《中共中央关于构建社会主义和谐社会若干重大问题的决定》明确要求"建设服务型政府,强化社会管理和公共服务职能",从而把社会管理作为建设服务型政府的重要内容。党的十七大报告再次提到社会管理和服务型政府建设的关系,并提出对社会管理进行改革,"建立健全党委领导、政府负责、社会协同、公众参与的社会管理

＊ 本部分内容作为前期成果发表在《兰州大学学报》,2013 年第 5 期(作者沈亚平、李洪佳)。

格局"。党的十八大报告继续强调加强和创新社会管理,提出"改进政府提供公共服务方式,加强基层社会管理和服务体系建设,增强城乡社区服务功能,充分发挥群众参与社会管理的基础作用"。

我国现阶段的服务型政府建设之所以要与社会管理相结合,一是因为服务型政府本身要履行社会管理的职能,而且政府输出的许多公共产品都与社会管理有关;二是因为服务型政府作为行政管理体制改革的终极性目标,其建设需要一个长期的过程。服务型政府的构成需要以现代化的基本完成所带来的一系列条件为前提和基础。[①] 目前,中国仍处于社会主义初级阶段,虽然经济建设取得了长足的发展,但社会发展仍存在很多的问题。伴随着经济的高速增长,社会失序和社会冲突现象随之产生。"经济繁荣并不必然或自动导致社会稳定。从我国历史来看,严重的社会危机往往发生在经济繁荣期。"[②]目前我国处于社会矛盾的多发期,因此理应在建设服务型政府的同时,加强政府的社会管理职能。

社会管理以维护社会稳定为目标,注重协调各种利益关系,化解社会矛盾和冲突,从而维持一个良好的社会秩序。所以在当代中国,应当将服务型政府建设与社会管理紧密结合,通过加强社会管理达到公共服务的目的。如果将政府的服务职能和管理职能分离开来,片面强调一方而忽视另一方,不仅会导致社会的失序,而且服务型政府也将难以建成。

服务型政府的社会管理与统治型、管制型政府的社会管理不同。在传统社会的统治型管理中,在体制上国家与社会高度融合,政府的社会管理职能还没有从政治统治职能中分离出来。在目的上,国家实施社会管理,不过是为了维持政治统治、维护统治秩序。在方式上,采用强制手段来迫使民众服从,没有任何民主参与的余地。中国管制型政府可以追溯到中华人民共和国成立初期。为了维护和巩固新生的社会主义国家政权,在经济相对落后的条件下实现国家的工业化和社会主义现代化,在中华人民共和国成立初期实行高度集权的计划经济体制。经济基础决定上层建筑。高度集权的计划经济体制决定了中国的政治体制也是中央政府高度集权的。政府的权

---

① 参见施雪华:《"服务型政府"的基本涵义、理论基础和建构条件》,《社会科学》,2010 年第 2 期。

② 王绍光、胡鞍钢、丁元竹:《经济繁荣背后的社会稳定》,《战略与管理》,2002 年第 2 期。

力触及社会生活的方方面面。在实行管制型政府时期,政府是社会管理唯一的主体,不允许其他社会组织分享社会管理的权力,管理主要采用指令、指示、命令等强制性方式,管理方式单一,即管理主体与管理对象之间呈现单一的管理与被管理关系,政府社会管理的价值目标是保障政府的权威与实施社会控制。

服务型政府是在我国改革开放和经济社会得到较快发展的情况下提出的,对于中国来说,仍然是一个新生的事物。在推进服务型政府建设过程中,如何在强化公共服务的同时加强社会管理,如何使社会管理寓于公共服务之中,如何在服务型政府的构建中改善社会管理,实现社会管理的创新,是目前我国行政管理体制改革和经济社会发展中的重要问题。我们在此即以服务型政府建设为既定背景框架,来探讨在哪些方面如何进行社会管理的创新。

二、理念创新是社会管理创新的前提

理念属于社会意识范畴。根据哲学理论,社会存在决定社会意识,有什么样的社会存在便有什么样的社会意识。但是社会意识绝非仅仅决定于社会存在,它还可以对社会存在发生积极的反作用。把这一原理引入行政管理研究领域,则可以说明既有的经济社会状况派生出哪些行政管理理念,行政管理理念的更新发展会如何引导政府的管理实践来稳定并促进社会发展。

在我国改革经济体制和重新选择经济发展模式,发挥市场对社会资源配置的决定性作用的情况下,随着我国三十多年来的政府职能转变,原有的职能体系和职能重点发生了重大变化。反映在行政理念上就是"服务型政府"理念的提出,强调现阶段加强政府的公共服务职能。服务型政府建设以"为公众提供满意的公共服务"作为其核心目标,所以作为服务型政府,需要改变传统的统治理念和管制理念,实现向服务理念的转变。胡锦涛强调:"社会管理,说到底是对人的管理和服务,涉及广大人民群众的切身利益,必须始终如一坚持以人为本、执政为民,切实贯彻党的全心全意为人民服务的根本宗旨,不断实现好、维护好、发展好最广大人民根本利益。"

在新时期的社会管理中贯穿服务型政府理念,要求政府部门及其公务员围绕着这一理念拓展衍生出一系列社会管理理念。

第一,树立以人为本的理念。服务型政府的核心价值取向是以人为本,这与执政党的全心全意为人民服务的根本宗旨是一致的。因此,服务型政府在其履行社会管理职能时也必须体现以人为本的理念。以人为本理念的提出,引导着政府自身定位及其价值导向的变迁。在我国实行社会主义市场经济之前,政府集中并通过经济计划配置全部社会资源,并监督企业对计划的执行情况,以保证政府意志的实现。政府对经济领域的集中统一管理是整个社会管理的缩影,经济计划化、社会行政化下的政府必然是以自身为本并使社会服从自身意志为价值取向的。随着市场经济的建立和政府职能的转变,在对经济社会事务进行管理方面,政府之手发挥作用的频率、程度和空间开始受到限制。更为根本的是,市场作用的增强和契约机制的广泛运用,以及社会成员自由自主意识的萌发和民主制度建设的发展,牵引着我国政府向服务的价值导向的真正回归。因此,在这种情况下,政府与社会之间的关系发生了根本性的调整,即从政府为本转变为以人为本和以社会为本。政府职能主要在于弥补市场失灵和社会不能,也就是主要发挥对于社会的公共服务作用。以人为本理念的提出,要求政府在社会管理中应以人民的利益为出发点,将人民群众作为"服务"的对象而不单纯是"管理"的对象,改变过去的"只唯上、不唯下"的制度设计,力求培养"向人民学习,为人民服务,请人民评判,让人民满意"的工作态度。通过提供公共服务的方式最大限度地满足人民群众日益增长的物质文化需要,而不是用"管""罚"等方式来维护政府官员的利益。总之,服务是一种基本理念和价值追求。政府工作人员应强化服务意识,使行政权力的行使从属于服务的目的,实现从管理者到服务者的转变,利用其掌握的社会资源来为社会服务。

第二,树立公平正义的理念。任何社会都要建立起有利于发展的动力机制和有利于秩序的稳定机制。例如,构建社会分层体系和差异化分配制度,可以调动社会成员的积极行为从而促进社会的发展。但是社会结构的分层和分配制度的差异要有一定的限度,超出合理的限度就会引发大量的社会问题。公平正义作为化解社会矛盾的价值准则,在维护社会稳定方面发挥着重要作用。罗尔斯指出:"社会和经济的不平等,例如财富和权力的不平等,只有使他们每个人、特别是使最少得益的社会成员的利益得到补偿时,才是正义的。"①也就是说,由于人们的天性、性格和才能等方面的不同,由于一些社会生活的偶然性给人们带来的机遇的不同,财富和权力的差别是不可避免的,而且如前所述也是必要的。但是任由这些差别无限制地扩大并且不能使最少得益的社会成员的利益得到补偿,则是不正义的,而且对于一个社会来说也是非常危险的。随着我国经济转轨、社会转型和社会利益结构分化,出现了许多社会问题,例如党的十八大所指出的:"城乡区域发展差距和居民收入分配差距依然较大;社会矛盾明显增多,教育、就业、社会保障、医疗、住房、生态环境、食品药品安全、安全生产、社会治安、执法司法等关系群众切身利益的问题较多,部分群众生活比较困难……"因此,在我国现时期的社会管理中,应当在以人为本的基础上强化公平正义理念,无论是社会管理规则的制定,还是社会管理规则的执行,都要渗透和体现公平正义的原则,并努力构建以权利公平、机会公平、规则公平等为主要内容的社会公平保障体系,保证让所有的社会成员都能共享改革发展的成果,保证让所有的社会成员都能享受均等的基本公共服务。

第三,树立法治行政的理念。社会管理的目的在于解决社会冲突和社会矛盾,而不能激化并引发新的社会冲突和矛盾。从历史上社会管理实际来看,人治状况下由于缺乏限权思想和治官之法,官员主观任意的执法行为易于诱发社会冲突和社会矛盾。因此,在以人为本的价值取向和建设服务型政府的大背景下,一方面,要依据权利本位的原则打造约束公权的法律体系,确保政府及其公务人员在法律面前的地位平等,从而将政府社会管理的权力置于法律的约束之下,保证行政权力的行使实现公共利益;另一方面,在社会管理中严格依法办事,特别是涉及社会成员权利的事项,必须有法律依据并在权限范围内按照法定程序进行管理。在一个缺乏法治传统和法治思维的国度,从人治到法治的过渡注定十分艰难。在这种情况下,首要的是健全行政法制,用外在的约束树立起法治行政理念,并对政府和公务人员逐步实现从外在约束向内在约束的转变。

---

① [美]罗尔斯:《正义论》,何怀宏译,中国社会科学出版社,1988年,第14页。

三、体制创新是社会管理创新的保障

社会管理是一项复杂的系统工程,既需要社会管理理念的创新,也需要社会管理体制的创新。在管制型政府的社会管理中,政府是社会管理的唯一主体,政府体系之外的社会组织和公民个人均为被管理的对象。进入 21世纪以后,社会现象和社会事务越来越复杂,政府所处的各种环境变化越来越迅速,公众对公共服务的需求也越来越具有多样化。为了及时回应公民的个性化需求并满足公民的需要,服务型政府要超越以往的公共问题的解决只限于政府的独白式话语的状况,而将范围广泛、有丰富经验的社会主体加入进来进行协商、对话。① 在现实生活中,任何一个组织在其正式边界之内都无法拥有全部关键资源,因此需要跨越边界,与其他组织合作,以从外部获得有用的知识和资源。所以服务型政府在现在和未来的社会管理实践中,要改变过去的将政府作为唯一的主体的情况,实现管理主体从一元主体向多元主体的转变,加快形成党委领导、政府负责、社会协同、公众参与、法制保障的社会管理体制。

党委是社会管理体制中执政党的代表,在该体制中处于领导地位。这意味着党委不负责具体的社会管理事务,而是发挥其在社会管理中总揽全局、协调各方的领导核心作用,保证社会管理的正确方向。在社会管理系统中,党委的主要职能是政治职能。这种职能的实质是要求党委为社会管理提出具有创新性的指导思想,同时组织、动员和鼓励社会各种力量参与社会管理,并注重对各种治理力量的整合,同时利用其"横向到边,纵向到底"的组织体制充分发挥基层党组织和党员在社会管理中的作用,起到党员的模范带头作用。

无论是管制型政府还是服务型政府,政府在社会管理中都扮演着重要的角色。这是由政府的职能决定的。任何国家的政府从其产生开始,就具有政治职能、管理职能和服务职能,只不过,在不同的社会形态和同一社会形态的不同发展阶段,上述各项职能在政府职能体系中的地位和衍生速度

---

① 参见郑巧、肖文涛:《协同治理:服务型政府的治道逻辑》,《中国行政管理》,2008 年第 7 期。

不相一致。在当代中国,以追求公共服务为己任的政府同时肩负着社会管理职能,特别是在社会利益关系复杂、社会矛盾日益突出的情况下,这种职能显得尤为重要。在社会管理体系中,政府发挥着主导作用,因为毕竟党组织在社会管理中主要发挥总揽全局、协调各方的宏观作用,大量的社会管理工作要经由政府来完成。政府的社会管理要实现"职能取向的社会化"。首先,依据社会管理的需要,将政府的核心职责从管理人员和管理项目确定为整合、协调各种资源以创造新的社会管理能力,从而为解决社会冲突和社会矛盾奠定坚实的能力基础。其次,针对不同的社会管理事项寻找最好的"潜在伙伴",政府要对这些"潜在伙伴"进行开发和培养,为它们的发展提供空间和平台,并在各种资源之间建立可信赖的沟通渠道,协调各种资源之间的活动并建立可信赖的关系。再次,配置社会管理的职能体系,凡是应当由政府管理的社会事务,都要设置相关的机构,配置相关的权力和编制,防止社会管理的缺位、错位现象,从而使政府成为具有综合管理能力的社会管理主体。最后,在社会管理中,凡属政府"不该管、管不好、管不了"的事务,政府就应该从中退离出来,将其转交给相关的组织来管理,从而防止政府社会管理的越位现象。

在现代社会治理体系中,社会组织不仅是被管理的对象,也应是社会管理的主体。在此,社会组织是一个外延宽泛的称谓,既包括人民团体、企业事业单位,也包括民间组织。服务型政府是有限政府,有限政府倾向于还权于社会,强调管理职责的社会回归。在社会管理中,社会组织可以弥补政府失灵。因此,服务型政府要使社会组织在社会管理中发挥更多的作用。但是与服务型政府相适应的社会组织是"现代社会组织",从其现有的状况来看,还不能适应服务型政府社会管理的要求,因此需要进行改革与创新。

首先,社会组织与以往相比要更加成熟化。社会组织在服务型政府的社会管理中承担着越来越多的职能,这就要求社会组织自身运转良好并能动员更多的资源。社会组织应不断完善内部的治理体制和内部人员的管理并提高自己的公信力,从而提高自己的社会管理的能力。其次,社会组织与以往相比应更加自主化,从而使社会组织能够真正成为"第三种权力"。为达此目的,社会组织要增强自主能力,逐步摆脱对政府行政上的依赖性和资源上的依赖性,成为一个相对独立的社会自治主体和管理主体。"非政府组织独特的历史特性在于,不管是从国家还是从市民社会中诞生的,都处在传统的社会治理体系之外,而且提出了自己的治理要求。与那些曾经辅助过国家治理社会的自愿组织不同,非政府组织不再把自己定位为一种社会治理的辅助工具。"①再次,社会组织与以往相比应与政府处于一个更加平等的地位。社会事务的综合治理要求打破政府和社会组织之间的"中心—边缘"结构,政府不应把社会组织看作自己权力延伸的承载体,而是将其置于与自己处于一种平等互动的地位。它们之间是一种平等的合作关系而不是从属关系。

此外,社会组织参与社会管理还应形成联结机制和整合机制,明确不同类别的社会组织所承担的社会管理职责和管理手段,以及不同组织间的沟通途径和协调方法,从而充分发挥各社会组织的协同治理作用。

在中国,随着改革开放的深入进行和经济社会的发展,公民的受教育水平也得到了提高,其参政议政的意识也不断加强,希望参与到与自身有关的社会管理中来。因此,服务型政府的社会管理应发挥公民的理性参与、有序参与的作用,实现公民自我管理、自我服务、自我发展。公民参与社会管理,既可以发挥公民的自治作用,又能保证政府提供的服务和公共物品符合公民的需要,并能通过参与对政府的行为进行监督。正如托马斯所说的"城市的公共管理者发现了公民参与的大量好处与优势:公民参与能够建立良好的沟通渠道;促进市政项目的执行实施;有助于政府少花钱多办事;帮助政府免受争夺的批评;形成公共预算过程中的影响力"②。当然,公民参与管理一方面要经由诸如村民或者居民自治组织及其他制度化的途径来实现;另一方面,公民的理性与有序参与也需要以公民一定的素质作为基础。在社会管理中,公民参与需要公民具有市民精神而非臣民情结,具有公共精神而非自我意识,具有自律精神而非放任冲动。

四、方式创新是社会管理创新的途径

社会管理方式是政府机关及其公务人员为贯彻管理思想、执行管理功

---

① 张康之、张乾友:《公共生活的发生》,高等教育出版社,2010 年,第 121 页。
② [美]约翰·克莱顿·托马斯:《公共决策中的公民参与:公共管理者的新技能与新策略》,孙柏英译,中国人民大学出版社,2005 年,第 8 页。

能、提高管理功效和实现管理目标所采取的必不可少的方法、手段、技巧等的总称。① 近些年来随着经济的发展,社会出现了很多新的问题,政府面临的社会环境发生了很大的变化,而且随着服务型政府的提出,政府的职能也发生了相应的转变,原来行之有效的社会管理方式已不适应于现有情况的需求。服务型政府建设要求改革社会管理方式,从而更好地推动社会发展和维护社会稳定。总的来说,在建设服务型政府、加强社会管理的过程中,政府应当运用民主、法治、协调公开和整合的管理方式,以取得社会管理的实际成效。

第一,服务型政府是以民主为核心价值之一的政府。政府管理的民主化要求政府从过去的单向度的权威命令式的管理向双向互动的治理转变。在传统的管制型政府的社会管理中,政府往往根据自己的意志事先设计出一定的政策规则,然后通过规则的强制性执行来实现对社会的管理。在这种管理体系中,政府和社会组织之间的关系是一种严格的权威管理关系,后者只能被动地接受政府的规制。而服务型政府则要求政府作出的决策必须符合公众的利益,政府履行职责的过程应受到公众的监督,政府所提供的服务应得到公众的认可,政府行为的失职应接受公众的质询,并接受相关机关的问责。就社会成员与政府的关系来说,他们不仅是政府社会管理和公共服务的对象,更应该是实际的参与者、合作者和监督者。以民主为价值取向的政府要在社会管理和公共服务过程中与社会全方位互动,改变以往政府的单边行动,"即服务型政府建设或社会管理创新似乎只是政府一方的事。这主要表现为三种情况:政府对社会的单边行动;政府内部上级对下级的单边行动;民间组织、居民、企业等方面的依赖心理"②,实现政府与社会双向互动的治理。这种双向协调的治理方式有利于政府与社会之间的信息交流和沟通,通过相互之间的联动来进行社会管理。在这种方式的社会管理中不存在某种绝对性的支配力量,政府和社会处于同一水平线上。这样社会管理过程不是为了政府先前确定目标的执行,而是政府和社会在社会问题和偏好上交换信息,通过经常的互动、共享的价值和信任,形成一种解决问题的合力。

① 参见盛美娟:《中国社会转型与社会管理方式创新研究》,《兰州学刊》,2008 年第 12 期。
② 朱光磊、薛立强:《建设服务型政府的几个问题》,《人民日报》,2007 年 7 月 27 日。

第二,服务型政府是以法治作为治国方略的政府。法治政府要求政府从过去的"运动式"的管理方式向"规范式"的管理方式转变。传统的政府社会管理往往依靠运动式、短期式的方式,解决突出问题,而忽视管理的规范性和连贯性。运动式的社会管理弊病明显:其一,违背社会管理的客观规律,造成与常规化的社会管理相冲突;其二,妨碍社会管理的连贯性,致使管理宽严尺度的不一;其三,破坏了社会管理的规范性,有可能导致不规范的短期行为。运动式的社会管理是依据政策实施的管理在当代的表现。政策具有变异性和不稳定性,单纯地依据政策实施管理难以保证社会的稳定性。相对于政策而言,法具有稳定性,若要对社会实施规范化、连续性的管理,必须使这种管理依法进行。因此,在对社会实施管理时,要特别重视社会管理方面的立法工作,把社会管理纳入法治化、规范化的轨道,自觉运用法律手段调节、管理经济社会事务,采取规范式的社会管理方式,使社会管理有章可循。

第三,服务型政府是疏导、协调社会矛盾的政府。人是社会性的存在,人的存在的社会性说明人处于与他人相互联系、相互作用之中。在人们的相互交往中,难免会发生冲突和矛盾。政府社会管理的目的是及时化解矛盾,或者将矛盾控制在秩序的范围之内。政府在履行社会管理职能的过程中,既要解决表层的显性矛盾,又要解决深层的隐性冲突,促进冲突双方或者多方的合作达成真正的稳定。这就要求政府从传统的打、防、管、控的社会管理方式向疏导协调的管理方式转变。传统的管制型政府在解决社会冲突时习惯于采取强制干预的方式对社会冲突进行控制,利用其掌握的权力资源来制止与平息冲突。强制干预的社会管理方式可以防止冲突的扩大化,降低社会冲突对社会的影响,但只能使社会保持表面的稳定,并不能真正解决社会冲突。服务型政府要实现社会的稳定和谐必须改变这种管理方式,通过为冲突双方或者多方提供更多的表达渠道和交流的平台,采取疏导协调式的管理方式,来协调不同利益主体之间的关系,使社会矛盾得以化解,从而维护社会的和谐稳定。

第四,服务型政府是开放透明的政府。政府和公民之间信息对称需要政府的公开透明,需要双方之间进行有效沟通。在现代社会,大众传媒是公众获取信息的主要渠道,是连接公众和政府的桥梁和纽带。所以服务型政府在社会管理中应充分发挥大众媒体的作用,把大众传媒作为其社会管理的一种方式,通过媒体来传递信息,满足公民对信息的需求。同时,媒体还是公共交流的平台,通过这个平台可以促使人们对某一事物产生兴趣和达成共识,从而起到动员社会的作用。

第五,服务型政府是追求管理效率的政府。传统的政府在进行社会管理时,往往强调的是分领域、分部门、分地域式的碎片化的社会管理方式。社会管理形成了二维金字塔结构,其基本特征是:纵向上,在层次模块和权力等级构成的科层制结构中,社会管理的信息垂直流动,缺乏足够的水平沟通;横向上,部门设置按业务划分,各部门围绕单一职能形成独立的社会管理系统。① 这种碎片化的社会管理方式导致了我国社会管理的"高成本、低效率"。服务型政府的社会管理要超越这种碎片化的社会管理方式,采取整合式的社会管理方式。利用现代信息技术,整合政府不同领域、部门、地域的社会管理,形成资源聚集的规模效应,从而提高政府社会管理的效率。

第二节　以管家理论重塑政府购买公共服务的行为 *

自 20 世纪 80 年代以来,在全世界范围内掀起了一股行政改革的浪潮。这次改革的核心是建立政府与私营部门和非营利组织之间的伙伴关系。"在公共部门的创新方案中,建立伙伴关系是核心要素之一。所要建立的伙伴关系包括社区伙伴、私营部门伙伴、非营利组织伙伴等。"②这种伙伴关系的建立意味着要打破以往的政府作为公共服务的唯一生产主体的格局,发挥其他组织在公共服务供给中的作用。这种以组织间合作而非组织扩张的方式实现的服务提供,除了避免政府组织规模的增长外,其特征还在于利用非营利组织的资源优势,形成公私协力的局面,以更好地实现社会服务的提供。在这一过程中,政府购买公共服务模式随之得到发展。政府购买公共服务是指政府将原来直接提供的公共服务事项,通过直接拨款或公开招标

---

① 参见唐任伍、赵国钦:《公共服务跨界合作:碎片化服务的整合》,《中国行政管理》,2012 年第 8 期。

* 本部分内容作为前期成果发表在《理论导刊》,2013 年第 12 期(作者李洪佳)。

② [美]萨瓦斯:《民营化与公私部门的伙伴关系》,周志忍等译,中国人民大学出版社,2002年,第 3 页。

的方式,交给有资质的社会服务机构来完成,最后根据择定者或者中标者所提供的公共服务的数量和质量来支付服务费用①,其本质是公共服务的契约化提供模式。

目前学术界对政府购买公共服务的研究主要集中于以下四个方面:①政府购买公共服务的理论基础。对此,有些学者把公共物品理论作为政府购买公共服务的理论基础,有些学者则以倡导"企业家型政府"的新公共管理理论为理论基础。②政府购买公共服务的模式,比如王名和乐园在其合著的《中国民间组织参与公共服务购买的模式分析》中认为有三种购买模式:依赖非竞争性购买、独立非竞争性购买和独立竞争性购买。③政府购买公共服务的范围,比如沈亚平教授认为政府外包必须考虑公共性限度、效率限度和合法性限度。④政府购买公共服务的实践和经验。很多学者都把其他国家的政府购买公共服务的实践作为研究对象,从而为中国提供一定的参考,比如王浦劬教授在其《政府向社会组织购买公共服务研究:中国与全球经验分析》一书中采取理论与实证相结合、问题与对策相结合、国内外研究成果相结合的形式,总结了政府向社会组织购买公共服务的总体情况和实际案例。综上可以发现,学术界对于如何来管理政府购买公共服务中的契约合作关系,从而保证公共服务有效供给的研究却很少。"尽管合作关系的特点已经得到了学界大量的研究,但关于合作关系的管理研究得很少,而且这些研究主要集中于如何来建立合作关系。"所以本章选取了购买公共服务合同签订后的合作关系的管理作为研究对象。

政府购买公共服务的管理与传统的政府管理不同。在传统的官僚体制下,政府能够通过法定的等级关系、运用权力和规章制度来监督和协调自己的行为,而当公共服务以政府采购的方式得以提供时,管理、协调和监督对政府来说就变得非常困难。政府不仅要管理自己的内部运作,而且还要安排和管理与自己没有隶属关系的其他组织的关系,即"公共服务购买能否带来理想的结果取决于政府管理新的关系、问题和不确定性的能力"②。但大

---

① 参见王浦劬、萨拉蒙等:《政府向社会组织购买公共服务研究:中国与全球经验分析》,北京大学出版社,2010年,第4页。

② Kettl, Donald F., *Sharing Power: Public Governance and Private Markets*, Washington D. C: Brookings Institution Press, 1993.

多数的政府部门缺少管理这种合作关系的能力。"尽管政府采购能带来很大的利益,但如果合作关系得不到有效的管理,成本也是巨大的。"[1]要想获得公共服务购买所带来的利益,"政府必须是一个聪明的买家,一个有技巧的采购员以及老练的购买监督者"[2]。

一、理论基础

(一)委托—代理理论

委托—代理理论是 20 世纪 60 年代末 70 年代初一些经济学家深入研究企业内部信息不对称和激励问题发展起来的,是建立在非对称信息博弈论的基础上的。它被广泛应用在组织之间、董事会和执行者之间、管理者和被雇佣者之间的合同关系中。[3] 按照委托—代理理论,一个委托者之所以选择和代理者之间签订合同的目的是为了节省成本或利用代理方的专业技术来弥补自己的不足。委托者可能发现他们的组织缺少生产公共物品和服务的某种专业技能和资源,而且开发并培养这种专业技能的成本超过通过合同购买的成本。因此,委托方选择通过合同购买的方式来获取相应的专业技能和资源。双方就投入、过程、结果、质量标准、监督、代理人的报酬和惩罚等达成一致并以合同条款的形式加以规定。委托—代理理论有两个前提假设:①委托方和代理方之间存在着目标冲突;②代理人与委托人相比,掌握着大量的信息,可能会通过信息的不对称来寻求自身利益而不是共同利益。因此,为了保证代理人与委托人的利益一致并按照委托人的意愿来行事,委托人必须采取一系列的激励、惩罚、信息系统和监督机制等外部控制。

(二)管家理论

管家理论与委托代理理论相反,认为代理方高度重视目标的一致性而

---

① Steven Rathgeb Smith and Michael Lipsky, *Nonprofits for Hire: The Welfare State in the age of Contracting*, Cambridge:Harvard University Press, 1993.

② Johnston,Jocelyn M. and Barbara S. Romzek, Contracting and Accountability in State Medicaid Reform: Rhetoric, Theories and Reality, *Public Administration Review*, 59(5): pp. 383 – 399, 1999.

③ See Lee, Peggy M. and Hugh M. O' Neill, Ownership Structures and R&D Investments of U. S. and Japanese Firms: Agency and Stewardship Perspectives, *Academy of Management Journal*, 46: pp. 212 – 225, 2003.

不是机构的部门利益。"代理理论消极地认为代理方只追求自身利益而忽视了他们的忠诚感、自豪感和使命感。"①"管理者不是被个人利益所驱动,而是扮演着委托人的管家的角色,他们的目标和委托人的目标是一致的。"②管家理论认为当委托人和代理人拥有相同的核心价值观,代理人会产生一种内部的责任感,这种责任感会产生负责任的行为。如果这时委托人还采取外部控制的方法会打击代理人的积极性。与代理理论不同,这种理论强调的是共同利益而不是个人利益,认为委托人会追求组织的成功或合同的履行而不是个人效益最大化。"通过与委托人的行为一致所获得的个人利益比单纯通过追求个人利益而获得的利益更大。"③管家理论的前提假设为:长期的合同关系是建立在信任、信誉、共同目标和参与的基础上的。管家理论是关系管理的重要内容,与代理理论不同,它强调通过增强个人责任感的内部控制来保证行为的一致性。

二、基于委托—代理理论的政府购买公共服务的行为

委托—代理理论是政府购买公共服务的最有影响的观点。政府常常以委托—代理理论为视角来看待自己与代理方之间的关系,热衷于采取外部控制的方法来保证代理方忠实地履行合同。依据这种理论所建立的合作关系是建立在双方不信任的基础上的。为了维持这种合作关系,政府建立了一套基于合同的问责体制。

(1)监督和审计。监督和审计是政府保证代理方忠实地来履行合同,防止代理方追求个人利益的最主要的手段。监督和审计通常会与激励和处罚等控制手段相结合。监督和审计的前提是代理方是"经济人",以自身利益的最大化为目标。为了约束代理方的自利行为,减少未来的不确定性,政府以合同条款的形式明确列出了代理方的权利和义务,以及代理方违反合同应承担的责任。但按照罗伯特·西蒙的观点,政府是"有限理性"的。在时

---

① Donaldson L., The Ethereal Hand: Organizational Economics and Management Theory. *Academy of Management Review*, 15:pp. 369 - 381, 1990.

②③ Davis J. H., L. Donaldson and F. D. Schoorman, Toward a Stewardship Theory of Management,. *Academy of Management Review*, 22:pp. 20 - 47,1997.

间和能力有限的条件下,政府不可能把代理方可能会采取的背离合同目标的所有行为都列进合同里面,即使政府可以预测代理方所有的背离合同的行为并列进合同,也不能保证它有能力对所有的行为进行监督。"无论是在州政府还是地方政府,人们对于政府购买公共服务达成了一致协议,即由于时间和能力的限制,监督实际上是不存在的。"[1]而且与政府相比,代理方掌握着大量的信息,双方之间存在着"信息不对称"。缺少专业知识、服务的质量难以衡量、外部因素的影响难以界定、合同造成的信息梗阻和合作者刻意隐瞒信息,都使得政府对于合同商的行为缺乏准确把握而无法进行有效控制。信息不对称导致代理方在合同签订前和合同实施中的机会主义,即不合格的代理方通过与政府之间信息的不对称来获得合同,或者合同商在获得合同后利用信息不对称来规避政府的监督和处罚,以合同之名来追求个人利益。虽然政府可以采取代理方定期报告等监督方式来纠正信息的不对称,但这些方式会产生高昂的交易成本,而且报告的真实性和准确性也有待商榷。"作用力会导致反作用力。"这种审计和监督的方式还让代理方觉得自己不被信任。这种不被信任感会产生一系列的连锁反应,比如会降低努力的程度。

（2）基于绩效的支付。基于绩效的支付也是政府控制代理方的方式之一。"绩效外包在过去的十多年的时间里得到了繁荣发展,政府热衷于使用绩效合同作为激励合同商行为的一种方式。"[2]绩效合同明确规定合同商的产出,但如何来生产则由合同商自己选择,只有当合同商成功地完成了合同规定的产出时,政府才会给予其相应的报酬。

绩效外包不同于监管外包(regulatory contracting)。监管外包把所有的一切都以合同条款的形式加以规定,包括目标、投入、过程及所采用的技术等。这不利于发挥承包商的灵活性。政府购买公共服务的一个原因就是可以充分利用非营利组织的灵活性和专业性。绩效外包则不仅可以保证合同商实现合同规定的目标,同时又赋予合同商一定的自主性。但政府公共服

① Kettl D., *Sharing power*: *Pablic Governance and Private Markets*, Washington D. C: Brookings Institution, 1993.

② Steven Rathgeb Smith and Michael Lipsky, *Nonprofits for hire*: *The Welfare State in the age of Contracting*, Cambridge: Harvard University Press, 1993.

务绩效外包存在一定的困难。"绩效外包关注服务提供的产出、质量和影响,而且把他们与合同商的报酬挂钩。"①但公共服务不同于一般的产品,它的绩效很难衡量。一方面是因为我们缺少绩效评估的技术,另一方面是因为公共服务的影响具有滞后性,有时需要几年的时间它的绩效才能显现出来。即使公共服务的绩效可以确定,由于双方之间缺少信任和合作精神,绩效外包也不能保证政府和合同商之间合作关系的良好运作。政府购买公共服务的一个原因是政府可以充分利用企业或非营利组织的创新性。但基于绩效的支付使合同商为了确保自己的利益,会采取比较保险的方法来实现合同目标,这与政府购买的初衷——利用企业或非营利组织来弥补自己的创新性不足——背道而驰。而且这种基于绩效的支付方式会使合同商寻求最简单、最便宜的方法来获得产出而忽视社会的公正和公平。"如果对于所有的产出的报酬是相同的,那么合同商会选择那些容易提供服务的顾客而避免那些难以服务的顾客"②,这会导致那些最需要得到服务的公民反而被忽视。

无论是监督和审计还是基于绩效的支付都是通过外部控制的方式来维持政府与企业或非营利部门之间的合作关系。外部控制方式的有效发挥需要一定的条件。在政府购买公共服务的活动中,外部控制方式只有当市场存在充分的竞争时才能很好地发挥作用。因为当存在竞争的时候,合同商意识到如果它不能按照政府的意图来提供服务,政府可以选择终止合同或者通过重新竞标的方式来重新选择合同商。但公共服务的特性决定了公共服务市场不是完全竞争的市场。社会服务的需求来自于特定的人群,标准化空间有限,量身定做程度高。同时社会服务具有较高的外溢性,其受众又缺乏支付能力,因此缺乏或没有经济回报的潜力。这种产品性质决定了在社会服务提供方面是缺乏竞争的。③ 而且外部控制方法简单地假设人是理性的经济人,而忽视了人的社会性,这不能解释所有的人类行为,比如社会

---

① Martin L. L., Performance Contracting: Extending Performance Measurement to Another Level, *Public Administration Times*, 22 (January): 1 – 2, 1991.

② Steven Rathgeb Smith and Michael Lipsky, *Nonprofits for hire: The Welfare State in the age of Contracting*, Cambridge, Harvard University Press, 1993.

③ 参见敬乂嘉:《社会服务中的公共非营利合作关系研究——一个基于地方改革实践的分析》,《公共行政评论》,2011 年第 5 期。

上存在着大量的利他行为。

外部控制是一种积极的不信任形式，是一种计算式的、外在于人的、经由怀疑而达至的信任关系。基于这种信任的合作具有工具理性，合作仅仅被看作实现利益的工具。强化政府与第三部门之间的合作应建立在双方相互信任的基础之上。人们之间的信任水平越高，合作的可能性就越大，特别是在组织活动中，只有当组织或人们之间有着信任关系的时候，才会引起自愿合作的行为，而且信任的强度直接影响到合作的范围。沃伦在《民主与信任》一书中曾经对信任在社会治理过程中的重要作用给予了很好的阐述："当其他手段——尤其是国家通过惩罚性规则进行管理以及市场的无意识的协调——完成必要的和适宜的社会工作受其能力限制时，信任就能充当令人满意的社会协调手段。一个能够促进牢固信任关系的社会，也很可能是这样一个社会，它能够给予更少的管理和更多的自由，能够应付更多的意外事件，激发其公民的活力和创造性，限制以规则为基础的协调手段的低效率，并提供更强的生存安全感和满足感。"①因此，政府购买公共服务要培养一种与非营利组织之间的信任关系，让非营利组织在尊重公共利益的基础上，协调自己的行为与政府的行为相一致。这种信任关系只能通过强化非营利组织的内在责任感，而不能通过传统的外部控制的方式建立。外部控制只会导致"契约—控制—服从"和"竞争—管理—协作"为特征的管理型社会治理模式下的合作，而忽视了人的内在责任感所产生的合作。

三、用管家理论重塑政府购买公共服务的行为

"我们之所以遵守法律，不是因为我们担心受到惩罚而是我们的意识阻止我们做那些被看成是错误的事情。"②外部控制并不能保证人们的"正确的行为"。非营利组织"意识"的培养需要一种与以委托—代理理论为基础的外部控制不同的基于管家理论的内部控制。内部控制通从四个方面来培养合同商的个人责任感和归属感，从而维持政府与合同商之间的合作关系。

（1）控制机制。政府和合同商之间并不是上下级的关系，因此政府不能

---

① ［美］马克·沃伦：《民主与信任》，吴辉译，华夏出版社，2004 年，第 2 页。
② Wilson J. Q., *The Moral Sense*, New York：Free Press, 1993.

用传统的官僚式的控制方法来约束合同商的行为。平等主体之间约束行为的最好方式是合作和协商。政府应转变以往的控制和命令的角色,而采取沟通和协商的方式。合作协商是解决社会问题最有效的方法。通过协商的方式给予双方一定的自主权和责任,使双方能够自主地为了共同的目标而行事,从而有利于政府和合同商之间的共生关系。政府虽然掌握着大量的资金,但由于缺少竞争和政府能力的限制,政府不能在合同中明确地规定其希望获得的绩效,但它又希望不断地提高绩效,而合同商掌握着如何提高绩效的专业技能,并且与政府相比,具有创新性和灵活性。通过政府与合同商之间的合作,政府可以解决合同商的资金之忧,鼓励合同商进行创新,从而有效地提供公共服务。"政府与合同商的关系经常是一种相互依赖的关系。"[1]另外,这种让合同商参与政府的政策并与政府合作的控制方式,会使合同商产生一种责任感,把有效地生产公共服务当作一种目的,而不是作为获得合同所规定的报酬的一种手段。

(2)回报机制。美国著名的行为科学家赫茨伯格提出了双因素理论,包括激励因素和保健因素。激励因素包括工作本身、认可、成就和责任,这些因素涉及对工作的积极感情,又和工作本身的内容有关;而保健因素包括公司政策和管理、技术监督、薪水、工作条件以及人际关系等。这些因素涉及工作的消极因素,也与工作的氛围和环境有关。保健因素可以消除不满意,防止产生问题,但即使这种因素达到最佳程度也不会产生积极的激励。只有激励因素才能使人们有更好的工作成绩。政府应借鉴赫茨伯格的双因素理论来设计回报机制,通过满足合同商的内在需求,激励合同商更有效地生产公共服务。信任和声誉是回报合同商最好的方式。信任会使合同商受到较少的监督和控制,并发挥合同商在政策信息收集阶段、执行阶段和评估阶段的作用,满足合同商自我实现、自我指挥和尊重的需要,从而更好地发挥激励作用。声誉和信任相联系,声誉是信任的结果。声誉不仅可以满足合同商的内在需要,而且声誉可以为合同商带来未来的合作机会。政府为了减少采购的风险,在选择合同商时往往把声誉作为一个重要的标准。有些时候声誉比竞争更重要。

---

① Kettl D. F., *Sharing Power: Public Governance and Private Markets*, Washington D. C.: Brookings Institution, 1993.

（3）认知机制。每个人的情感和行为在很大程度上是由自身认识世界、处世的方式和方法决定的，也就是说一个人的思想决定了他内心的体验和反应。政府购买公共服务中一个常见的不好的现象是，在服务合作提供后，服务供给出现向高支付能力人群的倾斜，在低收入人群中则出现供给不足、质量下降。这与政府购买公共服务所要求的服务的非营利性、平等性、充足性和连续性相悖。只有当个人愿意为了合作对象的利益或者公共利益牺牲自己的利益时，才会维持一个良性的合作关系。因此，合同商应把公共利益置于个人利益之上，使个人理性与社会理性保持一致。同时合同商应从"长期合作关系"来看待与政府的关系。合同商与政府的合作并不是"一次性买卖"。合同商应通过与政府之间的第一次合作为以后参与政府的项目打好基础，成为政府在选择合作者时的"偏好对象"。只有认识到公共利益高于个人利益和长期利益高于短期利益，才能维持政府与合同商之间的良性合作关系。

（4）情感机制。我们把情感机制主要理解为双方的组织承诺。组织承诺一般是指个体认同并参与一个组织的程度。在组织承诺里，个体确定了与组织连接的角度和程度，特别是规定了那些正式合同无法规定的职业角色外的行为。高组织承诺会产生大量的利组织的行为，比如不计报酬、奉献和牺牲。政府应通过培养这种组织承诺让合同商长期地、全面地、自觉地履行责任。但是组织承诺的产生不是无缘由的。一方面，它需要政府对合同商需要的满足并提供保护，尊重合同商的需要并支持它的发展；另一方面，需要合同商对组织目标与价值观的尊崇和接受，合同商应认同政府的目标，并认为这个目标是值得奉献的，并将它内化为自己的价值观。

基于管家理论的政府购买公共服务虽然可以减少交易成本，促进深度合作，但要防止这种管家关系变成"合谋关系"。中国的社会组织发展还很不成熟。一方面，大部分提供社会公共服务的社会组织需要挂靠某个政府部门才能在民政部门登记，并由政府机构资助其运作、任命领导人，对其业务进行领导或指导，它们受到来自政府的全面控制，成为政府社会职能的组织延伸，变成了政府的"下级"。因此，政府在选择合同商的时候会首先选择与自己有依附关系的社会组织。这种"依赖关系非竞争购买模式"使其他的社会组织无法进入该领域，错失了政府选择优秀的合同商的机会。而且购买双方不是独立的主体,这样很难形成契约关系,不能发挥政府购买公共服务的优势。另一方面,这种购买模式所签订的购买合同只是一个形式。政府在购买公共服务的过程中处于主导地位,是合同甲方,在法理上是合同执行情况的最终评价方,容易说服存在疑虑的非营利组织去做它们"该做的事",而保证最后会由政府兜底。①

总之,政府购买公共服务是政府职能转变、公共服务社会化的重要手段。世界上许多国家都把政府购买公共服务作为提高公共服务供给效率的途径之一。政府购买公共服务强调的是政府与社会组织之间的合作。无论是委托—代理理论还是管家理论都为这种合作提供了很强的理论依据。但委托理论是基于外部控制的合作,这种理论所产生的合作是基于一种计算式的、外在于人的、经由怀疑而达成的合作,合作仅仅被看作实现利益的工具。如果不合作带来的利益超过合作所带来的利益,那么当事人就会选择不合作。而管家理论强调的是基于内部控制的合作。与委托—代理理论相比,这种内部控制产生的合作不是基于"算计"的合作,而是把合作内化为责任,是建立在双方相互理解、相互尊重的基础上的。但由于中国的社会组织发展还不成熟,要警惕"管家关系"异变为"合谋关系"。这既不利于社会组织的发展,也不能保证政府购买公共服务的有效性。

第三节 "大数据"时代政府数据开放制度建设路径研究*

在"大数据"时代,蓬勃发展的信息技术渗透到政治、经济、社会生活的各个领域,它在拓展人类理性的同时,也在生产更为惊人的数据量。这不仅为政府与公众之间的互动沟通提供了改善的良机,同时也带来了更大的挑战。然而长期以来,中国的政府数据在很大程度上呈现出碎片化管理的局面,部门主义不断蔓延,大大影响着政府的透明度、回应性与决策的合理合法性。这不仅限制了我国政府信息公开工作的有效开展,阻碍了信息公开

---

① 参见敬义嘉:《社会服务中的公共非营利合作关系研究——一个基于地方改革实践的分析》,《公共行政评论》,2011 年第 5 期。

* 本部分内容作为前期成果发表在《四川大学学报》(哲学社会科学版),2014 年第 5 期(作者沈亚平、徐博雅)。

制度的改革深化,更严重地制约了我国行政效能的提升和国家的民主政治进程。综观国际社会,为满足"大数据"时代公民对于精细信息的新要求,各国都在探索构建更加透明、更具有回应性的民主政府,为公开共享政府数据作出了很大努力。事实上,公共领域的开放数据运动已经掀起了一场新的政府改革浪潮,先后有超过五十个国家和地区建立并参与到"开放政府联盟"(OGP)之中。鉴于此,探索研究中国政府数据开放制度就有了更为显著的理论和现实意义。

一、政府数据开放理念的由来

数据开放最初源于美国的民间运动,随后获得了国会的立法支持,但作为一个明确的概念是由英国官方首先提出的,并在英、美等国的倡导下成为改革政府的国际趋势。从1983年起,美国一批程序员开始明确反对微软公司等软件巨头封闭软件的自私做法,指责其束缚了人类的创造性,阻碍了软件技术的传播与交流,遂展开了计算机领域的"软件开源运动"。他们主张开放构成软件的代码和数据,从而聚集群体的智慧、激发创新的力量、放射出更大的价值,真正推动社会的进步。由于数据开放的对象没有严格的专业技术限制,涉及的领域也更为广泛,因而随着运动的深入,越来越多的人认识到数据开放的政治、经济和社会价值,加入到开放数据的运动之中,衍生出"开放政治"(Open Politics)、"开放政府"(Open Government)等口号和主张。在社会力量的推动下,美国国会也加紧了与开放数据相关的立法进程。2000年,美国国会采用了"搭便车"的做法,在年度拨款法案(Consolidated Appropriations Act, 2011)第515条附件条款中"掺入"了《数据质量法》(Data Quality Act)而使之正式生效①,成为第一个直接规范政府发布数据质量的法律文件。这一法案虽然还未将数据公开提高到开放的高度,但从数据质量的角度提出了客观性、实用性、公正性的要求,规范了联邦政府各部门的数据发布工作。2006年,时任民主党参议员的奥巴马跨党联合共和党参议员科伯恩共同提出了《联邦资金责任透明法案》(Federal Funding Ac-

---

① 宋立荣、彭洁:《美国政府"信息质量法"的介绍及其启示》,《情报杂志》,2012年第2期。

countability and Transparency Act，2006)，要求联邦政府向全社会开放所有公共财政支出的原始数据，包括政府和私营机构的购买合同、公共项目的投资、直接支付及贷款等明细，并建立一个完整的、专业的数据开放网站，以统一的格式提供可下载的数据，以供公众查询使用。这一法案不仅在参众两院高票通过，也在当年 9 月经小布什总统签署，成为法律。根据法案规定，2007 年美国联邦政府公布公共支出数据的门户网站——USAspending. gov 正式上线。但这只是一个开始，此后在国会、政府、社会力量的共同推动下，联邦政府又于 2009 年上线了统一的联邦政府数据开放门户网站——Data. Gov，目前这场"数据民主化运动"(Democratizing Data)仍在进行，不断推动政府数据开放朝向纵深发展。

受到美国数据开放运动和实践的启发，2006 年英国《卫报》发表了题为"把皇冠上的明珠还给我们"的文章，拉开了英国数据开放运动的序幕。该报还在技术版面常年开设了"自由数据"(*Free Our Data*)专栏，向全社会推广开放数据的观念。在公民运动的推动下，英国政府也于 2010 年正式上线了统一的数据开放网站——Data. Gov. uk，初始公开的民生数据就是美国的三倍，成为政府数据开放的新的领跑者。2010 年，新上任的卡梅伦首相进一步深化了政府数据开放工作，他在执政纲领《构建大社会》(*Building the Big Society*)和其后的政府新闻发布会上明确表示，要满足民众获取政府数据的需求，使其更充分地了解行政活动、财政开支、绩效结果等内容，从而建立一个最为开放、负责、透明的政府，创建一个现代民主的典范。

随后，2010 年奥巴马在联合国国际议事会议上发表了有关政府数据开放的演讲，并在同年举办了第一次开放政府数据的国际会议，来自英国、新西兰、澳大利亚、巴西等十多个国家的百余名代表参加了这次会议，并在会上正式与美国形成了数据开放的伙伴关系。随着政府数据开放运动在国际舞台上的影响力日益增大，一周后召开的第一届开放政府数据研讨会就吸引了来自全世界三十多个国家的百余名代表的积极参与，而转年第二届研讨会的参与国家已增加至 41 个。由于政府数据开放运动在各国的迅猛发展，有关建立全世界统一的数据开放平台和开放标准被纳入会议的重要议程。与此同时，一个旨在联合各国、共同利用开放社会和开放经济的力量、提高社会对政府的问责度、激发社会和公民的潜力的新的国际组织建立起来。2011 年 7 月,以奥巴马倡导的开放理念为基础,以美国、英国、挪威、墨西哥、巴西、印度尼西亚、菲律宾、南非为发起国建立了"开放政府联盟"(OGP),并于当年 9 月发布了《开放政府宣言》(*Open Government Declaration*)。八大发起国在宣言中承诺将用自身的行动来推动世界各国政府的开放,以重复使用的格式,及时主动地向社会开放高质量的原始数据,从而确保人民以便捷的方式获取和使用政府活动的各种信息。此后,"开放政府联盟"又陆续收到了加拿大、意大利、希腊、韩国等国家和地区的加盟申请,目前联盟成员已增加到五十余个,其中不乏发展中国家。如肯尼亚不仅已经正式成为了 OGP 的成员,而且也于 2011 年 7 月上线了统一的政府数据开放网络平台——opendata. go. ke。

二、政府数据开放的基本内涵

目前,政府数据开放已在"政府开放联盟"的各国中得到了广泛使用,但这一概念本身却由于被视为不言自明的事实而没有得到足够的关注。对于中国而言,它更多地还只是一种国际社会的发展趋势,尚未出现在中国的官方文件当中,因而也没有对这一概念进行理论上的前瞻性探讨。笔者认为,可以根据对"政府数据开放"这一概念的拆解式辨析,将其定义为国家机关及经法律授权行使公共管理职能的各类社会组织依照法律规定向公众公开其所掌握的、用于记录与公共利益密切相关的各类事实的物理符号,公民可凭借制度化的合法途径,以便利顺畅的方式获知、取得和使用其中的数据,通过对这些数据进行比照分析,从中发现行政管理和决策活动中的问题或发现各种改善方案,并基于对数据分析结果的理解展开公共辩论或直接传达给各政府部门,要求其对此作出明确回应和改进。因此,与政府信息公开不同,政府数据开放在静态上强调政府和公民共享内容上的全面性,在动态上强调双方理解内容上的互动性。

具体地讲,第一,政府数据开放的义务主体是广义政府,即立法机关、行政机关、司法机关,以及经法律授权行使公共管理职能的各类社会组织。但从具体操作的可行性和可拓展性角度讲,可以先将探索实践的重点放在狭义政府,即行政机关和经法律授权行使公共管理职能的各类社会组织。这是因为行政机关不仅执掌行政权力,还拥有准立法权和准司法权,决策数量多、频率高、影响大。当然,随着中国民主法治进程的推进,人大逐步改变其"橡皮图章"的虚权状态而切实行使立法权和监督权;司法体系也在回归独立性、公正性价值诉求的同时不断完善相关的制度体系。因此,权力机关和司法机关的数据开放将成为政府数据开放的重要内容。第二,政府数据的基本内涵是政府为履行其法定职能而代表人民收集、加工并保存的各种物理符号,其属性是公共资源,特点是原始化、客观化、精细化。第三,在政府数据的管理与运行方式方面,公民获知政府数据的方式仍是政府主动公开和依申请公开,这与前期政府信息公开制度的程序要求一致。但在政府数据的使用方面,政府数据开放强调分析性和互动性,允许公众在获知所需政府数据的基础上,能够借助各类工具自主分析出有用的信息,并针对其中发现的问题向政府提出质疑或问责,从而改变政府信息或数据仅从政府部门单向流出的局面,体现出"开放"的内涵。正因如此,在政府数据的管理方面,为满足公众能够对各类数据进行重复使用、关联分析、自由加工的需求,各政府部门应当制定统一的数据口径、发布格式、质量标准和相关原则。而要做到这一点,必须对现有政府数据管理体制进行改革,为构建政府数据开放制度构建坚实的制度基础。

通过对以上概念的分析可知,与政府信息公开相比,政府数据开放最直接也是其最核心的特点是精细化和互动性(见图4-1),其源自于两股潮流的历史性交汇。一方面,公民对知情权的理解不断加深,笼统的信息公开已经不能满足公民的需求,政府公开信息的范围、精细程度和准确度受到了越来越多的关注;另一方面,"大数据"时代意味着信息时代迈入一个更高的发展阶段,出现了前所未有的海量数据和功能更加强大且操作更为便捷的分析工具与平台技术,收集和分析数据已经不再是特定专业人员的独占领域,公众也可以在日益普及的软、硬件技术帮助下完成数据分析工作,并据此形成自己的理解。[1] 正是在这样的背景下,政府与公众的关系发生了显著的变化,更加深入和广泛多样的公众参与不仅在主观上变得更为迫切,而且在客观上也更具有可操作性。

---

[1] See D. Robinson, H. Yu, W. Zeller, E. Felten, Government Data and The Invisible Hand, *Yale Journal of Law & Technology*, Vol. 11, No. 1, p. 161, 2009.

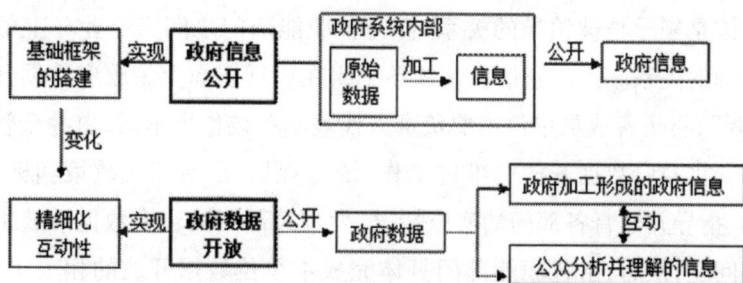

图4-1 政府信息公开与政府数据开放的联系与区别

三、改革政府数据管理体制——政府数据开放的制度基础

政府数据开放工作的有效开展不能局限在"公开"这一末端环节,它必须从源头上得到国家信息化战略的系统支持,加强各政府部门数据库和跨部门基础数据库的建设,统筹协调各部门参与并制定统一的数据标准,构建可以互联互通的服务与应用内网体系,打破政府间数据共享与协调机制难以形成的僵局,从而为搭建统一的政府数据开放平台奠定基础。但就前期工作看,国家在对信息化建设的管理体制作出规定时,针对有关政府信息公开的内容,仅是将其涵盖在电子政务中作了笼统的安排;而在具体部署政府信息公开工作时,也没有站在国家信息化建设的高度,推进有利于各部门信息协同分享的机制建设。其结果是,国家信息化管理体制中存在的职能交叉、部门分割、管理不到位、协同发展能力较差等一系列问题始终没能得到解决。这些内容成为未来推进政府数据开放制度建设的首要关切。

(一)建立具有综合协调能力的管理机构

作为一项需要长期而系统推进的工作,政府数据开放制度的构建需要一个具有综合协调能力的实体管理机构,使其按照国家信息化领导小组指出的宏观方向,统筹制定中国政府数据开放工作的发展规划;根据短、中、长期的不同发展阶段的要求研究相应的实施计划;引导和推动各部委、各级政府之间的协调配合。这是解决纵向上管理不力、横向上缺少配合的关键性前提。

具体而言,现有的国家信息化领导小组与政府数据开放综合管理机构之间应该是领导与被领导的关系,而与各职能部门之间则是业务上的管理与被管理的关系。由国家信息化领导小组在宏观层面上为政府数据开放工作"定调",召集各成员单位主要负责人代表本单位作出承诺;由综合管理机构具体安排政府数据开放的推进工作,统筹规划、出台相关政策和标准,综合协调、指导并监督各部门的实施情况,处理跨部门的政府数据开放工作中的各类问题;最后,由各职能部门具体完成本单位数据开放的相关工作,并按照综合管理机构的要求和安排与其他部门进行协调配合。另外需要明确的是,政府数据开放综合管理机构与 2008 年国务院机构改革前原国务院信息化工作办公室的职能定位不同,它并非国家信息化领导小组的办事机构,而是具体推进政府数据开放工作的牵头部门。从职能范围上讲,它不包括有关推进产业信息化的政策规划和工作推进等内容,而是专门针对政府自身的信息化建设,即政府数据开放工作,具体研究并制定规划,接受国家信息化专家咨询委员会的咨询建议,统领并综合协调各部委和省级政府的数据开放工作,出台一般性规章、标准,拟定重大决策的草案并交由国家信息化领导小组审议通过后推行。

为此,政府数据开放综合管理机构需要收回部分在 2008 年大部制改革时由国务院信息化工作办公室、发改委的全局规划和统筹管理职能,从而解决前期管理体制中的问题并有效发挥下述作用:一是强化并突出全盘统筹、综合协调的功能与力度,避免条块管理体制下部委之间、横纵之间缺乏合作的现状,改变目前有工信部信息化推进司并有其协调指导的职能却无协调指导的能力这一尴尬局面;二是改变目前作为主要负责信息化推进工作的工业和信息化部"重信息产业发展、轻电子政务建设"的局面,将政府数据开放制度的建设上升到国家战略;三是在现有体制下打破机制上的障碍,着力推动各级各部门政府间数据共享和协调机制、数据分散收集和统一发布机制等;各种数据集标准的制定与出台,改变当前数据库建设与统一开放平台搭建之间割裂的状态。此外,建立明确负责的牵头部门也是问责的基础,通过将政府数据开放工作的相关内容统一起来,可以研究目前各级政府及其部门电子政务、数据库建设等方面的真实情况,依次开展考核工作,切实推进政府数据开放制度的建设进程。

（二）以职能整合为核心改革事业单位

针对从中央到地方各部委、各级政府直属的信息中心的机构调整和职能定位问题，应按大部制改革和事业单位改革的要求，区分并明确整个政府系统的信息化推进工作、各政府机构内部的信息化管理工作和建设工作，以及政府系统外部经济社会领域的信息化推进工作的职能重点，调整现有信息化管理机构设置不合理之处，理顺各级各部门与信息化推进工作相关的各机构之间的关系，从而为全面构建政府数据开放制度提供系统而完善的管理体系。

具体而言，针对信息中心机构仍属于事业单位的问题，应当根据《中共中央国务院关于分类推进事业单位改革的指导意见》（中发〔2011〕5 号）的规定，将其有关政府数据库、电子政务系统和网络建设的职能进行整合并划入该级政府内设相关职能部门；同时根据各政府机关、整个政府系统和政府系统外部这三个层次，明确区分推进政府自身信息化和推进经济与社会领域信息化的不同职能定位，理清政府数据开放综合管理机构、负责各政府内部信息化管理和建设的机构与工业和信息化部及其地方管理机构的关系并作出相应调整，从而使经过事业单位改革后的信息中心能够着力发挥推进所属单位的基础数据库、政务内外网以及服务与应用系统的建设工作。以北京市经济和信息化委员会为例，其下与推进信息化直接相关的机构包括：内部业务处室有电子政务与信息资源处、社会信息化处、经济信息化处、电子信息产业处和网络安全处（信息化基础设施处）等；直接与政府自身信息化工作有关的直属事业单位有北京市经济和信息化委员会信息中心、北京市政务网络管理中心和北京市信息资源管理中心。从内部各业务处室目前承担的职责看，目前有关推进政府自身信息化和推进经济、社会各领域信息化的职能杂糅在一起，不利于政府数据开放制度的建设，应当首先对这二者加以区分，改变目前实际工作中更侧重于推进外部信息化的现状，为事业单位改革提供基础。从这三个直属事业单位所履行的主要职能看，它们主要承担的是行政职能，因而应该根据职能有机统一和事业单位分类改革的思路将其划入政府机构内部，配合上述内务业务处室的调整思路进行相应的整合；此外，遵循精简效能的原则，目前事业单位具体承担的建设和运维工作，可以在不涉密的情况下外包给专业技术企业，加强公私合作，促进知识共享,提高效率、降低成本。

需要特别强调的是国家信息中心。2008 年大部制改革后,国家发改委将信息化规划和管理的有关职能划入了工业和信息化部,但是其直属事业单位国家信息中心并没有作相应的调整。国家信息中心不仅仍承担着发改委自身的信息化建设工作、国家经济信息系统的建设工作和为国家提供经济决策的咨询建议的工作,而且还同时担负着国家政务外网的整体规划和推进与建设工作,使其成为大部制改革的遗留问题。为此,在对国家信息中心进行改革时,需要首先根据大部制改革的要求将其全局规划和整体推进职能归入政府数据开放综合管理机构,将与推进产业信息化相关的职能划入工信部信息化推进司。由此,在完成跨部门职能和机构的调整基础上,再根据事业单位改革的要求,解决国家信息中心事业单位属性的问题,根据国家发改委机构设置的具体情况进行内部调整。

(三)建立政府首席信息官制度

政府数据开放制度的建立和运行不仅要解决前述职能交叉、机构设置不合理、关系尚未理顺的问题,还要建立专门的政府首席信息官管理制度,自上而下地设置各级政府数据开放综合管理机构,形成与现有行政管理体制机制相结合的管理组织架构。各级政府数据开放综合管理机构由该级政府各部门设置的首席信息官组成,机构负责人(主任)由该级政府领导任命,合理配置其权责利,明确赋予其综合协调本级政府各部门及其下属单位的职权;设置在各政府部门中的首席信息官,要领导并主持本单位的政府数据开放工作,由此将推进各级各部门政府数据开放工作的责任落实到具体的职务上,构建起上下连通、左右相应、层级清晰、权责明确、结构优化、组织有力、层层落实的管理体系。

第一,在政府首席信息官制度的人事管理方面,政府首席信息官的任用标准必须符合政府数据开放工作的双重特性,即同时具备公共事务的管理素质和专业的技术素质,并具有两方面相关的工作经历。同时,由于这一工作本身的特殊性,对于政府首席信息官绩效考核制度的设置就不能套用一般公务员的考核模式,应突出考核其职责范围内工作绩效和实际效果。此外,还要重视对政府首席信息官素质和能力的培养,联合政府机关、科研单位和产业界的专家共同制定培养首席信息官相关能力的知识体系,并据此编写相应的教材、整理典型案例和最佳实践做法,设计专业化的、针对性强的课程,组织首席信息官参与培训,保证政府首席信息官的能力能够完成规定的岗位职责。第二,在管理模式方面,建立"一把手+首席信息官"的管理模式。其中"一把手"的职责集中在决策方面,而政府首席信息官的职责主要在协调、规划、推动和监控方面。这种管理模式已被美国经验证明了它的高效性,特别是其在推动和实现不同政府部门间数据共享、合作、沟通、协调机制方面的优越性。而且,事实上从1999年上海市政府启动政府首席信息官制度试点开始,中国部分地方政府已经相继进行了有关实践,建立了"一把手+政府首席信息官"的管理体制雏形。[①] 第三,在权责利的合理配置方面,应当确保职位权力与承担的责任和享受的利益相一致。鉴于政府数据开放制度建设的紧迫性和重要性,而现实中又存在着来自体制、机制、制度等多方面的阻碍,拟设置的政府首席信息官应当在政府内部具有较高的地位和权威性,使其具有调动和协调相关部门的权力和能力,而不是当前由政府内部中级管理层负责的有虚职无实权的状况。第四,在机制建设和制度保障方面,要建立政府首席信息官的定时汇报制度和问责制度。政府首席信息官要召集并参与有关本级政府数据开放建设的最高决策,直接对该层级政府的最高领导人负责,定期汇报工作;此外,还有实行重大决策和重大项目的问责制,确保其负起与权力相对等的责任。

四、建设统一的数据开放平台——政府数据开放的运行载体

正如有限理性学派所指出的那样,限制人类理性的并非是信息资源,而是有限的注意力,而且这种注意力约束的相对重要性将随着信息技术不断地减缓时间、信息收集成本和计算处理能力带来的约束会日益凸显出来。[②] 换言之,在"大数据"时代,随着数据量爆炸性增长,注意力资源的稀缺性更加严重了。鉴于此,要建立和完善统一的政府数据开放网站。作为中国建

---

① 参见吴江、李志更、乔立娜:《我国政府首席信息官制度的建设需求与构想》,《中国行政管理》,2009年第11期。

② 参见[美]詹姆斯·艾尔特、玛格丽特·莱维、埃莉诺·奥斯特罗姆:《竞争与合作——与诺贝尔经济学家谈经济学和政治学》,万鹏飞译,北京大学出版社,2011年,第81页。

立健全政府数据开放制度的技术和应用平台,它通过提高注意力的使用效率,缩小公众与政府间的信息鸿沟,改善政府与公众之间信息不对称的状况,为公众行使知情权提供有力的技术支持和物质保障,从而切实提高公众参政议政的能力。

从前期政府信息公开的实践结果看,根据《政府信息公开条例》的规定,国家图书馆联合公共图书馆已经于 2009 年共同建设并正式上线了中国政府公开信息整合服务平台——govinfo. nlc. gov. cn,通过全面采集各级政府公开信息,构建了一个方便、快捷的政府公开信息统一服务门户网站。但从目前的运行情况看,该平台仅收集了各级各部门有限的政府公报,信息需求者只可以根据内容和行政区进行分类查找。对照前述的政府数据概念和公开的政府数据质量标准,该平台与政府数据开放制度所要求的统一平台相距甚远。

第一,就其收集和可提供的政府数据而言,该平台仅涵盖了自 2000 年以来各级各部门政府有限的公报,以及保障性安居工程和个人所得税这两个专题所涉及的部分政策文件。这不仅与《政府信息公开条例》所列举的政府信息大类相距甚远,而且也没有政府数据开放制度所要求的精细化、可供公众进行数据分析的内容,毋庸说高质量的政府数据。

第二,就其对内容的管理而言,虽然该平台按业务内容作了大类的划分,如国防、科教、卫生等,但是没有区分来自中央和各级政府及不同地区的文件,也没有按公文的性质和用途进行分类,总体上是以直接从其他政府网站搬运并堆砌的方式进行呈现,没有进行规范化的管理。这不仅给公众的搜索工作带来了困难,而且在浏览记录的目录时,公众在面对大量缺少"文号"的文件名时,很难从标题中获取有关来源、时间、地点、用途等基础信息。

第三,就其所发挥的基本作用而言,虽然该平台将其自身定位为一个政府公开信息整合服务平台,能够为用户提供一站式的发现并获取政府公开信息资源及相关服务,但事实上该平台只是提供了各行政区政府及其直属机构政府网站的链接,而没有真正将各政府机构所拥有的数据库关联起来。这不仅没有达到整合的目的,而且也无法基于大量数据进行分析和挖掘,更无法满足公众就其对某具体数据产生怀疑而要求政府予以回应的互动需求。事实上,该平台的架构模式仍停留在前"大数据"时代的传统政府上网阶段。

第四，就其所提供的在线应用技术而言，除了基本的分类搜索功能，其他与数据分析有关的各类新技术尚未出现。当然这也与其网站数据库中可供分析的政府数据极为有限有着直接的关联。如前所述，政府数据开放制度的核心价值不仅体现在更广范围的公开，更重要的是它能够帮助公众克服专业知识和技术上的困难，通过直接提供简便易行的在线数据分析技术，从而使公众就其感兴趣的内容从多个视角去发现问题，从而更加深入地了解政府的行政管理和决策活动。

在现有各政府网站均有所发展并在不断完善的情况下，笔者认为必须建立并优化统一的政府数据开放平台，有效整合现有网络平台资源，使其成为一个政府数据的集散地。虽然从技术层面上讲，它仍是一个索引库，但其内在的联通和匹配功能，实际上确保了各政府部门数据标准的一致性，加强了政府和公众对政府所提供的数据质量的关注与要求，在各部门仍是其所收集、产生的政府数据的所有者和维护者的情况下，为公众的数据需求提供一站式服务（见图4-2）。

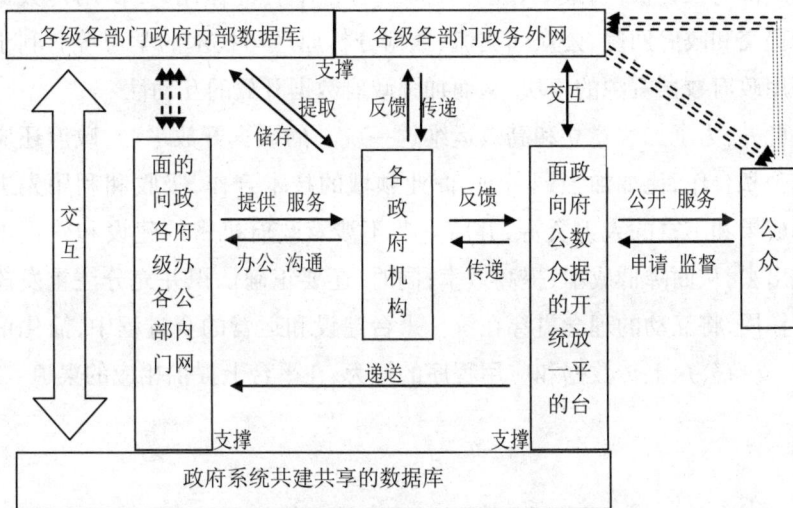

图4-2　统一的政府数据开放平台及其运行机制示意图

需要特别明确的是，统一政府数据开放平台的建设并不意味着要取代各级各部门政府自建的网络平台，只不过统一平台的建立会在事实上弱化公众对各政府机构官网的依赖,在统一平台上进行查询、申请、询问等基本操作,并将相关指令由网站后台自动递送到相应网站上或直接交由相应的政府部门处理。而这也从另一个方面激励了各政府部门优化其网站的服务水平,提供更多的创新服务,以吸引公众对其官网的关注和使用。

具体而言,建设和完善统一的政府数据开放,需要按照政府数据开放所提出的精细化和互动性的要求,至少满足以下四方面要求:首先,收集各级各部门的政府数据,在统一的数据口径下实现多个数据库的互联互通,确保数据的准确性和一致性,切实做到政府数据的对接与整合,为公众查询和分析各类政府数据提供物质基础;其次,运用政府信息资源管理的理论和技术应用,对平台后端接收到的政府数据进行规范高效的管理,确保政府数据从调用、收集、整合、传输、提取到最终由公众获取的全过程都具有高质量;再次,统一平台必须便于公众访问与查询,公众从该网站上提供的索引链接跳转到实际数据这一过程点击鼠标的次数不应超过三下,同时要在网站的明显位置提供各类数据分析在线应用工具,方便公众直接对政府数据进行分析,真正做到一站式的数据服务,并通过集众人之力,发挥巨量政府数据潜在的经济与社会价值;最后,充分发挥整合性平台的作用,提供用户数据申请的提交和政府回复、公众间交流、数据分析原理与技术的学习等有利于高效利用政府数据资源的模块,从而加强政府数据开放的互动性。

此外,为了加快建立和高效运维这一统一的数据开放平台,政府还应该加强公私合作,比如加强同科研、商业领域的技术合作,吸收和利用先进的技术成果和丰富的人力资源,并将一些不涉及政府机密的建设和管理工作外包出去,从而降低成本、提高效率;同时,还要正确认识并充分注重发挥公众的作用,将互动的理念贯穿在统一平台建设和运营的全过程中,简化审批流程,支持公众上传数据和应用程序的行为,在平台上提供相应的渠道。

第五章　我国地方服务型政府建设和成效衡量

中央政府和地方政府是服务型建设的两个实践主体。地方政府作为服务型政府建设整体的一个组成部分，是重要的实践主体，其任务主要体现在执行中央的统一部署并结合本地区实际情况践行服务型政府理念，进行体制机制、制度、服务方式等方面的创新，创造性地建设服务型政府。然而，当前服务型政府的理论研究更多地关注中央、关注宏观层面、关注具体操作，对地方、微观层面和价值理念给予的关注还不够。实际上，地方服务型政府包含了服务型政府概念的所有内涵，只是主体具有特定性。因此，本章采取动态的分析思路，扎根于我国部分地方政府的服务型政府建设实践，从地方建设服务型政府的具体举措来追溯、挖掘其所蕴含的理念，从而更好地理解和推动服务型政府建设。

第一节　地方服务型政府建设实践*

一、地方服务型政府研究的必要性

近年来，服务型政府成为公共管理理论研究和政府行政体制改革的热点。不仅学界对服务型政府的内涵、特征、要素等进行了深入的探讨，形成了丰硕的研究成果，各级政府也进行了许多有益的尝试与探索，丰富了服务型政府的建设实践。服务型政府是与传统的统治型、管理型政府有着质的区别的新的政府类型，这不仅体现在理念上的超越，更真实地展现在政府公

　＊　本部分内容作为前期成果发表在《未来与发展》,2015 年第 11 期(作者张金刚、刘志辉)。

共管理的实践中。我国服务型政府建设在中央和地方两个层面全面展开，其实践的历程可以说是一场自下而上开展的改革，先是地方各级政府自发自觉的摸索与尝试，而后是中央总结地方建设经验的推而广之。理论研究和改革实践取得的成绩令人欣慰，然而不能忽视的是当前研究中存在的一些现象：从研究所涉及的政府层级来看，研究中央的多，关注地方的少；从研究视角来看，研究宏观的多，探索微观的少；从研究内容来看，研究具体操作的多，分析价值理念的少；从研究对象来看，研究单一主体的多，比较研究少等。为此，我们试图作一些新的尝试，从微观的视角对地方服务型政府的理念进行比较研究。

二、地方服务型政府定位及建设总体情况

尽管建设服务型政府作为我国行政管理体制改革和政府职能转变的目标这一点已经成为中央和地方各级政府的共识，但我们不能就此模糊中央与地方在建构服务型政府内容、策略、战略等方面的差异，对中央和地方政府建设服务型政府的定位不加以区分，更不能将服务型政府建设看成铁板一块、全国上下整齐划一而使改革走入泛化的误区。服务型政府在建设实践层面上可以分为中央与地方两大主体，尽管两个主体在实践中的定位不同，任务亦有差异，但两者所追求的目标在概念和内涵上具有同一性。地方服务型政府包含服务型政府的所有概念和内涵，只是主体更具有特定性。① 服务型政府不仅是一种宏观的理念设计，更是一种微观的实践活动，在这个意义上，中央政府和地方政府在建设服务型政府时任务应该有所不同。② 中央的任务主要体现在统一思想、统一认识、统一要求，从价值层面进行设计、引导，从实践层面作示范。2004 年 2 月 21 日，时任国务院总理的温家宝在中央党校省部级主要领导干部"树立和落实科学发展观"专题研究班结业式的讲话中明确提出：要大力"提供公共产品和服务，努力建设服务型政府"。随后在十届全国人大三次会议上，温家宝再次明确提出："要把建设服务型政府

① 参见毛枳鑫、韩进锋：《地方服务型政府的界定及特征分析》，《经济研究导刊》，2011 年第 18 期。
② 参见李晓燕：《地方服务型政府建设：定位与制度创新》，《社科纵横》，2012 年第 2 期。

作为中国政府自身改革的目标。"2007 年 10 月,时任中共中央总书记的胡锦涛在党的十七大报告中明确提出:"加快行政管理体制改革,建设服务型政府。"服务型政府建设既要有中央层面上的统一部署,又要有地方政府层面的因地制宜。地方政府作为服务型政府建设整体的一个组成部分,其任务主要体现在执行中央的统一部署并结合本地区实际情况践行服务型政府理念,进行体制机制、制度、服务方式等方面的创新,创造性地建设服务型政府。近年来,许多地方政府作了具有地方特色的制度创新,如广州的"依法行政"型、南京的"公众参与"型、重庆的"共同治理"型、成都的"规范化"型、上海的"电子政务"型、大连的"全面质量管理"型、香港的"顾客导向"型和金华的"需求导向"型。[①] 总体而言,地方服务型政府建设呈现出阶段性递进式的发展态势,由最初的与经济体制改革相配套的政府管理方式创新、管理规范化阶段发展到中国加入世界贸易组织后的自觉推进服务型政府建设阶段。

尽管我国地方政府在服务型政府建设上已经取得了一定的成绩,但是与服务型政府的应然状态还相距甚远。服务型政府是一种全新的政府治理模式,作为新时期我国行政体制改革的目标,其构建是一项系统工程,不可能一蹴而就,更不是仅仅凭几个便民举措和简单地生搬硬套西方的管理理论与模式就可以建成的,而是需要政府理念、制度和行为方式的全面创新。政府理念、制度以及行为方式能否创新,创新是否能与服务型政府保持内在的一致性等问题都取决于能否准确深刻地理解服务型政府的内涵。服务型政府在构建过程中前进的每一步都离不开对服务型政府内涵的再理解,因此正确理解其内涵显得尤为重要。服务型政府的内涵主要体现在理念、制度和行为三个层面,其核心是理念层面,因此与服务型政府相契合理念的确立是构建服务型政府的前提。正确认识、深入理解政府理念,有助于我们更好地理解服务型政府的内涵,从而更好地推动服务型政府建设。

三、我国地方服务型政府建设理念

政府理念是关乎它要采取什么行动、怎么行动和为什么行动的内在要

---

① 参见郭新芳:《地方服务型政府建设研究——以金华市为例》,浙江大学硕士学位论文,2009 年。

素,它包括政府的价值偏好、行动取舍、策略选择等一系列政府行动因素。①
政府行为总是在一定的理念指导下进行的,有什么样的理念就会有相应的
政府类型与之对应。服务型政府理念是政府理念的一种,服务型政府理念
是多样化的,而不是单一化的,并且随着人们对政府理论认识水平的提高和
改革实践的发展而不断地丰富。学界关于服务型政府理念的探讨众说纷
纭,这在一定程度上也证明了服务型政府理念多样化的特点。如范逢春认
为理念层面的服务型政府有三个内涵:第一,政府是"以民为本"的政府;第
二,政府是正义的政府;第三,政府是"引导式"政府。② 我国服务型政府建设
的基本理念包括:公众参与、权利至上、法治优先、服务为本。③ 还有学者从
政府与社会关系的视角出发,认为服务型政府破除了传统政府的"官本位、
政府本位、权力本位"理念,实现了"公民本位、社会本位、责任本位"理念的
回归;从政府职能转变的角度来看,服务型政府是"有限"的政府,在治理方
略上实现了由"人治"向"法治"的转变。服务型政府本身是一个大概念,理
念的多元化也使其内涵更加丰富。地方政府面临着经济与社会发展水平高
低不一的现实情况,再加上服务型政府理念的多元化,在一定程度上决定了
各地在服务型政府建设实践中要采取的不同路径,因此改革的侧重点虽
有趋同的一面,但更多地彰显了地方特色的差异化,因而使改革呈现出多种
表现形式或是多种类型。但通常我们所能直接感触到的是服务型政府的具
体形式,是地方政府和行政人员的行政行为与行政方式,而不是价值层面的
理念,作为引导改革实践逻辑进路与历程的理念往往被忽略。服务型政府
不单是我国行政体制改革目标模式的静态存在物,其更是处于正在进行时
的动态的改革实践。因此对于其理解就不能沿袭从理论到理论的静态分析
模式,而是要结合各地建设的实践采取动态分析的思路。地方服务型政府
建设是我国服务型政府建设的重要组成部分,行政体制改革的目标模式能
否如期实现不仅取决于中央的规划与实践带动,更离不开地方政府的积极
探索。因此,扎根地方政府改革实践,采取动态分析的思路,从地方建设服

---

① 参见李树林:《现代政府行政理念重塑及其践行路径》,《理论研究》,2009 年第 6 期。
② 参见范逢春:《我国地方政府建设服务型政府述论》,《安徽大学学报》,2004 年第 7 期。
③ 参见张华民:《论我国服务型政府建设的根本动力、价值追求和基本理念》,《领导科学》,
2010 年第 3 期。

务型政府的具体举措来追溯、挖掘其所蕴含的理念无疑将有助于更好地理解服务型政府的内涵和更好地促进服务型政府建设。我们在此通过对南京、成都、大连等地建设服务型政府的实践进行剖析,挖掘实践背后所蕴含的理念。

(一)公开行政

公开行政是服务型政府建设的必由之路。行政公开就是将行政权力运行的依据、过程和结果向公众公开,使公众知情。行政公开作为现代公共行政的一项基本原则已经为市场经济成熟的国家所确认,并通过一系列法律规定使之制度化、具体化。[①] 服务型政府建设为什么要遵从公开行政的原则? 可以从两个方面来剖析,一是从对行政权力的监督制约角度分析,"阳光是最好的防腐剂"。这启示我们,行政权力的运作必须公开化,必须接受制度化监督和社会公众的监督,而监督的前提是政府向社会提供足够的信息;二是从服务性政府与公开行政的关系看,服务型政府是以公民为本位的政府,政府要充分调动公民参与国家事务和社会公共事务管理的积极性,实现政府与公民之间的互动。行政公开的程度和获取信息的途径直接影响公民参与的广度和深度,因此公开行政是服务型政府的必然选择。南京市政府积极推进政务公开,建设阳光政府,制定统一规范,将行政公开纳入法制化的轨道。2005 年,南京市政府出台了《关于南京政务公开工作的实施意见》,成立了由一把手任组长的政务公开工作领导小组,制定了政务公开工作实施细则,明确了政务公开的事项、内容和范围,拓宽了政务公开的渠道,并由此延伸到镇务公开、村务公开,收到了比较好的成效,公民的知情权、参与权、监督权都得到了有效的保障。南京市政府还适应现代信息技术的发展,主动利用网络信息技术,实现政务公开的现代化。开办"网上政务大厅",凡是能公开的公文全部上网公布,政府各部门的工作职责与办事程序也全部上网公布。各级政府部门相继推出了"窗口公示""网上公示"等公示制度。逐步扩大网上审批、查询、咨询、投诉、求助等服务项目的范围,简化办事流程,使群众可以直接在网上了解相关政务信息。通过这些举措,政府的工作逐步透明化、公开化,阳光政府也初见端倪。

---

① 参见段溢波:《论地方服务型政府的建设路径》,《湖北财经高等专科学校学报》,2010 年第6 期。

成都市政府重视公开行政,于2003年起草制定《成都市政府信息公开规定》,建立信息公开制度,并在2004年、2005年开展了以政务公开为重点,建立阳光化运行机制的一系列改革,如在政府行为过程上,建立行为公开制度,提高决策及执行的透明度。建立和完善决策信息反馈和决策后评估机制,重大行政决策(依法应保密的除外)的事项、依据和结果要及时向公众公开,定期对决策的执行情况进行跟踪和反馈,适时调整和完善有关决策,对决策和决策执行过程中出现重大失误的要严肃追究责任。由此不难看出,整个政府过程的每一个环节都需要公开。从决策问题的提出、讨论到决策方案的优选、决策,最后到执行的过程及结果、评估等内容都必须公布于众。① 在政府行为所涉及的领域,政府公开从人民群众普遍关心和涉及人民群众切身利益的问题入手,学校、医院、供水、供气、环卫、公交、电信等与群众利益密切相关的单位,逐步推行办事公开制度,向群众公开服务承诺、收费项目和标准等。

为了提高政务工作的透明度,推进行政权力公开运行,大连市政府把政务公开作为一项基本施政制度在各级政府系统大力推进,相继出台了《政务公开实施细则》《关于政务公开工作地十项规定》《政务公开考核办法》等多个制度性文件。大连市政务公开办公室按照"公开是原则,不公开是例外"的要求,对全市各地区、各部门和有关单位的政府信息资源进行了全面整合,组织编制了《大连市政府信息目录》和《大连市政府信息公开指南》,并研发了政府信息目录管理系统,开通了政府信息公开专门网站,使全市政府信息公开工作实现了集中管理、统一规范和综合利用,实现了政府信息"一网式"公开。大连市政府确立把推进政府信息公开作为2008年服务型政府建设的重点,依据国家相关规定做到该公开的政府信息100%公开,全力打造"阳光政府"。大连市政府在2010年服务型政府建设工作实施方案中提出要推进政务公开全面全程覆盖,深入推进政府信息公开。

(二)民主行政

民主化是现代行政管理发展的趋势之一,民主行政是服务型政府存在的价值基石。在政府的行政管理中,实行民主化重在多数人的民主参与。②

---

① 参见沈亚平:《行政学》,南开大学出版社,2010年,第152页。
② 参见胡宁生:《中国政府形象战略》,中共中央党校出版社,1998年,第69页。

所谓民主行政，"从静态上讲，它是一种政府管理体制，在该体制中社会公民能够直接或间接地参与影响全体成员决策的制定，并保障政府及其公职人员负责。从动态上讲，民主行政是一种旨在保障公民权利和自由，维护公共利益，重视代表性和公民参与的行政管理行为"①。由此可以看出，民主行政是制度设计与具体操作的统一。民主行政在具体操作中主要包括三个方面，参与决策、参与执行和参与监督。在服务型政府建设中，公民是推动政府改革和政府转型的重要力量。因此，要建立各种行之有效的与公众的对话沟通的机制，不断提高公民的参与广度和深度，确保公民广泛地参与国家事务和社会公共事务的治理。南京市政府在《南京市政府关于推进服务型政府建设的实施意见》中确立的主要任务就是建立民主、科学的公共决策机制。通过建立重大决策的调查研究制度、建立依法行政决策机制、全面推广重大决策事项公示和听证制度等，让广大的公民参与决策工作，听取各方面的意见，赢得他们的信任与支持。南京市政府还积极拓展民主参与途径，设立各种"市长信箱""局长信箱""热线电话"以及"领导接待日"等方式的公民参与机制。成都市政府积极改进公共决策机制，建立了公共决策的调查制度、公示制度和专家咨询论证制度；制定了《成都市重大行政决策事项公示和听证办法》，建立了公共决策的社情、民意调查制度和公示制度，在一些事关公众利益事项的决策上广泛征求民意，做到了决策公开化、科学化、民主化。

（三）责任行政

责任是现代行政一种基本的价值取向。责任政府"既是现代民主政治的一种基本理念，又是一种对政府公共行政进行民主控制的制度安排"②。所谓责任行政，也就是要求行政机关及其行政人员在工作中对国家权力主体负责，履行政府在整个社会中的法律义务，并承担责任。它要求政府必须回应社会和民众的基本要求并积极采取行动加以满足。责任行政实质上是一种责任追究制度，即将责任追究作为制度的核心。责任行政的有效实现需要建立健全行政责任体系，同时还需要实施行政问责制，从而使政府及其

---

① 张成福：《民主的政府》，载胡宁生：《中国政府形象战略》，中共中央党校出版社，1998 年，第69 页。

② 张磊：《中国领导干部问责制度发展研究》，《中共福建省委党校学报》，2010 年第 2 期。

行政人员树立责任意识并进行负责任的施政行为。行政问责成为南京市政府构建责任行政,实现依法行政、依法治国的新路径。从 2003 年开始,南京市政府逐步建构责任行政的立法规范。先后制定与出台了《南京人民政府行政问责制暂行办法》《南京政府部门行政首长问责暂行办法》等相关的领导问责制度与方案。南京市政府又依据《党政领导干部辞职暂行规定》,对领导干部涉及各项重点失职、事故等问题采取相应的问责制度。2005 年,南京市政府制定并施行了《南京市行政过错责任追究暂行办法》,对政务活动中的内容、对象、条件、程序、时效、责任等方面都进行了明确的规范,公开透明,接受社会监督,从制度上促进了行政人员规范行政行为;推行"首问负责制",凡涉及部门和部门内部需要协调办理的事项,由首问责任人负责办理和衔接。2006 年 5 月南京市政府又进一步提出南京市政府问责制度法制化与规范化的标准,真正有效地实现了法律层面的问责制度,为建立南京市责任政府创造了一个有力的保障条件,做到由权力管理到问责制度与法制化的转变。成都市政府积极推进责任政府建设,以规章建设完善行政问责制,出台了《成都市国家公务员行政效能投诉和告诫暂行办法》《成都市国家公务员行政过错行为行政处分暂行规定》等,对相关责任人依法追究责任。

(四)高效行政

行政效率一直是行政学和行政管理实践关注的主要问题。托马斯·伍德罗·威尔逊于 1887 年发表了"行政之研究"一文,其主旨就是倡导行政效率的提高。中国台湾学者张润书的观点更为直接,认为:"行政学的主要目的是在于提高行政效率,行政效率是行政学的一个中心问题,若离开了效率则行政学亦将无法成为一门单独的学问了。"[①]高效行政是指政府对自身的管理和对社会事务的管理有效。由于政府处于社会管理的中心地位,政府行政是否高效将直接制约整个社会管理的效率。因此,只有建设高效行政才能不断提高政府服务水平,使政府不断适应现代化发展的需要。世界各国政府所进行的各种改革无不是追求政府的高效。我国从中央到地方各级政府都以建设"行为规范、运转协调、公开透明、运转高效"的政府作为改革的目标,这也印证了高效行政的重要性。

---

① 张润书:《行政学》,台湾三民书局,1985 年,第 671 页。

　　南京市政府在建设服务型政府过程中重视行政效能,于 2002 年成立了全国首家针对行政效能设置的南京市行政效能投诉中心。2005 年,南京市政府又进一步深化效能政府建设,在全市范围内设立了 100 个行政效能监测点,聘请了 100 位行政效能特邀联络员。市行政效能中心形成了受理群众投诉、行政效能监测点、“百企走访”活动、专项效能监察等四项工作格局。中心自成立以来受理和查处政府部门和有关工作人员行政越位、缺位、错位以及低效等行为,已经成为政府职能归位和行政效率提升的“助推器”,促进了政府依法行政和行政效能的提升。大连市政府在服务型政府建设过程中注重行政效率、效能建设,通过各种举措实现高效行政。从大幅削减行政审批事项到加强电子政务和政府网站建设,推进网上行政服务,提高办事效率。2007 年,大连提出建设“行政效能年”,以转变政府职能为主线、以改革创新为动力、以提高行政效率为重点、以落实制度和行政监察为手段,将服务型政府建设提高到一个新的水平。2007 年制定了《大连市“行政效能年”实施方案》《大连市“行政效能年”监督检查工作实施意见》,以制度建设推进效能建设。2010 年,大连市行政服务资源整合实现新突破,推进行政服务“五合一”模式,市政府整合了分散在政府部门中的 6 个市级行政投诉机构,成立了市政府行政投诉中心,行政投诉中心与行政服务中心合署办公。

　　(五)规范行政

　　规范行政是合法性与合理性的统一。规范行政首先意味着政府要依法行政,努力建设法治政府。在依法行政层面上,从政府机构的设立、变更到运作,包括行政决策、执行和监督在内的政府整体行为和个别行为都是合法的。换言之,政府行政的各个方面和各个环节都达到有法可依、有法必依、执法必严、违法必究。规范行政还意味着政府要合理行政。在合理行政层面上所关注的实际上是法治的更深一层的含义。法治不仅包括法律应获得普遍的服从,还意味着被服从的法律是良法,然而依法行政原则“一般只强调依照或根据法律,至于法律本身的性质、内容是否民主,是否合理,是否是‘良法’,有所不同”①。

　　2001 年 12 月,成都市政府委托四川大学就规范化服务型政府进行方案

---

① 张创新:《公共管理学前沿探微》,社会科学文献出版社,2010 年,第 123 页。

设计,并先选定市工商局、公安局、市政公用局进行试点,拟定了各部门的规范化服务型政府试点工作方案,拉开了规范化服务型政府建设的序幕。在试点工作的基础上,2003 年 10 月,成都市委、市政府正式下发《关于全面推进规范化服务型政府建设的意见》,在市政府各部门中全面推行规范化服务型政府建设。之后又在 2004 年、2005 年下发了《成都市 2004 年建设规范化服务型政府工作实施意见》《成都市 2005 年建设规范化服务型政府工作实施意见》。在服务型政府建设中,成都市政府将规范化服务型政府与依法行政紧密结合,规范政府行为,实现政府工作标准化,形成了“规范化”服务型政府模式。成都市政府严格按照法定权限和法定程序起草规章和制定规范性文件并及时公布,进一步清理、修改或废止不适应推进城乡一体化、招商引资和“项目年”等要求的规范性文件,同时创新管理,优化服务流程,引进全面质量管理理念,制定服务标准。要求各部门根据工作性质科学划分不同环节的工作任务、标准、责任,并量化到具体的岗位,在此基础上完成《职位职责说明》《部门规范化服务细则》《职位代理制度》等管理文件。①

　　从比较的视角看,尽管南京市、成都市和大连市都致力于构建服务型政府,由于在实践中各自所要解决的主要问题并不相同,所采取的措施也表现出不小的差异,因此实际指导政府行为的理念也会各具特色。但与差异相比较而言更多的是共同点,即基于相同的理念。服务型政府作为全新的政府治理模式,需要各地方政府积极探索、大胆尝试,更需要各地在建设中有所选择、有所侧重、分阶段地将服务型政府的整体理念与本地的实际情况结合起来,由此地方政府的建设实践应该同中存异,彰显地方特色。

第二节　服务型政府建设成效衡量*

　　在当前服务型政府研究中,存在着研究内容上不均衡的趋向,即从研究内容来看,研究内涵、建设路径的多,换言之,已有的研究关注的焦点问题是“什么是服务型政府?”以及“如何建设服务型政府?”对于应从哪些维度来考察服务型政府建设成效的研究还比较匮乏。借此,在服务型政府理论研究

---

① 　参见姜晓萍:《成都市的“规范化服务型政府”建设》,《中国行政管理》,2004 年第 11 期。

* 　本部分内容作为前期成果发表在《长白学刊》,2015 年第 3 期(作者刘志辉)。

和实践建设如火如荼开展之际,探讨成效衡量问题变得越发重要。

一、服务型政府建设需要成效衡量

"服务型政府是一种全新的政府模式,这种政府模式要求政府的行政理念、决策机制、责任体系和行为方式等的全面变革,因此,并不是政府及其公务员为公民多做些好事,多提供了一些服务,工作中多了一些笑脸,多开设了几个服务大厅就是服务型政府。"①上面这段论述反映了服务型政府成效衡量标准的问题,究竟什么样的政府可以称之为服务型政府? 换言之,考量服务型政府建设的标准是什么? 服务型政府的成效衡量是鉴别服务型政府建设结果的标准,即服务型政府是什么样的政府,只有达到了既定标准的政府才能称为服务型政府。目前学术界对于服务型政府论题关注较多的是建设服务型政府的理论依据、必要性、意义以及建构路径等问题,还缺乏对成效衡量方面的研究,在作文献分析、查阅相关研究资料时发现对服务型政府成效衡量这个议题缺少应有的关注。如在中国知网上以"服务型政府成效"作为篇名进行模糊查询,文献查询结果为零;以其作为主题词查询,尽管搜索出一些文章,但是基本上和成效衡量没有直接的关联。官方也没有明确提出建设服务型政府的标准或模式,这将会给成效衡量标准的确立带来一些困难,但也同时给衡量标准的研究带来一定的空间。成效衡量无论是对于服务型政府的理论研究还是对于实践建设都是非常重要的一个方面,是建设服务型政府必须要解决的一个基础性问题。因为如果成效衡量标准不清楚、不明确,就会导致改革实践的盲目以及对改革成效评价的无所适从。科学合理的成效衡量发挥着正确认识、评价、促进和推动服务型政府建设与运作良性发展的作用。缺乏成效衡量的服务型政府理论研究是不完善的,缺乏成效衡量的服务型政府建设也是不完整的。由此,在理论与实践两个层面亟须对成效衡量予以高度的关注,特别是理论层面的建构优于实践层面。那么如何确立成效衡量标准? 在提出标准之前,有必要弄清几个相互关联但又相互区别的概念之间的关系。

---

① 井敏:《国内服务型政府研究的四种角度》,《新视野》,2006 年第 3 期。

二、服务型政府建设成效衡量的逻辑推演

（一）成效衡量与服务型政府的内涵

服务型政府的内涵回答了什么是服务型政府的问题，这与成效衡量所要解决的"什么样的政府才能称其为服务型政府"的问题具有内在的一致性。因此，研究成效衡量问题可以从服务型政府的内涵、本质出发，从理论的应然去寻找建构对改革实践衡量的框架。但是我们也应该注意到服务型政府内涵自身的多样性、抽象性，因此需要对散见于不同视角下的内涵进行凝练、概括，对抽象化的界定进行具象化的阐释。

当下研究者理解和阐述服务型政府的主要视角有以下三种：

第一种视角从服务理念和服务宗旨方面出发，强调政府为公民和社会服务的目的和宗旨。如刘熙瑞认为："服务型政府就是在公民本位、社会本位理念指导下，在整个社会民主秩序的框架下，通过法定程序，按照公民意志组建起来的以为公民服务为宗旨并承担着服务责任的政府。"[1]

第二种视角从服务职能和服务内容方面进行研究，强调政府职能的转型。如中国行政管理学会课题组认为："服务型政府是指在民主政治的框架下，通过法定程序，按照公民意志组建起来，以公民服务为宗旨，实现服务职能，承担着服务责任的政府。"[2]迟福林认为："公共服务型政府的基本内涵是为全社会提供基本而有保障的公共产品和有效的公共服务，以不断满足广大社会成员日益增长的公共需求和公共利益诉求，在此基础上形成政府治理的制度安排。"[3]

第三种视角从政府与公民互动关系出发。如余晖认为："服务型政府应该是一个无私的、最小化的政府，应是一个民主宪政的并能够实现公民积极的政治参与的政府。"[4]井敏认为："服务型政府中政府与公民之间的关系是

---

① 刘熙瑞：《服务型政府——经济全球化背景下中国政府改革的目标选择》，《中国行政管理》，2002 年第 7 期。

② 中国行政管理学会课题组：《服务型政府的定义和内涵》，《理论参考》，2006 年第 6 期。

③ 迟福林：《全面理解"公共服务型政府"的基本涵义》，《人民论坛》，2006 年第 5 期。

④ 中国（海南）改革发展研究院编：《建设公共服务型政府》，中国经济出版社，2004 年，第 20 页。

公民意志居于决定性地位而不是政府意志居于决定性地位。"①

　　以上三种视角的研究展示了服务型政府的不同侧面,尽管单从某一种视角出发都会有益于增进对服务型政府的理解,但是不能否认,如果仅仅从其中某一个视角去认识服务型政府,将难以完整地理解服务型政府的内涵,且在一定程度上容易出现以偏概全,或者是遵循理论研究片面化的逻辑,在服务型政府建设实践中会形成简单化的倾向。因此,全面准确地理解服务型政府需要对以上视角进行综合。服务型政府的内涵多视角、多层面的特点决定了衡量标准的多元性,决定了标准的确立也需要综合多视角所揭示的内核。

　　首先,服务型政府的确立涉及政府深层次的价值、理念的更新。服务型政府意味着治理方式的根本变革,变革体现在不同层面,一是观念范式,即在政府与社会的价值关系中,恪守社会作为价值主体与价值评价主体的信念,政府相对于社会只具有工具性价值。②

　　其次,服务型政府离不开政府职能的转变。服务型政府是政府职能历史演进的必然,是政府从统治型向管理型再向服务型的转变。服务型政府是政府职能结构调整的必然。在政府职能构成中,服务职能成为政府职能的重心。同时服务型政府在政府职能的实现方式上也与以往形态的政府相区别,如政府实行民主管理,推进决策科学化、民主化,推行电子政务,完善各类公开办事制度,提高政府工作透明度和公信力等。

　　尽管服务型政府的内涵研究解决了什么是服务型政府的理论问题,同时也为建设成效的衡量提供了一定的依据,但是对于建设成效衡量的相关研究更多是在理论层面而不是建设实践层面。因此,在理解服务型政府内涵的基础上,我们尚需进一步探讨服务型政府建设成效衡量的维度。

　　(二)成效衡量与服务型政府建设路径

　　这里可以借用哲学上目的与手段的范畴来论证。目的与手段既相互区别、相互对立也相互规定、相互制约,而且在一定条件下目的和手段可以相互转化。从两者相互规定、制约的关系来看,首先是目的规定手段,但同时

---

① 井敏:《构建服务型政府:理论与实践》,北京大学出版社,2006年,第12页。
② 参见燕继荣:《服务型政府的研究路向——近十年来国内服务型政府研究综述》,《学海》,2009年第1期。

手段也决定目的的实现。如果把建设服务型政府看成是目标,那么服务型政府建设路径是实现服务型政府目标的具体措施或是手段。服务型政府作为目的决定了作为手段的建设路径,同时建设路径也决定着服务型政府能否建成。在一定意义上,作为手段的建设路径本身就是服务型政府目的的组成部分,由此我们可从作为手段的服务型政府建设路径中去探索和分析成效衡量标准的构成。

学术界关于服务型政府建设路径的研究已汗牛充栋,这里仅作简略分析。王东强提出从变革理念、引入战略工具选择、探索规范化的制度创新、引入社会化和市场化机制四个方面来构建服务型政府。王川兰提出服务型政府的建构需要从意识理念、制度基础及社会环境等多层面厘清并加以超越,进行系统性、整体性的建构。① 刘智勇、张志泽提出我国服务型政府的实现路径应当包括以下几个方面:实现由“全能政府”向“有限政府”转变,实现由“暗箱行政”向“阳光行政”,实现由“政府本位”向“社会本位”转变,实现由“效率优先”向“效率与公平兼顾”转变。② 黄明哲认为建设人民满意的服务型政府必须从以下几个方面努力:“必须树立‘权为民所用’的政府服务理念,正确履行政府职能,必须抓住重点并在规范上下功夫,必须弘扬公共精神意识和加强能力建设。”③还有学者从其他视角来论述建构的途径,这里不一一列举。总体上来看,关于服务型政府建构的路径基本上可以分为三类。第一,宏观视角,着重阐述价值理念更新,指出了服务型政府建设的方向。第二,微观视角,着重阐述操作策略,指出了服务型政府建设的具体举措,如制度创新、机制建设、战略工具等方面。第三,混合视角,这种视角既有价值理念的更新,又不乏操作范式的变革。实际上,服务型政府的建设是一项系统工程,需要多层面的变革与创新,不仅需要宏观层面价值理念的更新,更需要微观层面制度建设、机制的构建。由此我们可以推断出服务型政府成效衡量的标准也应该是综合宏观与微观两个层面的混合标准。

可以肯定的是,作为手段的服务型政府建设路径的选择为成效衡量维

---

① 参见王川兰:《论服务型政府的困境、超越与建构》,《公共管理学报》,2005年第4期。

② 参见刘智勇、张志泽:《我国服务型政府的内涵定位与实现路径选择》,《理论与改革》,2005年第2期。

③ 参见黄明哲:《服务型政府与人民满意度的契合及构建》,《福建行政学院学报》,2008年第6期。

度的确立提供了一定的依据,但是也应看到建设路径作为成效衡量存在的问题:一是从逻辑上讲,作为手段的建设路径不可能进行自我衡量;二是从内容上看,作为手段的建设路径既可以是宏观的理念,也可以是微观的操作策略,而作为成效衡量的维度可以相对宏观的,但是其不可能是碎片化的、过于微观的,否则会导致成效衡量的难度加大,因而可操作性也无法保障,因此也就会失去成效衡量本身的价值。这也就意味着成效衡量的维度既要包含着服务型政府建设路径中所指涉的部分内容,但是又不能仅仅局限于此,更不是对建设路径简单的拼凑。

三、成效衡量的四维分析框架

基于对服务型政府成效衡量维度与服务型政府内涵、构建服务型政府路径关系的分析,可以确定成效衡量维度的确立不是对服务型政府内涵及其建设路径的简单叠加,而是在对服务型政府作为适应后工业化社会的政府范畴认识基础上的崭新构建。这种构建既有对服务型政府内涵及其建设路径的借鉴,更有发展。更为重要的是,服务型政府成效衡量维度的确立必须从人类历史发展进程中不同政府类型转换的视角来考察。张康之将人类社会历史的发展与政府类型范畴进行了划分。农业社会的治理者即王室或朝廷属于统治型政府的范畴,经过工业革命以及启蒙运动而建立起的现代政府属于管理型政府的范畴,在走向后工业社会的进程中,我们需要建立起来的应当是一种服务型政府。[①] 简言之,人类社会发展的不同阶段需要不同类型的政府。不同类型政府的分野在于各自的性质、所承担的职能、制度的构成及其政府自身运行。借此,作为对政府类型范畴的衡量也必然需要从其性质、职能、制度及其运行方面来考察。进而言之,应从理念、职能、制度及机制四个维度来考察和评价服务型政府建设的成效。相对于统治型政府和管理型政府而言,服务型政府意味着政府理念、职能、制度和机制的全面转型和创新。

---

① 参见张康之、张皓:《在后工业化背景下思考服务型政府》,《四川大学学报》,2009 年第 1 期。

（一）理念维度——揭示服务型政府的本质

行政理念是人们对政府行为的性质、任务、目标等根本问题的理性认识及其形成的基本观念。行政理念是指导政府活动的理论基础和主导价值观。行政理念影响政府治理的内在逻辑，对政府行为的选择具有基础性的导向作用。不同的行政理念决定政府行为取向的差异，因而形成不同的政府管理类型。服务型政府之所以成为服务型政府，最根本的取决于服务型政府的理念定位，理念定位的不同是服务型政府与其他类型政府分野的重要标志。因此，行政理念理所当然地成为服务型政府建设成效衡量的标准。在明确行政理念作为衡量服务型政府标准之后，还应关注行政理念存在的两个问题。一是学术界就行政理念内容的探索并未达成广泛的共识，存在着多种表述，如公共理念、服务理念[1]、公民为中心的价值理念[2]、以人为本的治理理念[3]等；二是行政理念虽然作为成效衡量的重要标准，但是在操作上存在一定的困难。尽管行政理念作为政府一切行为的先导，但是其不能够实现自我表达，更具象化地说，对其不能够直接进行判断，而是需要依赖考察、分析政府行为背后所蕴含的深层意义来揭示所秉持的理念。因此，尽管理念是服务型政府与其他类型政府分野的根本标志，但由于对其研究尚存的局限以及理念自身的特点促使理念所揭示的本质需要其他三个维度予以支撑。

（二）职能维度——反映服务型政府的方向

政府职能是政府管理的核心，决定着政府管理的基本方向。转变政府职能，建立为企业、市场和社会服务的新体制，是建设服务型政府的根本。[4]职能转变是服务型政府建设的重要内容，服务型政府突出的特征就是强化社会管理和公共服务职能，是公共服务职能占主导地位的政府。党的十七大报告提出加快行政管理体制改革，建设服务型政府，要着力转变职能。党的十八大报告提出建设职能科学、结构优化、廉洁高效、人民满意的服务型政府。两届党代会的报告都将建设服务型政府与政府职能转变结合起来，

① 参见黄学贤、吴菲：《"服务型政府"理念下新型行政行为的主要类型》，《东方法学》，2012年第4期。
② 参见张治忠、廖小平：《解读公共服务型政府的价值维度——基于新公共服务理论的视角》，《湖南师范大学社会科学学报》，2007年第6期。
③ 参见姜晓萍：《构建服务型政府进程中的公民参与》，《社会科学研究》，2007年第4期。
④ 参见何水：《地方服务型政府建设的基本思路》，《行政论坛》，2009年第6期。

将职能转变、职能科学作为服务型政府建设的重要举措,同时职能科学也是建设服务型政府所要实现的目标。服务型政府必然是职能科学的政府,职能科学至少包括三个层面上的意思:一是职能结构重心的位移,从管理职能主导到服务职能主导。服务职能主导地位的确立并不意味着弱化或取消政府的管理职能,与之相反,政府还要强化、拓展某些管理职能,而且将服务融入管理之中。二是职能边界定位科学,从无所不管但却"越位、缺位和错位"兼有的"全能政府"到"到位、补位"的"有限政府"。政府职能边界定位的原则是:在政府管不了也管不好的事情上政府放权社会组织去做;在政府行政手段和社会自治方式都可以完成的事情上,尽量发挥社会组织的作用;政府职能限定在市场和社会组织都无法完成的职能。三是职能履行方式现代化、高效化。因此,各级地方政府在加快行政管理体制改革,建设服务型政府的过程中,必须紧紧围绕职能科学所涵盖的三个方面,将其作为改革与发展的出发点努力打造职能科学的政府,唯此才能早日建成服务型政府。

(三)制度维度——推进服务型政府建设的动力

制度对于国家与政府的重要性正如新制度经济学派所认为的那样,是一个国家政治、经济和社会变迁的关键。[①] 服务型政府建设离不开制度的革新与变迁,因为任何一种价值理念的存在与实现必然体现在相应的制度上。所以服务型政府建设不能仅停留在宏观的理念设计层面,还必须要进行微观的实践建设。微观的实践建设是以一项项具体的制度体现出来的。制度在服务型政府构建过程中既充当了动力保障的角色,同时也是服务型政府建设成效的体现,在实践中两种角色是融合在一起的。服务型政府本身就是一种政府治理的制度安排,如有学者认为服务型政府是"为社会提供基本有保障的公共产品和有效的公共服务,以不断满足广大社会成员日益增长的公共需求和公共利益诉求,在此基础上形成政府治理的制度安排"[②]。服务型政府建设是以制度变迁为动力的,因此也就决定了制度变迁作为服务型政府的先导。服务型政府的建设不仅仅要搞清楚其究竟要做什么,明晰公共服务型政府建设应当处理的几方关系,而且需要进行制度性的变革。[③]

①　参见刘祖云:《"服务型政府"价值实现的制度安排》,《江海学刊》,2004 年第 3 期。
②　迟福林:《全面理解"公共服务型政府"的基本涵义》,《人民论坛》,2006 年第 5 期。
③　参见崔光胜:《服务型政府内涵的三个维度》,湖北省行政管理学会 2007 年年会论文集。

服务型政府模式的再造涉及极其复杂的制度变迁,毕竟不是原有制度结构中某些个别制度安排的局部调整或改变,而是整个制度结构的全面改造;也不是对现行制度规则的运行过程作实际上的微调,而是需要全部行政管理秩序的根本变革。① 既然制度作为服务型政府成效衡量的标准,那么服务型政府建设需要具备哪些制度安排? 例如从调整政府与公民关系角度而言要改革参与制度,从各个层次、各个领域扩大公民的有序参与,发挥社会组织在扩大群众参与、反映群众诉求方面的作用,鼓励支持公民、社会组织参与公共服务供给等;改革沟通制度,建立健全新闻发布制度、信息公开制度、回应制度等;从政府完善自身管理的角度而言,推行政府绩效管理和行政问责制度,健全对行政权力的监督制度,建立公共财政制度等。具体到地方政府实践建设而言,服务型政府建设需要对哪些制度进行变革是需要结合各地方的实际情况作具体分析的。但可以肯定的是,无论是中央政府层面还是地方政府层面的服务型政府建设都必然要进行制度变革。因此,对服务型政府建设成效的衡量需要考察政府是否对传统政府类型下的制度进行变革与创新,尤其是创新的制度是否有益于推进服务型政府的理念与职能更好地实现和实施。

(四)机制维度——驱动服务型政府的运行

机制原初意义是指机器的构造和工作原理,也指有机体的功能、结构以及相互之间的关系。后来机制被引入不同的生物和医学领域,之后更是被广泛应用于自然科学领域和社会科学领域。从学理上讲,机制指的是有机体的结构和功能之间的相互关系,泛指一个工作系统的各个要素、各个子系统之间以及系统的部分与整体之间相互联系、相互制约、相互作用的联结方式,以及通过它们之间的有序作用而完成其整体目标、实现其整体功能的运行方式。② 服务型政府作为一个系统也是由各个要素组成的,其不仅包括理念、制度,也必然包括行政管理机制。服务型政府建设中必须高度重视制度,因为制度是实现服务型政府所蕴含的价值理念的"硬件"。但仅有制度是不够的,必须要借助机制才能使人们自觉将行为规则内化,才能使制度的

---

① 参见王卓君:《政府公共服务职能与服务型政府研究》,广东人民出版社,2009 年,第 125 页。

② 参见巩建华、赵新宇:《从概念、问题到思路:建设服务型政府的理论思考——基于行政管理的体制、机制和制度的分析角度》,《行政与法》,2008 年第 10 期。

功能有效发挥。行政管理运行机制则是行政管理制度的有机化、系统化,只有在行政管理运行机制顺畅的情况下,行政管理制度才能真正发挥作用。[①]从政府治理层面上来看,服务型政府作为一种新的治理模式,之所以能够实现传统治理模式所不能达到的社会功效与行政效率从根本上还是取决于其内在运行机制的差异。与此相对应的是,学界对于机制的重要性形成的广泛共识也佐证了机制对于服务型政府建设的重要意义。B.盖伊·彼得斯在其《政府未来的治理模式》中指出:"许多政府、政府领导者和公务人员都在不断努力寻找更好的治理方法……对于政府及其成员而言,至关重要的是不断探索提升政府效能和服务品质的创新机制。"[②]谢斌等将服务型政府运行机制作为服务型政府体系的构成要素。薄贵利在研究服务型政府战略规划时提出:"现代政府要优质高效地提供公共产品和公共服务,必须不断改革和完善政府运行机制。"[③]因此,在服务型政府建设过程中需要注重与服务型政府相匹配的行政运行机制的构建,为服务型政府建设创设良好的运行机制,有效发挥机制运行的力量。在衡量服务型政府成效时,我们可以考察政府是否建立了相应的运行机制,如科学化、民主化的决策机制,规范有序、公开透明的执行机制,科学合理、标准明确的问责机制,客观公正、高效便民的权利救济机制等。

总之,服务型政府是一种全新的政府治理模式,作为新时期我国行政体制改革的目标,其构建是一项系统工程,需要政府价值理念、职能、制度和机制的全面创新。构建服务型政府离不开对其建设成效衡量标准的理解和认识,因此正确理解成效衡量标准显得尤为重要。正确认识、深入理解成效衡量标准有助于我们更好地理解服务型政府的本质,从而更好地推动服务型政府的理论研究和建设实践。本章基于对服务型政府内涵及其建设路径的分析,提出了成效衡量标准的四维分析框架。当然,鉴于国内对成效衡量标准问题的研究还处于起步阶段,所以就此问题的探讨还有待于进一步的跟进和深化。

---

① 参见巩建华、赵新宇:《从概念、问题到思路:建设服务型政府的理论思考——基于行政管理的体制、机制和制度的分析角度》,《行政与法》,2008 年第 10 期。

② [美]B.盖伊·彼得斯:《政府未来的治理模式》,吴爱明、夏宏图译,中国人民大学出版社,2001 年,第 1~2 页。

③ 薄贵利:《论研究制定服务型政府建设的战略规划》,《中国行政管理》,2011 年第 5 期。

第六章 基本公共服务满意度影响因素分析

伴随服务型政府建设的发展,公众对公共服务满意度问题日益受到政府和学界的关注。公众满意度被视为衡量公共服务水平的标准之一,以及检验服务型政府建设的一项客观指标。同时,公众满意度这一问题也成为学者们研究服务型政府建设的一个新起点。所谓公共服务满意度,是公众在对政府工作有了一定了解并在接受了政府的相关服务后,经过对服务前的期望与服务后的实际感受之间的比较,得出的对政府工作的满意程度。从公众角度而言,公众满意度是一种对政府服务能否满足自身需求的主观评价,同时也是对公众心理状态的量化与测量。公共服务满意度测评的最终目的就是通过了解公众的意见,测评公众对公共服务部门所提供服务的期望与其实际感受的差距,以及公众对政府公共服务满意的程度。

第一节 基本公共服务的界定及其满意度评价指标

公共服务的范围非常广泛,其内容十分丰富。相比较而言,基本公共服务的范围相对有限,主要集中在基础教育、医疗卫生、社会保障、基础设施、行政服务、公共安全、公共文化、环境保护等。下文关于基本公共服务满意度评价指标也是在上述内容的范围内选取的。

一、基本公共服务的含义和分类

一般而言,概念的界定是一项研究的起点和前提,而对具体研究内容的分类则是使研究进一步深入的路径。

客观来说,"公共服务"一词属于舶来品,但要构建服务型政府、实现政府职能转变就必须作出中国式的回答。关于政府的公共服务职能,国内学界众说纷纭,但是不可否认,公共服务是政府的主要职能之一,有其具体的内容和形式,并且可与政府的其他职能相区分。公共服务是政府和其他公共组织以社会公众为对象所提供的社会性服务。应当指出,公共服务和基本公共服务是相互联系又相互区别的两个概念,前者的内涵要大于并包含后者。对于公共服务和基本公共服务,从时间顺序来说,可以先满足社会公众对于基本公共服务的需求,然后再满足其他公共服务的需求,也可以在特定的历史发展时期,根据政府自身能力,在向社会公众提供基本公共服务的同时,供给基本公共服务之外的其他公共服务。

关于基本公共服务,前文已有相关界定,在此不赘述。应当指出,基本公共服务涵盖的是在社会发展的特定阶段政府公共服务应该覆盖的最小范围。比如基本的义务教育、医疗卫生、社会保障、基础设施、公共安全、公共文化等。它回答的是特定阶段应该提供什么基本公共服务的问题。

基本公共服务可以根据不同的标准划分为不同的类别。联合国"政府职能分类"体系分为四个方面:普通公共服务与公共安全、社会服务(包括教育事务和服务、健康事务和服务、社会保障和福利、文化等方面)、经济服务(包括燃油和电力、农林渔业、交通运输与通信等方面)、未按大类划分的支出(如政府间转移支付)等。国内学者有的将公共服务分为基础公共服务、经济公共服务、社会公共服务和公共安全服务四类;还有的学者则采用罗列法,直接列举最主要的公共服务项目。不过多数学者还是主要从功能的角度把公共服务分为三大类,即维护性公共服务,如国家安全、行政管理和国防外交等;经济性公共服务,如政府为促进经济发展进行的相关基础设施建设、维护公平的市场经济秩序等;社会性公共服务,如教育、社会保障、公共医疗卫生、科技、环保等。也有的学者将其分为政权性公共服务、社会性公共服务和经营性公共服务等。[①]

我们认为,按照功能进行分类有其合理性,但在现实生活中很多服务是综合性的,难以准确区分。例如经济立法既可以算是维护性公共服务,也可以说是经济性公共服务。再比如,通常所说的公用事业究竟属于哪一种?

①　参见高小平、王立平主编:《服务型政府导论》,人民出版社,2009年,第40页。

一般都把它看作经济性公共服务。从发展趋势看,现如今,各国特别是发达国家,越来越重视对产出和结果的测度,而且逐渐开发出一系列评价各类公共服务产出和结果的核心指标,用于评估公共服务的水平。因此,从评估公共服务水平的角度,应当综合考虑投入、产出和效果,对其进行科学分类。

二、基本公共服务满意度评价指标的选取

对基本公共服务水平进行评价,必须落实到具体的指标的选择上。尽管用"投入"做评价指标便于直接用货币计量,易准确转化为人均投入水平,但仅仅重视投入问题而忽视对投入绩效的评价可能导致公共资源的大量浪费。如果用"产出"做评价指标,不仅有利于评价实际提供公共服务的数量,也便于结合投入指标衡量公共服务的绩效。尽管用"效果"做评价指标能直接反映人们实际享受的公共服务所取得的效果,评价最为客观、科学,但是很多公共服务的"产出"和"效果"难以准确测度,特别是效果类指标,其与资源的投入之间的因果关系也不明确。针对"产出"类指标,我们认为基本公共服务水平和"产出"之间的关系并不紧密,而且在所应用的"产出"指标中,很大一部分往往不是某年的投入所形成的,而是长期累计投入的结果,并不能有效反映投入产出比以衡量基本公共服务绩效。

（一）指标选取的原则

基本公共服务属于社会建设的范畴,是重要的民生工程,因此指标选择应尽可能包括社会建设的主要方面,体现人民群众的基本诉求,也才具有现实意义。

（1）科学性原则:指标的选取、权重的确定、数据的计算要建立在科学的基础上,必须能够充分地反映和表达所要研究对象的真实情况;

（2）可比性原则:选取的指标在横向和纵向上的区域都具有可比性;

（3）可获得性和可操作性:对于某项指标所需要的数据必须能够较容易得到和计算,这是进行数据处理与分析的前提。

（二）具体评价指标的选择

基本公共服务评价指标应该具体分为投入类、能力类和效果类,并综合运用三类指标进行整体评价。投入类指标是指在某项基本公共服务领域的

投入水平;能力类指标是指提供某项服务所具有的相关软硬件能力,即可以提供什么水平的服务;效果类指标是指在某一服务领域的服务所产生的实际效果。综合评价是指在某一基本公共服务项目的评价中,设立包括上述三类指标在内的指标体系,采取分别赋予不同系数或权重的方式予以叠加。

由于基本公共服务项目繁多,涉及经济社会生活的方方面面,对所有基本公共服务项目进行评价既烦琐又困难。因而有必要根据我国当前国情,选取有代表性且在数据上可得的重要项目建立评价指标体系。本书选取基础教育、医疗卫生、社会保障、公共安全、基础设施、公共文化、行政服务等基本公共服务作为一级指标,并在其下选取具体的二级指标,建立评价指标体系(见表6-1)。

表6-1　基本公共服务评价指标

	投入类指标	能力类指标	效果类指标
义务教育	包括财政性教育经费支出占地区财政支出的比例、普通初中生均预算内教育经费支出、普通小学生均预算内教育经费支出。 主要考虑基本公共服务应由政府承担资金供给责任,若选取教育经费,会导致对政府提供基本公共服务水平的衡量产生偏差,责任主体不明确。选择财政性教育经费支出比重,可以比较客观地衡量该地区对教育的重视程度和投入力度。	包括普通小学生师比、普通初中生师比。 这是衡量教育教学能力和质量的重要参考,生师比越低,说明教育能力越强,教育条件越好。	普通小学升学率、普通初中升学率、文盲人口占15岁及以上人口比重。 这是由于我国义务教育实施以来,目前适龄儿童入学率、普通小学升学率等指标都较为接近,比较时鉴别力不强。

	投入类指标	能力类指标	效果类指标
公共医疗卫生	包括人均财政医疗卫生支出、财政卫生支出占财政支出的比例、参加新农合人数占农村人口比重。 重点考虑政府在医疗卫生方面的资金投入。新型农村合作医疗需要政府投入相应的资金进行补助，因此也列入投入类指标。目前提高公共卫生和基本医疗服务水平的重点是农村，参加新农合比例也可以较好地衡量政府供给基本医疗服务的水平。	包括平均每千人口医院和卫生院床位数、每千农业人口乡镇卫生院床位数、每千人口卫生技术人员数、每千农业人口乡村医生和卫生员数、设卫生室的村数占行政村数、每百万人口妇幼保健院(所/站)数、每百万人口疾病预防控制中心数、每百万人口卫生监督所(中心)数、农村卫生厕所普及率、农村水改受益人口比例、饮用自来水人口占农村人口比例。 主要考虑到农村基本医疗和公共卫生服务的重点和难点在农村地区，所以加入了乡镇卫生院、乡村医生等指标，农村水改和卫生厕所建设也是公共卫生服务的代表性指标。妇幼保健院、疾控中心等指标则主要衡量公共卫生领域的服务水平。	包括孕产妇住院分娩率、围产儿死亡率、5岁以下儿童中重度营养不良比重、人口平均期望寿命、甲乙类法定报告传染病发病率、新农合补偿受益人次占参合人数比例。 由于出生率和死亡率同基本医疗和公共卫生联系不够紧密，而且受人口自然增长等因素影响较大，因此未纳入范围;用孕产妇住院分娩率代替孕产妇死亡率指标，主要考虑到随着我国医疗水平的提高和医疗条件的改善，孕产妇死亡率已经很低，而是否能够在医院进行分娩，则是基础医疗服务应当重点关注的方面。用围产儿死亡率指标代替新生儿死亡率指标主要是因为数据全面性的要求，按目前统计口径，新生儿死亡率仅在监测地区有统计，而围产儿死亡率是医疗机构报告项目，较为准确。

	投入类指标	能力类指标	效果类指标
基本社会保障	包括人均社会保障和就业支出、社会保障和就业支出占财政支出的比重、人均城乡社区事务支出、城乡社区事务支出占财政支出的比例。 由于寻求就业支出的分省数据较为困难，因此将就业纳入社会保障和就业这一更宏观的体系进行研究。同时考虑到我国目前的社会保障体系中，社会福利、城乡社区服务是居民生活、就业等保障的重要组织形式，具有代表性，因此也以城乡社区事务支出指标来衡量对社会保障和就业的投入情况。	包括每万人口社区服务设施数、参加城镇基本养老保险人数占城镇人口比例、参加城镇基本医疗保险人数占城镇人口比例、参加城镇失业保险人数占城镇人口比例、参加农村社会养老保险人数占农村人口比例、农村低标准、城市低保标准、每十万人职业介绍所个数、每十万人职业介绍机构人数、每百万人口社区服务设施数。 社区服务设施是指城镇（街道办事处、居委会）设立的以非营利为目的，为本社区居民服务，特别是为老年人、残疾人、儿童服务的社区服务中心、活动站、服务站、养老院、老年公寓（托老所）、残疾人医疗站、残疾儿童日托所、家务服务站、婚姻介绍所等福利性设施以及职工社会保险管理服务的机构。这些机构所履行的多是社会保障、社会福利类任务，因此用这一指标来衡量社会保障提供能力比较合理。	包括城镇登记失业率、就业人员平均工资、职业介绍机构本年度介绍成功人数占本年登记求职人数的比重、第一产业就业人员比例、参加城镇基本养老保险人员人均基金支出、年末领取失业保险金人数占年末参加失业保险人数比例、参加城镇基本医疗保险人员人均基金支出、领取农村社会养老保险金人数占年末参保人数比例。 由于我国的城镇登记失业率指标一直广受诟病，准确性不高，而且这一数据把农村富余劳动力排除在外，代表性也不高。但考虑到这一指标客观上反映了城镇人口就业的基本情况，也衡量着政府在支持就业方面的力度和水平，同时我国也无其他权威数据可以准确描述就业情况，因此还是应用这一指标评价就业服务。

	投入类指标	能力类指标	效果类指标
公共基础设施	包括农村人口人均农林水事务支出，人均交通运输、文化体育与传媒、城乡社区事务支出，文化体育与传媒、农林水事务、交通运输、城乡社区事务支出占财政支出的比例。 公益性基础设施涉及的范围很广，很多与居民生活密切相关的设施均在此列。重点选择农村农林水等事务的支出，以及交通运输、文化传媒等支出作为衡量基础设施建设的依据。同时，由于各项支出具有大致相同的性质，因此把其汇总支出占财政支出的比重作为重要指标之一。	包括灌溉面积占耕地面积比例、农村人均用电量、每平方千米铁路线长度、每平方千米公路线长度、万人均铁路线长度、人均公路线长度、高速公路占公路的比重、每万人邮电营业网点数量、城市用水普及率、城市燃气普及率、每万人拥有公共交通车辆、人均城市道路面积(平方米)。 由于农村水利是基础设施的重要项目，用灌溉面积指标可以粗略估算出水利设施的建成情况，同时农村用电量和基础设施是否健全的关系也很密切。	包括每公顷粮食作物播种面积粮食产量、铁路客运密度、公路客运密度、铁路货运密度、公路货运密度、人均邮电业务量、城镇人口人均公共交通客运量。 由于农村基础设施建设到位产生的重要结果就是农业生产能力增强，在此采用单位农业生产能力指标来概括地衡量农村基础设施建设的效果。货(客)运密度指在一定时期内某种运输方式在营运线路的某一区段平均每千米线路通过的货物(旅客)运输周转量。计算公式为：货(客)运密度 = 货物(旅客)周转量/营业线路长度。该指标可以反映交通运输线路上的货物(旅客)运输量运输繁忙程度，是衡量运输线路运输能力和通过能力大小，线路规划、布局合理度的重要依据。

续表

	投入类指标	能力类指标	效果类指标
公共安全	包括人均公共安全支出、公共安全支出占财政支出比例。 由于国防支出属于公共安全的一部分，但是主要由中央政府提供，用作地区间比较既不科学，也无意义，因此本书仅用公共安全支出指标来衡量公共安全服务投入水平。	包括每万人口从事公共安全财政供给人员数。 由于从事消防、公安、派出所布局、消防设施等数据难以在公开的数据中找到，因此只能较为笼统地用从事公共安全人员数量指标来评价公共安全提供能力。	包括人口火灾发生率、万元国内生产总值火灾损失率、人口交通事故发生率、万元国内生产总值交通事故损失率。 由于各地区犯罪率、刑事案件侦破率等方面的数据均难以整理汇总，因此用火灾、交通事故两项指标来评价实施效果。
公共文化	包括人均公共文化支出、公共文化支出占财政支出比例。	包括每万人口从事公共文化财政供给人员数、每万人口拥有公共文化服务机构数、每万人口拥有公共文化场所数、每万人口拥有公共文化服务设施数等。	包括人口参加健身活动率、人口参加娱乐活动率等。 文化能够丰富城市内涵，提高城市的形象和声誉，提高公民的综合素质，能够优化投资环境，吸引投资，促进经济的增长。但文化受到各种因素的影响，受到社会、自然和经济因素影响，并具有动态性、区域性的特点，给指标选取带来了一定的困难。然而公众满意度的调查是一种主观感受，通过定性分析进行客观的评价，遵循科学与适用、以人为本原则，并具有可比性、代表性、层次性的特点。

	投入类指标	能力类指标	效果类指标
行政服务	包括人均行政管理支出、行政管理支出占财政支出比例。	包括每万人口从事行政管理（公务员）人员数、每万人口拥有行政服务中心数等。	包括公务员素质、行政效率、政务公开程度。 公务员是政府服务的代表和发言人，公务员服务的满意程度将决定公众对政府服务的印象。公务员素质是指在行使国家权力、执行国家公务的过程中公务员体现的心理素质、业务素质和服务素质等。行政效率。行政效率是指国家进行行政活动所取得的成果和消耗的资源之间的比例。政府的投入与所取得的效果不能成正比，说明政府服务的效率低。政务公开程度。在满意度测评中，政务公开程度占有很大的比重。政府的一切决策活动尽可能地让公众参与进来，实现行政透明，不断提升受顾客监督的程度。

第二节 基本公共服务满意度影响因素实证检验

伴随人类社会的进步与发展，公共服务越来越成为社会生活不可或缺的部分。对一个国家或地区而言，公共服务是满足社会公共需求、实现公共利益的基本方式。因此，公共服务的公众满意程度标志着该地区的文明与进步程度。本节以天津市为例，在理性分析的基础上对其基本公共服务满意度的影响因素进行了实证检验和回归分析，并总结出基本公共服务满意度的回归模型。

一、调查对象与研究方法

(一)调查对象

本调查选取了天津市的南开区、和平区、河西区、河东区、西青区以及北辰区等,对这六个区的居民(包括了外来务工者)采取了随机抽样的调查方法。调查对象的基本情况包括:①性别:男为1,女为2。②年龄:从18岁起分为4组,18~25岁为1,26~36岁为2,37~60岁为3,60岁以上为4。③职业:共分两组,一是体力劳动者,将其设为1,包括农民(农村进城务工人员)、工人,二是脑力劳动,将其设为2,包括干部(公务员、教师、企事业单位工作人员)和自由职业者。④文化程度分为3组,高中以下为1,大学专科和本科为2,研究生以上为3。(见表6-2)

表6-2 调查对象的基本情况

项目		人数	百分比(%)
性别	男	154	47.0
	女	174	53.0
年龄	18~25岁	72	22.0
	26~36岁	80	24.4
	37~60岁	90	27.4
	60岁以上	86	26.2
文化	高中以下	160	48.8
	大学专科和本科	110	33.5
	研究生以上	58	17.7
职业	体力	160	48.8
	脑力	168	51.2

(二)研究方法

本研究采用了自行设计调查问卷的方式进行数据收集,并将问卷总体设计为两个部分,即调查对象的个人信息和测量问题。测量问卷采用五级量表设计。非常不满意为1,比较不满意为2,基本满意为3,比较满意为4,

非常满意为 5;分值越高说明公众对该测量项满意度越高,反之则越低。问卷内容包括医疗卫生服务、义务教育服务、社会保障服务、基础设施服务、行政服务、公共安全服务以及公共文化服务等七个方面。共发出问卷 350 份,剔除拒答和无效问卷,共收回有效问卷 328 份,有效率达到 93.71%。由于所获数据样本较大且变量较多,难免会出现一些数据存在信息重叠现象。为此,采用了因素分析的方法以减少变量数进而避免某些数据的信息重叠,虽然因素分析法可以减少变量数,但其基本上不会造成有用信息的丢失。

二、因素分析

在这里,我们通过使用 SPSS19.0,按照因素分析的常规操作方法,在完成了对 30 项公共服务评价因素分析的基础上,将一些内容在逻辑上与本维度不相符合、负载较小以及双负载的项目进行了删除,同时保留了 27 个负载较大的测量项目,并对这 27 个测量项目再次进行探索性因素分析,所得到的KMO 系数为 0.92,其数值大于 0.7,可见因素分析结果成立。同时,p 值(Bartlett 球形检验的显著性水平)为 0.000,小于 0.01,其结果表明变量间具有相关关系(即拒绝了变量间不相关的原假设),因此适合进行因素分析。(见表 6 - 3)

表 6 - 3　基本公共服务满意度影响因素问卷样本适合度分析

项目		数值
KMO 测定的值		0.92
球形 Bartlett 检验	χ^2	3760.95
	df	435.00
	p	0.000

KMO 测定值:Kaiser - Meyer - Olkin 的样本适合度

以特征值 >1 为标准,对测量项目提取主成分来截取数据,共有七个维度,即基本公共服务满意度有七个方面的影响因素。其一为医疗卫生服务,其二为义务教育服务,其三为基础设施服务,其四为行政服务,其五为社会保障服务,其六为公共文化服务,其七为公共安全服务。旋转后的因素负荷值情况见表6-3。

从表6-4中可以看出,基本公共服务满意度影响因素问卷显示,共有七个方面的因素可影响基本公共服务满意度。第一个方面的因素是医疗卫生服务,共五个项目,分别为:您对医疗技术水平满意吗?您对我国目前的医保制度满意吗?您对医疗服务机构的服务质量满意吗?您对社区卫生服务水平的总体情况满意吗?您对目前我国医疗服务的总体印象如何?因素负荷值介于0.63~0.78之间。

第二个方面的因素为义务教育服务,也有五个项目,分别为:您对我国目前义务教育的总体情况满意吗?您对义务教育的普及程度满意吗?您对义务教育的教学质量满意吗?您对义务教育的公平情况满意吗?您对义务教育收费情况满意吗?因素负荷值介于0.55~0.69之间。

表6-4　基本公共服务满意度影响因素问卷的探索性因素分析

因素名称	项目编号及内容	因素载荷值							共同性
		因素1	因素2	因素3	因素4	因素5	因素6	因素7	
医疗卫生	19.您对医疗技术水平满意吗?	0.78	0.31	0.11	0.11	0.06	0.21	0.20	0.82
	16.您对我国目前的医保制度满意吗?	0.73	0.24	0.31	0.07	0.33	0.08	-0.01	0.81
	18.您对医疗服务机构的服务质量满意吗?	0.65	0.30	0.16	0.19	0.17	0.05	0.25	0.67
	15.你对社区卫生服务水平的总体情况满意吗?	0.64	0.11	0.32	0.31	0.17	0.11	0.06	0.67
	17.您对目前我国医疗服务的总体印象如何?	0.63	0.17	0.31	0.20	0.14	0.08	0.06	0.59
义务教育	8.您对我国目前义务教育的总体情况满意吗?	0.27	0.69	0.33	0.13	0.23	0.24	0.19	0.82
	7.您对义务教育的普及程度满意吗?	0.29	0.65	0.12	0.13	0.02	0.44	0.06	0.73
	9.您对义务教育的教学质量满意吗?	0.20	0.64	0.43	0.17	0.22	0.28	0.21	0.84
	6.您对义务教育的公平情况满意吗?	0.20	0.62	0.37	0.11	0.19	0.16	0.12	0.63
	5.您对义务教育收费情况满意吗?	0.34	0.55	0.05	0.26	0.40	-0.02	0.18	0.68
基础设施	11.您对我国目前的道路交通情况满意吗?	0.26	0.21	0.67	0.14	0.12	0.27	0.21	0.70
	10.您对我国目前的能源供应情况满意吗?	0.19	0.41	0.64	0.17	0.09	0.16	0.16	0.72
	13.您对我国目前的公共环境满意吗?	0.43	0.14	0.60	0.11	0.08	0.11	0.36	0.75
	12.您对我国目前的供、排水情况满意吗?	0.33	0.24	0.59	0.30	0.06	0.06	0.18	0.68
	14.您对我国目前基础设施总体情况满意吗?	0.43	0.32	0.50	0.24	0.29	0.07	-0.18	0.72
行政服务	20.您对我国目前行政效率的总体情况满意吗?	0.22	0.12	0.19	0.87	0.11	0.12	0.16	0.91
	22.您对我国目前政务透明的总体情况满意吗?	0.17	0.20	0.16	0.85	0.16	0.07	0.17	0.88
	21.您对我国目前公务员素质总体情况满意吗?	0.52	-0.02	0.13	0.56	0.19	0.17	0.31	0.76

续表

因素名称	项目编号及内容	因素载荷值							共同性
		因素1	因素2	因素3	因素4	因素5	因素6	因素7	
社会保障	3.您对社会保险的总体情况满意吗?	0.05	0.01	0.23	0.26	0.75	0.24	0.08	0.75
	1.您对社会救助的总体情况满意吗?	0.30	0.14	0.10	0.10	0.72	0.10	0.21	0.71
	2.您对住房福利总体情况满意吗?	0.17	0.42	0.04	0.04	0.68	0.11	0.31	0.77
公共文化	30.您对政府在公共文化上的投入满意吗?	0.17	0.19	0.04	0.05	0.19	0.80	0.04	0.75
	27.您对政府的文化宣传和传播情况满意吗?	-0.06	0.10	0.35	0.14	0.06	0.64	0.24	0.63
	28.您对我国目前文化基础设施情况满意吗?	0.29	0.35	0.24	0.20	0.20	0.60	0.03	0.70
公共安全	25.您对我国目前公共安全的总体情况满意吗?	0.18	0.21	0.27	0.27	0.28	0.08	0.71	0.81
	24.您对我国目前社会治安的总体情况满意吗?	0.26	0.25	0.33	0.27	0.19	0.07	0.60	0.72
	26.您对我国目前食品安全的总体情况满意吗?	0.05	0.10	0.07	0.19	0.27	0.43	0.59	0.67
特征值		4.47	3.43	3.40	2.86	2.75	2.59	2.30	
贡献率(%)		14.88	11.43	11.35	9.54	9.17	8.64	7.6	
累积贡献率(%)		14.88	26.31	37.66	47.19	56.37	65.01	72.67	
删除条目		4、23、29 共3条,其原因均为因素负荷值<0.3							

因素分析:主成分分析法,正交旋转.

1 = 非常不满意,2 = 比较不满意,3 = 基本满意,4 = 比较满意,5 = 非常满意

第三个方面的因素是基础设施服务,共五个项目,分别为:您对我国目前的道路交通情况满意吗? 您对我国目前的能源供应情况满意吗? 您对我国目前的公共环境满意吗? 您对我国目前的供、排水情况满意吗? 您对我国目前基础设总体情况满意吗? 因素负荷值介于0.50~0.67之间。

第四个方面的因素是行政服务,共三个项目,分别为:您对我国目前行政效率的总体情况满意吗? 您对我国目前政务透明的总体情况满意吗? 您对我国目前公务员素质的总体情况满意吗? 其因素负荷值介于0.56~0.87之间。

第五个方面是社会保障服务,共三个项目,分别为:您对社会保险的总体情况满意吗? 您对社会救助的总体情况满意吗? 您对住房福利总体情况满意吗? 其因素负荷值介于0.68~0.75之间。

第六个方面是公共文化服务,共三个项目,分别为:您对政府在公共文化上的投入满意吗? 您对政府的文化宣传和传播情况满意吗? 您对我国目

前文化基础设施情况满意吗? 其因素负荷值介于 0.60 ~ 0.80 之间。

第七个方面是公共安全服务,共三个项目,分别为:您对我国目前公共安全的总体情况满意吗? 您对我国目前社会治安的总体情况满意吗? 您对我国目前食品安全的总体情况满意吗? 其因素负荷值介于 0.59 ~ 0.71 之间。

七个方面的因素能解释总体方差的 72.7%,各因素负荷值均超过 0.50。因此,这七个方面的因素可设为自变量,即 X1:医疗卫生评价,X2:义务教育评价,X3:基础设施评价,X4:行政服务评价, X5:社会保障评价,X6:公共文化服务的评价,X7:公共安全服务的评价。将公共服务(基本公共服务)满意度设为因变量 Y。

三、基本公共服务满意度影响因素问卷信效度检验及描述性资料

(一)信效度分析

表 6 - 5 显示,基本公共服务满意度各维度的 Cronbach's α 的系数(同质性信度)分别是 0.74、0.78 和 0.74、0.78、0.75、0.78、0.77、0.90,均在 0.70 以上;该问卷各维度的 Pearson 相关系数(内部一致性系数)介于 0.70 ~ 0.89 之间(且 P < 0.01)。因此该问卷有较好的信度和效度。

表 6 - 5　基本公共服务影响因素问卷的信效度分析

维度	项目数	同质性信度	内部一致性系数	
医疗卫生	5	0.74	0.85	***
义务教育	5	0.78	0.88	***
基础设施	5	0.74	0.89	***
行政服务	3	0.78	0.73	***
社会保障	3	0.75	0.72	***
公共文化	3	0.78	0.73	***
公共安全	3	0.77	0.79	***
公共服务总分	27	0.90	1.00	

同质性信度:Cronbach's α 系数. *** :P < 0.01

公共服务影响因素量表的信效度:Cronbach's α = 0.79

内部一致性系数:各维度与公共服务总分的相关性

（二）描述性资料

表 6-6 的数据显示,该问卷各维度的平均值即 M 值,没有出现特异现象,医疗卫生服务维度的平均值为 16.60;义务教育维度的平均值为 14.80;基础设施维度的平均值为 14.99;行政服务维度的平均值为 9.35;社会保障维度的平均值为 10.11;公共文化维度的平均值为 8.30;公共安全维度的平均值为 9.01;公共服务总分为 83.16,属于正态分布情况。

表 6-6　基本公共服务影响因素问卷各维度和总分的描述性资料及正态分布检验

维度	M	SD	最小值	最大值	偏度	峰度	Z 值及其显著性
医疗卫生	16.60	3.17	7.00	20.00	-0.79	0.25	1.94*
义务教育	14.80	3.63	5.00	20.00	-0.23	-0.53	1.29*
基础设施	14.99	3.52	6.00	20.00	-0.31	-0.51	1.31*
行政服务	9.35	2.14	3.00	12.00	-0.55	0.19	2.20*
社会保障	10.11	1.93	5.00	12.00	-0.59	-0.61	3.37*
公共文化	8.30	2.21	3.00	12.00	-0.21	-0.20	1.63*
公共安全	9.01	2.21	3.00	12.00	-0.19	-0.71	1.68*
公共服务总分	83.16	15.34	40.00	108.00	-0.09	-0.62	1.10*

Z 值:单样本 Kolmogorov - Smirnov 检验的 Z 统计量.

四、相关性分析

如果只是简单分析每一个变量的描述性统计量,则无法判定这个变量能否对预测或总体描述产生影响。因此,必须在自变量的全部数据中进行选择,并通过相关性系数来观察自变量与因变量之间的相关性。进行回归研究、构造回归模型的前提条件是各变量必须具有相关性。

通常的做法是以因素分析为基础选择相应变量,并将原有变量加以替换。其原因在于通过因素分析选择的变量数远远小于原有的变量个数,更重要的是,经过因素分析选择的因素的内容涵盖它们所替换的多个变量的概念。在有多个自变量但同时只有一个因变量的情况下,可通过建立相关性矩阵的方法来观察所选择的变量之间的相关性。表 6-7 所展示的就是以基本公共服务满意度为因变量与多个自变量之间的相关性。这些自变量包括基础设施、医疗卫生、社会保障、义务教育、行政服务、公共文化以及公共安全等。

通过表6－7可以看出,所有自变量与因变量的相关性系数均大于0.7,因此可以证明这些自变量(基础设施、医疗卫生、社会保障、义务教育、行政服务、公共文化以及公共安全)与因变量(基本公共服务满意度)之间具有中高性相关关系。双尾检验的概率值均大于0.01,达到了0.000的显著程度,这拒绝了各因素不相关($P=0$)的原假设。

表6－7的数据证明了基本公共服务满意度与医疗卫生、义务教育、基础设施、行政服务、社会保障、公共文化以及公共安全等呈显著性正相关,即医疗卫生、义务教育、基础设施、行政服务、社会保障、公共文化以及公共安全等服务越好,则公共服务的满意度就越高。

表6－7　基本公共服务满意度与医疗卫生、义务教育、基础设施、行政服务、社会保障、公共文化以及公共安全的相关系数

变量	医疗卫生		义务教育		基础设施		行政服务		社会保障		公共文化		公共安全		公共服务满意度	
医疗卫生	1	***	0.7	***	0.75	***	0.61	***	0.53	***	0.48	***	0.56	***	0.85	***
义务教育	0.7	***	1	***	0.77	***	0.52	***	0.58	***	0.64	***	0.63	***	0.88	***
基础设施	0.75	***	0.77	***	1	***	0.58	***	0.54	***	0.59	***	0.63	***	0.89	***
行政服务	0.61	***	0.52	***	0.58	***	1	***	0.47	***	0.43	***	0.61	***	0.73	***
社会保障	0.53	***	0.58	***	0.54	***	0.47	***	1	***	0.49	***	0.61	***	0.72	***
公共文化	0.48	***	0.64	***	0.59	***	0.43	***	0.49	***	1	***	0.55	***	0.73	***
公共安全	0.56	***	0.63	***	0.63	***	0.61	***	0.61	***	0.55	***	1	***	0.79	***
公共服务满意度	0.85	***	0.88	***	0.89	***	0.73	***	0.72	***	0.73	***	0.79	***	1	***

表中数值为 Pearson 相关系数.　***:$P<0.001$(双侧).

第三节　基本公共服务满意度的多元回归分析

所谓多元回归分析,就是将一个因变量与多个自变量间的数量变化规

律用一定的数学表达式加以描述和表达,而因变量与多个自变量间的数量变化规律是进一步确定这些自变量的变化对与之相关的因变量的影响程度,也就是通过一种确定的函数关系近似地表达了较为复杂的多个自变量与因变量之间的相关关系。

一、模型及变量检验

本书中经过因子分析得到的自变量都为数值型变量,因变量公共服务满意度也以数值型变量的方式呈现。基于研究目的和数据类型,采用多元回归分析来确定最终的模型,并检验各自变量(各因子)对因变量(公共服务满意度)的影响极其作用程度。

(一)模型检验

经过逐步回归分析方法,最终确定的模型如方程6－1式所示。经过检验,该模型 $p < 0.01$,说明该模型具有显著统计学意义;模型的 R^2 为76.90%,说明模型稳健度较好,但只有六个因子进入了模型(公共文化没有进入模型),选入模型的六个因子可以解释因变量近77%的变异程度。因此,模型通过检验,可靠度较好。

$$Y = 0.006 + B_1X_1 + B_2X_2 + B_3X''3 + B_4X_4 + B_5X_5 + B_7X_7 \cdots （方程6－1）$$

(二)变量检验

在此以基本公共服务满意度作为因变量,以七个维度因素值即医疗卫生服务、义务教育服务、基础设施服务、行政服务、社会保障服务、公共文化服务以及公共安全服务等为自变量(人选预测变量),以 SPSS19.0 为分析工具,对基本公共服务满意度进行多元回归分析,其结果见表6－8。

表6-8　基本服务满意度影响因素的多元回归分析

因变量	入选预测变量	非标准化系数(B)	标准系数	t值及显著性		多元相关系数(R)	决定系数(R²)	调整决定系数(△R²)	F值及显著性	
公共服务满意度	基础设施	0.04	0.23	3.30	***	0.78	0.61	0.61	253.90	***
	社会保障	0.06	0.19	3.71	***	0.83	0.70	0.69	183.84	***
	医疗卫生	0.04	0.21	3.29	***	0.86	0.74	0.73	148.28	***
	公共安全	0.04	0.14	2.51	***	0.87	0.76	0.75	124.98	***
	义务教育	0.03	0.17	2.67	***	0.88	0.77	0.76	104.50	***
	行政服务	0.04	0.13	2.55	***	0.88	0.78	0.77	91.21	***

注：*** :P<0.001.;回归系数 α=0.66

其一,在以医疗卫生服务为自变量的情况下,R^2(决定系数)的值为0.74,即以医疗卫生服务为自变量时,有74%的基本公共服务满意度变异量可以得到解释;调整决定系数$\triangle R^2$(增强解释量)说明了预设模型与实际情况的拟合程度,其值为0.73,因此可以看出在医疗卫生服务维度上较为理想的拟合优度;同时,在该情况下的标准回归系数 β = 0.21,在基本公共服务满意度影响因素中,医疗卫生服务起到了显著的正相关作用。

其二,在以义务教育服务为自变量的情况下,R^2(决定系数)的值为0.77,即以义务教育服务为自变量时,有77%的基本公共服务满意度变异量可以得到解释;调整决定系数$\triangle R^2$(增强解释量)说明了预设模型与实际情况的拟合程度,其值为0.76,因此可以看出在义务教育服务维度上较为理想的拟合优度;同时,在该情况下的标准回归系数 β =0.17,在基本公共服务满意度影响因素中,义务教育服务起到了显著的正相关作用。

其三,在以基础设施服务为自变量的情况下,R^2(决定系数)的值为0.61,即以基础设施服务为自变量时,有61%的基本公共服务满意度变异量可以得到解释;调整决定系数$\triangle R^2$(增强解释量)说明了预设模型与实际情况的拟合程度,其值也为0.61,因此可以看出在基础设施服务维度上较为理想的拟合优度;同时,在该情况下的标准回归系数 β =0.23,在基本公共服务满意度影响因素中,基础设施服务起到了显著的正相关作用。

其四,在以行政服务为自变量的情况下,R^2(决定系数)的值为0.78,即以行政服务为自变量时,有78%的基本公共服务满意度变异量可以得到解释;调整决定系数△R^2(增强解释量)说明了预设模型与实际情况的拟合程度,其值为 0.77,因此可以看出在行政服务维度上较为理想的拟合优度;同时,在该情况下的标准回归系数 β = 0.13,在基本公共服务满意度影响因素中,行政服务起到了显著的正相关作用。

其五,在以社会保障服务为自变量的情况下,R^2(决定系数)的值为 0.70,即以社会保障服务为自变量时,有 70% 的基本公共服务满意度变异量可以得到解释;调整决定系数△R^2(增强解释量)说明了预设模型与实际情况的拟合程度,其值为 0.69,因此可以看出在社会保障服务维度上较为理想的拟合优度;同时,在该情况下的标准回归系数 β = 0.19,在基本公共服务满意度影响因素中,社会保障服务起到了显著的正相关作用。

其六,以公共安全服务为自变量的情况下,R^2(决定系数)的值为 0.76,即以公共安全服务为自变量时,有 76% 的基本公共服务满意度变异量可以得到解释;调整决定系数△R^2(增强解释量)说明了预设模型与实际情况的拟合程度,其值为 0.75,因此可以看出在公共安全服务维度上较为理想的拟合优度;同时,在该情况下的标准回归系数 β = 0.14,在基本公共服务满意度影响因素中,公共安全服务也有较为显著的正相关作用。

同时,公共文化这一因素没有成为公共服务满意度这一因变量的自变量,即公共文化这一因素没有进入公共服务满意度的回归方程,说明在控制其他变量的情况下,公共文化这一因素对因变量基本公共服务满意度没有统计学意义。

经过以上分析,我们最初建立的基本公共服务满意度的估计方程,以及将基本公共服务满意度设为 Y,则有:公共服务满意度(Y) = 0.66 + 0.04 医疗卫生(X1) + 0.03 义务教育(X2) + 0.04 基础设施(X3) + 0.04 行政服务(X4) + 0.06 社会保障(X5) + 0.04 公共安全(X7)。

$$Y = 0.66 + 0.04X1 + 0.03X2 + 0.04X3 + 0.04X4 + 0.06X5 + 0.04X7$$
································· (方程 6 - 2)

是完全符合现实并且成立的。回归方程的整体有效程度,一般情况下可通过方差分析来完成。我们在表 6 - 8 中看到的 F 值及其显著性就是方差分析的结果,所有引入方程的六个维度的 F 值的相伴概率均为 0.000,这个数值远远小于 0.05。因此说明,无论是医疗卫生服务,还是义务教育、基础设施、行政服务、社会保障以及公共安全,对公共服务满意度有显著影响。

二、模型回归结果及相关问题讨论

(一)模型回归结果解释

基于上述模型与变量,最终在模型中,各自变量(各因子)前面的符号都为正向的。所以各因子对因变量(基本公共服务满意度)的影响都是正向的,即随着各因子数值的增加,公众对政府基本公共服务满意度也是随之增加的。具体来说,在控制其他自变量的情况下,因子一(公共卫生服务)每增加1个单位,公众对政府公共服务满意度会增加0.04个单位;因子二(义务教育服务)每增加1个单位,公众对政府公共服务满意度会增加0.03个单位;因子三(基础设施服务)每增加1个单位,公众对政府公共服务满意度会增加0.04个单位;因子四(行政服务)每增加1个单位,公众对政府公共服务满意度会增加0.04个单位;因子五(社会保障服务)每增加1个单位,公众对政府公共服务满意度会增加0.06个单位;因子六(公共安全服务)每增加1个单位,公众对政府公共服务满意度会增加0.04个单位。

由此可以看出,在所选六个因子中,社会保障即因子五,是对政府基本公共服务满意度影响最大的因子。

(二)相关问题讨论

对天津地区公共服务满意度的考察,选取了基础设施服务以及医疗卫生服务、社会保障服务、义务教育服务、基础设施服务、行政服务、公共文化服务和公共安全服务等七个考察变量,但公共文化服务变量没有进入回归方程,即在我们的研究中公共文化服务对基本公共服务满意度没有明显影响。其他六个变量进入了回归方程,说明它们都对基本公共服务满意度产生了影响。对其影响的原因和程度我们作如下分析。

1.社会保障服务

社会保障服务对基本公共服务满意度的影响最大,即最为明显。所谓社会保障,指的是"国家为了保证全体社会成员的基本生活保障来源的安全而制定的社会政策"①。无论是西方的新历史学派的社会改良观,还是庇古的福利经济学、凯恩斯的国家干预理论,以及保障持续劳动力制度安排的贝弗里奇报告,对于政府为什么应该在社会保障方面发挥作用,都作了较为深刻的论述。

在马克思看来,实行按劳分配会造成事实上的不平等。为了弥补这种事实上的不平等和贫困差距,从而实现社会公平,他主张从消费资料中进行一些扣除,建立社会保障后备基金。这一方面满足社会成员的公共福利,另一方面给丧失劳动能力的人或贫困者提供援助和救济,使他们能够维持基本生活水平。为此,一个国家的政府应当参与国民收入分配,通过社会保障制度在分配机制上的特有功能,缓解社会分配的不公正状态,从社会道德和人类文明所要求的公正目标出发,为一部分特殊的社会成员提供基本物质生活需要,以求得国民收入分配的公平性。② 正因如此,社会保障成为中央政府和地方政府公共物品供给基本构成的重要组成部分。它不仅直接关系到大众的切身利益,同时它更是大众生活、生产最直接和最基本的保障。因此,它与基本公共服务满意度的关系最为密切。

2. 基础设施服务

基础设施对公共服务满意度的影响也十分明显。本项研究中的基础设施限定为物质性基础设施,指在社会生产和人民生活中起基础作用的公共设施。经济学理论和实践均已证明,"搭便车"是人的一种普遍心理。正是这种心理的作用使得市场对基础设施的供给经常处于一种供不应求的状态。同时,由于基础设施具有较强的准公共物品特性和有自然垄断性,因此,基础设施的供给不能完全依靠市场来完成,政府有必要作出适当的补充。即使在市场经济十分发达的西方国家,市场也不能完全满足社会对基础设施的需求,也要在一定程度上借助政府的力量。有鉴于此,基础设施也就成为中央政府和地方政府公共物品供给的基本构成。人们的生活离不开基础设施,它与人们的衣、食、住、行直接相关。因此,在我们的模型中,它是仅次于社会保障的一个因素。

---

① 刘燕生:《社会保障的起源、发展和道路选择》,法律出版社,2000年,第6页。
② 参见陈昌盛、蔡跃洲:《中国政府公共服务:体制变迁与地区综合评价》,中国社会科学出版社,2007年,第143页。

3. 医疗卫生服务

医疗卫生服务对基本公共服务满意度的影响也较为明显。伴随经济社会和科学技术的发展,人类的防病与自我保健意识也不断增强。因此,在医疗卫生服务需求迅速扩大的同时,人们对医疗卫生服务供给的要求也呈现多层次、全方位的特点。但由于医疗卫生服务对象和产品的特殊性,使得它与一般的商品不同。医疗卫生服务的公益性特点决定了它的主要供给者不是市场而是政府。从社会角度来看,人群健康是个体智力、体力和情感能力的总和,它构成了社会生产力的基础和社会发展的原动力;从经济角度来讲,人群健康是社会生产力延续和产生的物质基础,是人类资本的基石之一。因此,人群健康是社会进步和经济发展的基本前提和保障,而医疗卫生服务是实现人群健康的基本保障。

医疗卫生服务的内容十分广泛,包括社会个体的生理、心理以及社会适应等方面的预防、保健、康复和治疗的内容。由于社会经济的发展、医学技术的进步以及人类健康意识的增强,以往的医疗卫生服务无论是在内容上,还是数量上都不能很好地满足社会公众日益扩大的需求,因此出现了"看病难""看病贵"的现象。"医疗卫生服务由于其公共物品属性、较强的外部性、信息不对称性、服务本身的特定平等性以及政府对于正义的伦理要求使得这类服务纳入公共服务的范畴,由政府直接干预或直接提供"①。因而其成为中央政府和地方政府公共物品供给的基本构成。

医疗卫生服务关系千家万户,其水平状况是现代人生活质量的一个重要指标。它不仅是人们关注的焦点,更是人们关注的热点;它对基本公共服务满意度的影响也较为直接。

4. 公共安全服务

公共安全服务对基本公共服务满意度的影响也较为明显。公共安全不仅是人们顺利进行生产的前提,也是人们生活和娱乐等活动的保障。公共安全服务的内容较为丰富,不仅包括社会稳定、人口安全、环境安全、能源安全等宏观性的因素,同时更包含了社会治安、公共场所安全、公共卫生、交通安全、生产安全、食品安全、减灾防灾等具体内容。其中这些宏观性的因素

---

① 陈昌盛、蔡跃洲编著:《中国政府公共服务:体制变迁与地区综合评价》,中国社会科学出版社,2007 年,第108 页。

与公众的切身利益和需求相距甚远，我们没有将其纳入考察内容，而是对那些具体的、与公众生产和生活直接相关的因素进行了考察，其结果显示它对基本公共服务满意度的影响也较为密切。

5.行政服务

行政服务对公共服务满意度的影响也较为明显。这里的行政服务主要包括行政效率、政务透明和公务员素质三项内容。

首先，行政效率对基本公共服务满意度的影响。传统的行政效率观是以企业型的投入产出之间的机械型比例来解释行政效率的，就是将行政服务活动的效果与活动过程中所消耗的人、财、物及时间的比例关系解释为行政效率，没有考虑公共服务特殊性所带来的无法量化的产出。提供行政服务的公共部门不仅目标具有多元性，还存在目标弹性，其投入的成本信息缺乏一定程度的透明性，这样看来产出就有一部分无法量化。如果仅仅通过企业型的投入产出比例是无法客观考察行政效率的。因此，我们通过社会资源配置与利用的最终结果即社会评价来考察行政效率。公众是行政服务的接受者和体验者，他们对行政服务的满意情况可以直接说明行政效率的真实情况。

其次，政务透明对基本公共服务满意度的影响。政务透明或政府公开是指"国家的立法、行政、司法制定或决定的文件、资料、信息情报等活动和结果应依据法律的规定和程序，有义务在一定范围内对公众和社会开放"[①]。在我国，政务透明或政务公开得到大力推行，其目的是建立服务型政府。政务透明一方面体现为政府行为和制度决策的透明；另一方面则体现在公民对政府决策的参与以及政策执行的监督和反馈，并在监督与反馈的过程中与官员互动的制度安排。政务透明不仅维护了公众的根本利益，也保障了公民的基本权利。因此，政务透明受到社会各界的密切关注，并成为基本公共服务满意度的重要影响因素之一。

再次，公务员素质对基本公共服务满意度的影响。公务员是公共服务的实施者，其素质很大程度上决定了公共服务的水平和质量，公众对公共服务的感受也在一定程度上受到公务员素质的影响。因此，服务型政府建设

---

① 杨建国：《透明政府视阈下政府新闻发言人制度建构》，《东北大学学报》（社会科学版），2010年第1期。

对公务员素质的要求较高。行政服务(行政管理)领域是服务型政府建设的前沿,是公共服务的窗口,相对而言,它是较高层次的基本公共服务,但由于人们对基本公共服务需求还处于低、中层次,因此,行政服务(行政管理)对基本公共服务满意度的影响没有上述几项明显。

6. 义务教育服务

义务教育服务也是影响基本公共服务满意度的一个重要因素。义务教育包含于基础教育中,"基础教育是一个特殊的教育阶段,其教育内容对于受教育者未来的生存而言是基础性的,包括基本知识、基本技能、基本行为规范、基本生活习惯、基本价值观等"[1]。义务教育作为公共物品是基础教育的一项基本内容,无论从社会公平角度看,还是就市场失灵而言,都应当而且必须由政府提供,特别是各级地方政府提供。

基于上述理由,"在基础教育阶段实施义务教育,由公共财政负担绝大部分资金,是现代国家的通行做法。一些国际标准把义务教育视为国家最基本的职责,发达国家基本上全部实现了免费义务教育,发展中国家在这方面立法也在加快,例如印度的第93次宪法修正案寻求在联邦宪法中把免费义务教育作为6~14岁孩子的一项基本权利。我国已经制定了义务教育法,实行九年制义务教育。据第91届国际教育会议提议的调查统计资料,在199个国家和地区中,实施普及义务教育的有177个,占总数的89%;其中有7个国家普及义务教育的年限已达到12年"[2]。因而基础教育,特别是其中的义务教育是公共物品,是中央政府和地方政府公共物品供给的基本构成。

尽管基础教育是人们最为关切的内容和主题,但由于我国目前的基础教育状况不断改进和完善,使得人们对其关注程度不像以往那样专注。因此,这也是导致本模型中义务教育(基础教育)与基本公共服务满意度的关系不同于上述其他内容的直接原因。

7. 公共文化服务

文化是城市的灵魂和内涵,更是民族的希望和生机之所在,因此,对于国家和城市而言,加快文化现代化建设是城市现代化和民族发展的重要保证。但对于公众个体而言,尽管公共文化也属基本公共服务内容之一,但其

---

[1][2]　陈昌盛、蔡跃洲:《中国政府公共服务:体制变迁与地区综合评价》,中国社会科学出版社,2007年,第60页。

属于较高层次的需求,在我国社会,目前较大部分公众的公共服务需求尚未达到这样的层次,因此公共文化因素对公众的公共服务满意度的影响并不明显,也由此导致了公共文化因素没有进入基本公共服务满意度回归模型。

第七章　服务型政府建设的制度供给

从管理型政府向服务型政府转变是当代中国社会转型的必然要求,也是政府适应经济社会发展和行政理念更新的必然诉求。服务型政府建设能否取得成效,关系到我国行政管理体制改革的成败,进而关系到社会秩序和政府的合法性。服务型政府建设不仅需要理念引导,而且需要相关的制度与之配套。只有这样才能促使服务型政府建设取得实际成效。本章将从四个方面探讨服务型政府建设的制度供给。

第一节　听证制度

改革开放以后,我国行政法治建设取得了长足的发展。近四十年来为了加强行政法治建设,我国制定了一系列行政法律法规,其中一些法律法规在中国行政法治史上具有里程碑意义。1996 年 3 月 17 日,八届全国人大四次会议通过的《中华人民共和国行政处罚法》就具有这种意义。该法首次明确规定了听证程序,对于完善我国的行政法治,推进依法行政,建设法治型政府具有重要意义,对于服务型政府也具有重要的制度建设价值。

一、听证制度的由来和法理基础

听证制度不是中国的传统制度,而是"舶来品",是中国在实现现代化的征程中吸收和借鉴外国有益制度的成果。虽然中国传统上也有所谓的"兼听则明,偏信则暗"等与听证制度类似的思想,但出于种种原因这一思想并没有发展成为现代意义上的听证制度。西方的听证思想同样源远流长,但一般认为英国普通法中的自然公正原则是这一制度的法理基础,此后又被美国的"正当法律程序"加以深化和发展。

自然公正(natural justice)原则是英国普通法的一个古老的程序性原则,最初是英国皇家法院监督行政机关和下级法院是否公正行使权力的重要原则。由于英国普通法并不严格区分公法与私法,这就导致私法领域与公法领域往往适用相同的原则,结果自然公正原则就从传统上的公法领域扩及一切行使权力的人和团体,成为一种最低限度的公正原则。在早期英国判例史上,法官将自然公正原则解释为"自然法(natural law)"的一部分,并且将自然法优位的原则判定为英国法的组成部分。具体来说,这一原则包括两个最基本的程序规则:①任何人或团体在作出对别人不利的决定时,必须听取对方的意见;②任何人或团体不能做与自己有关的案件的法官。①

实际上,早在1215年的《大宪章》当中就已经出现了程序正义的观念,即通过程序的公正保障最终结果的公正。在英国,作为实现程序正义手段之一的听证程序,最初只适用于司法程序,即在案件审理的过程中,法官只有在倾听双方当事人的意见之后才能作出裁决。后来,听证制度被美国借鉴,并且进一步扩大了其适用的范围,形成了美国的"正当法律程序(due-process of law)"②。美国宪法修正案第五条明确规定:"未经正当法律程序不得剥夺任何人的生命、自由和财产。"根据美国联邦最高法院的解释,美国宪法所规定的"正当法律程序"既适用于司法程序,也适用于行政程序。正当法律程序在行政领域的最基本要求,包括通知(notice)、听证(hearing)及理由之陈述(statement of reason),即行政机关在作出不利于行政相对人的决定时,必须告知当事人作出该决定的事实、理由和根据,并给予当事人陈述和申辩的机会。因此,听证制度对于行政机关来说是一种义务,是一种宪定的不可违背的义务;对行政相对人来说则是一种权利,是一种宪定的不可剥夺的权利。③

尽管听证程序在西方国家已经成为一种司空见惯的做法,但是对该制度的研究尤其是专门性研究却并不是很多。总结起来,国外对该制度的研究主要有以下两个特点:

---

① 参见王名扬:《英国行政法》,北京大学出版社,2007年,第117页。
② 温华福:《试析当前我国行政听证制度的完善》,《魅力中国》,2011年第11期。
③ 参见杨海冲:《行政听证制度若干问题的研究》,《政府法制研究报告》,1997年第9期。

第一,大多以间接研究为主,把听证程序作为某个具体政策问题的组成部分加以论述和研究。如理查德·伯特于1974年出版了一本关于美国国会在1947—1971年间国防政策听证会方面的书籍。作者出版此书的目的,并不是以学术研究为目的,而主要是为美国国防政策的学术研究提供一些有价值的第一手资料,属于文献资料汇编性质的书籍。① 另外,还有一些学者在关于社会保障、卫生保健和妇女就业等具体问题的研究中,也会涉及这些问题决策过程中的听证问题。但有必要指出的是,上述研究都不是以听证为中心而展开,而是围绕着以具体领域的政策问题为中心而展开。

第二,个别的专门研究也不是以听证程序本身作为重点,而是侧重于听证活动中具体策略的运用。例如车可卫在1981年曾发表一篇学术论文,该论文的重点就是听证当中的政治问题。② 在这些研究中,尤为引人注目的是简·麦特在1984年出版的《听证程序与战略:影响公共决策指南》一书。在该书中,简·麦特除了简要介绍听证种类外,通篇重点阐述的是相关利益主体如何更好地运用听证程序从而影响决策,如从一开始的听证组织的成立和为听证进行的事先准备,到听证过程中具体听证策略与战术、听证沟通技巧的运用,甚至连在听证过程中遇到麻烦时的应对之道,都进行了详细的介绍。在该书的最后部分,作者还为公共管理者们介绍了听证管理方面的一些训练内容、责任事项和实际操作的原则与技巧等。

可见,在西方国家,听证制度因为其本身的历史较长,实践积累的经验较为丰富,再加上实际运作比较规范,致使听证这一对西方政府治理作用和影响较大的制度并没有成为学界关注的焦点。学者们反而把关注的重点放在了听证所涉及的具体政策和相关主体在听证过程中如何实现效益最大化等问题。

二、我国听证制度的引进及其存在的问题

我国政府运作方式的诸多变革或创新举措中,听证制度格外引人瞩目。

---

① See Burt Richard, *Congressional Hearings on American Defense Policy 1947 – 1971*, The University Press of Kansas,1974.

② See Checkoway B., The Politics of Public Hearings, *Journal of Applied Behavior Science 1981*, 17 (4): pp. 566 – 582, 1981.

短短几年时间,听证制度就已经在我国的公共管理等领域中都得以广泛应用,其应用速度之快、范围之广确实是人们始料未及的。其实,听证制度的引进和广泛适用绝非偶然,它恰恰适应了我国社会转型发展的现实需要,符合入世透明条款的原则要求,也合乎中国行政体制改革的战略选择,因而它是我国一种重要的公共管理改革措施。在一定意义上说,听证制度虽然仅仅是政府政务公开和公共决策体制中的一个微观机制变化,但该项制度的建立和实施会对整个公共决策体制和整个行政体制改革产生重大影响。因此,它在整个行政体制改革中有着重要的地位,也应该引起全社会的高度重视,特别是在其实施的初期,更应该引起学术界的密切关注。

自从 1996 年《行政处罚法》引入听证程序后,听证在中国作为一个新的制度供给引起了人们广泛的关注。1998 年施行的《价格法》规定,"制定关系群众切身利益的公用事业价格、公益性服务价格、自然垄断经营的商品价格等政府指导价、政府定价,应当建立听证会制度,由政府价格主管部门主持,征求消费者、经营者和有关方面的意见,论证其必要性、可行性"之后,各种价格听证会在诸多的管理领域相继展开。在实施听证制度过程中,存在以下问题:

第一,在价格听证、立法听证等关系公共利益的听证程序中,听证代表的遴选缺少法律依据。这就导致在实际运作中,很多公众代表都是通过"指定""邀请"等内部方式产生的。通过这种方式选出的代表,姑且不论其是否具备足够的专业知识以确保其能够有效地参与听证程序,行使听证权利,单从其产生的程序本身就足以使人对其代表性产生怀疑,因为在"委托—代理"机制下,代理人永远不会对委托人之外的第三人负责。再加上在听证过程中,听证代表的行为并不能受到有效的监督和制约,这就导致听证程序有可能沦为一场事先已经彩排好的演示,失去其本身存在的意义和价值。因此,听证代表遴选机制的建设势在必行。理想的听证代表必须具备下列条件:①具备听证事项所要求的专业知识和分析问题、举证证明己方观点和合理质疑相关观点的能力。②珍惜自己职业荣誉,不会因为一些蝇头小利而随意损害自己的社会形象。只有这样的听证代表,其在听证程序中所发表的意见才会被裁决者尊重进而被采纳,或为政策设定的依据。这才符合听证制度设置的本意。

第二，许多地方的听证会随意性大、透明度低、形式主义严重。如《行政处罚法》规定"较大数额的罚款"是当事人申请听证的法定事由，但究竟何为"数额较大"？并没有明确的规定，导致听证程序的启动随意性较大。再比如《行政处罚法》虽然规定"听证应当公开进行"，但又明确规定"涉及国家秘密、商业秘密或者个人隐私"的除外，这就导致现实当中行政机关有可能以涉密为由将本应公开的听证程序变为秘密听证，透明度欠缺。又比如《行政处罚法》只是规定听证由"非本案调查人员主持"，但是对于听证主持人并没有资格限制或者要求，致使一些不具备相应素质的人员充当听证主持人，整个听证过程充满了武断、傲慢与官僚气息，致使听证程序不再是行政相对人维护自身合法权益的有效手段，而是成了接受政府"再教育"的过程。此外，对于听证会上所收集的意见，行政机关并不是综合地予以考量和平衡，而是"预设前提"，对自己有利的予以采纳，对自己不利的则往往予以忽视，并且并没有对为何不采纳相关意见给出令人信服的理由，使得听证会沦为一场"听证秀"，形式主义明显。

我国听证制度在实施过程中之所以存在上述问题，原因主要在于以下两点：

第一，观念落后。听证制度作为一种现代制度，本身是法治的产物和体现。但我国历史长期处于封建社会，人治思想根深蒂固，虽然改革开放之后，中国政府也大力推进民主和法治建设，并取得了明显的效果，但是人治的观念并没有完全消除，甚至在部分人的观念当中仍然占据主导地位。人治思想是一种与听证制度存在和发挥作用格格不入的思想土壤，这是导致听证制度在实际运作中出现种种变态的重要原因。因而我国仍需进一步解放思想，切实推进"法治国家、法治政府和法治社会"的建设。

第二，制度本身构建不合理。作为一种"舶来品"，我国在引进听证制度的过程中，只注重名而忽略实。这体现在立法中就是原则性规定多，而在具体的实施环节要么规定不够具体，要么根本没有规定。此外，该制度所需要的相关配套措施也没有随之建立起来。上述原因导致听证制度在实践中还无法充分地发挥其应有的作用。制度的生命在于实施，而实施的前提在于制度具有较强的可操作性。对此，以后需要进一步完善听证制度及其配套制度的构建，为该制度的实施打下良好的基础。

三、中美听证制度之比较

（一）听证种类和适用范围

在美国，听证包括正式听证与非正式听证两种。[①] 这两种听证的区别在于听证笔录的效力不同，具体来说，在正式听证中，行政机关的裁决必须以听证笔录为根据；而在非正式听证中，行政机关只要给予当事人口头或书面陈述意见的机会即可，听证笔录只是行政机关作出裁决的参考，而不是依据。本章所探讨的美国听证程序仅指正式听证。

在美国，凡是行政机关作出对行政相对人及其他利害关系人不利的决定，利害关系人均可以要求举行听证，陈述自己的意见。这是一种原则性规定，除非满足《联邦行政程序法》以否定方式明确列举的不适用听证的情形，方可不进行听证。虽然随着社会的发展，法院又通过判例发展了诸多不适用听证程序的情形。但无论如何，听证是常态，不听证是例外。

反观我国，引进听证制度的时间比较晚，适用范围也相当有限，主要表现为只是在一些单行法中规定了听证制度，除了前文列举的《行政处罚法》《价格法》之外，还有《行政许可法》《立法法》以及一些地方性法规，而不是像美国那样在《行政程序法》中将听证作为一般原则加以规定。当然，由于我国法治建设的滞后，尚没有《行政程序法》等一般性的行政立法，也没有关于听证的专门立法。目前这种以单行立法的方式正面列举适用听证的情形，必然存在挂一漏万的弊端，不能全部列举应当适用听证的情形，这无形当中限制了听证制度的适用范围。

（二）听证参加人

在美国，有权要求参加听证的人的范围相当广泛，既包括直接的行政相对人，也包括其他间接的利害关系人。直接相对人由于其权利和利益受到行政决定的直接影响，为当然的听证当事人；间接利害关系人，虽然不是行政决定直接作用的对象，但只要其权利和利益会受到行政决定的影响，仍然有资格成为听证参加人。如美国州际商业委员会规定铁路运输的价格，在

[①] 参见刘蕾：《浅析中美行政听证制度》，《学理论》，2011 年第 21 期。

此种情形下,铁路部门由于直接受到该规定的影响,当然有权要求听证;而与铁路处于竞争关系的其他运输部门如公路、航空部门,甚至消费者的权益也会受到该规定的影响,那么公路、航空部门及消费者作为间接利害关系人也有权要求听证。

我国《行政处罚法》中规定只有当事人有权申请听证,《行政许可法》与《行政处罚法》相比,扩大了有权要求听证的人员的范围,除了当事人之外,利害关系人也有要求进行听证的权利。但此处的利害关系人仍然只是指直接利害关系人,间接利害关系人仍不包含在内。2010 年 12 月,我国铁道部新修订的《铁路旅客运输规程》和《铁路旅客运输办理细则》正式实施。根据原规定,如果乘客没赶上列车,可在开车后两小时内办理改签。新规定实施后,普通列车的车票改签须在开车前办理,动车不受此限制。对此修改,消费者、公路和航空部门都应当有权参加听证,但铁道部制定该规章时既没有公布草案,没有征求民众意见,也没有进行任何形式的听证。

(三)听证主持人

1. 职能分离

随着公共行政的发展,基于管理和服务的需要,行政机关集调查权、裁决权于一身,有利于提高行政效率,但权力过于集中容易滥用,可能损害相对人合法权益,行政机关行使行政权的结果很难为社会一般理性人认可,行政听证中表现为职能合并和职能分离之争。

职能分离源于普通法自然公正原则即任何人不能作自己案件的法官。行政机关既是行政决定者,又是调查裁决者,集两权于一身,违背自然公正原则。在美国,主持听证和从事裁决的机构和人员,不得从事与听证和裁决行为相冲突的活动,即不得实施追诉活动和追诉前的调查活动。职能分离分为完全分离和相对分离。完全分离是一种外部分离,即行政裁决职能和追诉职能、调查职能以及执行职能分别由互相独立的机构或个人行使。法国的行政法院制度是完全分离的例证。相对分离是一种内部分离,从表面上看,行政机关同时具有调查、追诉和裁决三种职能,但这三种职能是由行政机关内部不同的工作人员行使,并在执行各自职能的过程中,实行严格的区分和隔离,即执行调查和追诉职能的人员,不能参加事后的裁决和听证活动;同样,执行听证和作出初步裁决的人员,也不能和调查人、追诉人以及其他当事人事先单方面接触。美国联邦行政机关除国家劳动关系委员会之外都采用内部分离,行政法官制度就是内部分离的结果。

2. 行政法官制度

听证程序作为一种社会利益平衡制度,其功能发挥的关键是听证主持人的中立和独立。没有中立地位,就难免偏听偏信;没有独立地位,也就不可能客观公正。1946 年美国《联邦行政程序法》制定以前,听证主持人主要是行政机关人员,称为"询问审查官"①,和其他机关工作人员一样,完全受行政长官的指导和管辖,没有独立的法律地位和职权,听证官员不中立,具有随意性。

《联邦行政程序法》确立听证审查官由联邦文官委员会对具有律师资格和行政经验的人员,通过考核,将其列入听证审查官名单中,行政机关根据需要,从文官委员会认可的名单中任命听证主持人。1972 年后听证审查官改称行政法官,虽然在编制上仍然是行政工作人员,但其任免、工资、待遇等由文官委员会控制,而不是由行政机关的长官直接控制。这一举措确保了行政法官在法律上具有相对独立性,行政法官在听证程序中可保持事实上的中立地位。

3. 禁止听证人员和当事人单方接触

古语云:"兼听则明,偏信则暗",如果听证主持人需要向当事人了解情况,应当在双方当事人都在场的情况下进行调查和了解,而不允许其与当事人进行单方接触,以免形成偏见和错误的预断。美国《联邦行政程序法》规定,禁止听证人员和当事人单方接触。

我国的听证主持人像美国一样,也是采用内部分离的模式。《行政处罚法》第四十二条第一款第四项规定:"听证由行政机关指定的非本案调查人员主持";《行政许可法》第四十八条第一款第三项规定:"行政机关应当指定审查该行政许可申请的工作人员以外的人员为听证主持人。"但是我国的这种内部分离在实际上并不能达到与美国内部分离相同的效果。因为虽然调查人员和听证主持人不是同一人,但二者都属于同一机关的工作人员,难以保证听证主持人不受其他外界因素干扰。此外,我国的听证主持人与一般

---

① 王名扬:《美国行政法》(上),中国法制出版社,2005 年,第 379 页。

的行政机关工作人员无异,仍然要受到本机关行政长官的直接支配,并且我国目前也没有禁止听证主持人和当事人单方接触的相关法律规定,这些都导致听证主持人的中立性难以得到保证。

(四)听证笔录

美国《行政程序法》规定,听证程序结束后,听证主持人负有制定听证笔录的义务,即将当事人的陈述、提交的证据等制作成书面文件,并且采用案卷排他规则,即听证笔录是行政机关作出行政裁决的唯一依据,不允许采取听证以外的其他证据作为作出裁决的依据。关于这一点,美国学者伯纳德·施瓦茨说过:"在依法举行的听证中,行政法庭做出裁决时,不得考虑审讯记录以外的任何材料。若不遵守这一原则,受审讯的权利就毫无价值了。"

我国《行政处罚法》由于制定较早,相关理论研究不成熟,导致在该法中并没有规定案卷排他制度,直到 2003 年的《行政许可法》才首次采纳这一制度,作出了与美国相同的规定。这是立法上的一个进步。

四、服务型政府听证制度构建的对策建议

(一)界定公众参与和行政听证的适用范围

从性质上讲,除了涉及国家秘密、紧急决策等之外,政府在出台事关重大、牵涉面广的政策或者重大革新性决策时必须经过听证,尤其是重大的革新性决策,由于其本身往往是对原有政策作出较大改变,势必会引起利益的重新分配。社会公众由于其惯性心理和对新事物的不信任等因素,在新政策出台之初往往对其存在抵触情绪。即使是对公众有利的政策,也可能因为利益分配不均而导致部分公众的不满。因此,制定新政策或者修订原有政策,必须对政策内容予以周密、全面的考虑,并充分听取各方意见,把政策对公众的不利影响降到最低限度,使政策更公平合理。对此,党的十八大报告提出:"坚持科学决策、民主决策、依法决策,健全决策机制和程序,建立决策问责和纠错制度,凡是涉及群众切身利益的决策都要充分听取群众意见。"

听证制度从内容上讲,涉及的政府事务主要是那些与公众利益相关的公共产品供给的政策问题。这种广义的公共产品包括政府的授益政策和负担政策、公共产品供给及其价格调整、公共基础设施建设、环境保护与市镇规划建设等方面的有形与无形产品等。它们与政府、公众有着密切联系,并具有以下四个特点:一是体现利益性,如各种税收制度的制定和税率的设计,必然要涉及部分社会公众的切身利益;二是与公众的密切相关性,即它们的变化对公众的切身利益具有直接影响;三是影响范围的广泛性,不仅包括有形产品,如电话网络收费,还包括无形产品,如公共文化建设、城市规划、制度与规范等;四是政府的主导性,这些公共产品在很大程度上是由政府垄断和控制的,或者是政府在其中起主导作用的。所以政府在对这些公共产品的分配进行决策时,必须更多地关注公共产品的特性,听证制度在很大程度上能够实现公众的最终利益偏好。

(二)完善听证代表产生机制

在公共服务的供给中要形成供给者、消费者、监管者、咨询者等多方制约格局,并建立代表咨询、专家论证、民意调查的决策系统,特别是针对某一公共政策议题的相关专家和律师代表很有必要。对于专业性、技术性较强的公共政策,要经由专家论证、技术咨询、决策评估等制度,保证公共政策制定的科学化和可行性。而在各类公共政策制定中,也要经由相关的法律咨询,以保证公共政策内容的合法性。对此,党的十八届四中全会提出,要"积极推进政府法律顾问制度,建立政府法制机构人员为主体、吸收专家和律师参加的法律顾问队伍,保证法律顾问在制定重大行政决策、推进依法行政中发挥积极作用"。

服务型政府建设需要配套机制的完善,其中政务公开和公示制度是其重要方面。但是政务公开和公示制度是政府回应的一个最基本层面,听证才是扩大公众参与、增加决策透明度和公开性的一个重要途径。[①] 它真正使民意进入公共决策的民主化和制度化层面,就政府而言,是一种较深层次的政府回应。但是与民主一人一票、机会均等和多数决定原则不同,听证是给政策利害关系人表达意见、提供资料和证据的程序,听证会的运作过程与民主的运作过程存在着很大的差别。一方面,听证的目的在于保证行政机关的依法行政和保护公众的合法权益;另一方面,它是以其专业知识而不是投票权影响决策,因此听证结果完全有可能置多数人的意见于不顾而采纳少

---

① 参见许文惠、张成福:《行政决策学》,中国人民大学出版社,1997年,第349页。

数人的意见,而这一结果本身要想获得各方面的认可,听证代表的构成及其专业素质就显得至关重要。为保证听证的有效性,其公众代表的产生由政府来组织,但必须由公众产生,如采用报名之后公推、公选等方式,而不应当由政府任命或指定,在法律法规上也不应将参加听证的人员统得过死。深圳市早在 1989 年就在全国率先推行价格听证制度,成立了价格管理咨询委员会。在该委员会的 35 名成员中有教授、企事业单位经理、政府官员、居委会代表和普通市民等各种人员,保证了政府在公共产品价格调整上充分反映公众的需求,成为深圳市政府回应实践的一种重要形式。

(三)设计一系列的辅助性制度

听证制度的实施需要设计一系列的辅助性制度,如告知制度、调查取证制度来确保政府对民意的回应。告知制度主要表现为告知权利和说明理由。"告知权利"可以使相对人明确自己所享有的权利并进而通过说理、辩论来维护自身权益。比如美国联邦政府各部门在制定或修改法规之前,事先都要在一份名为联邦注册的报纸上通知公众,并详细告知他们如何参与听证程序。听证的另一个重要内容就是要向公众交代结果,"说明理由"要求政府机关在作出决定时必须明确解释这种行为的理由,如果没有吸纳相对一方在听证过程中表述的意见,也必须予以说明,包括事实与法律依据,以此切实体现政府对公众意见的重视,使听证不流于形式。此外,在听证程序中听证代表的发言不是仅代表其个人的发言,而是代表相关利益群体的发言,为了使其发言更具代表性、更全面、更符合实际,听证代表就有必要事先广泛听取相关人士尤其是专业人士的意见和建议,从而有利于改变信息不对称和地位不平等的状况。科学、客观的调查取证制度不仅是公共政策的民主技术,通过直接、间接、全面、重点或抽样等形式多样的各种调查,可以客观地获取听证相关信息,并使多方利益相关者获得充分的发言权,同时调查取证的过程也是一种反映民意、回应公众的有效过程。

听证制度在西方国家经常被运用,而且涉及范围广泛,实际效果也比较明显。实践证明,制度化、规范化的听证制度不仅可以通过吸纳民间知识资源以弥补政府在公共决策中"知识和信息"的不足,以便于政府制定出民主性和科学性兼容的公共政策,而且能不断吸纳民意,平衡社会不同群体、不同阶层人们的不同利益。这样,政府就可以通过听证这种方式以尊重民意的姿态彰显决策的民主性来赢得公共政策的正当性,进而赢得公众的支持。

第二节　信息公开制度

随着 2008 年 5 月 1 日《中华人民共和国政府信息公开条例》(以下简称《公开条例》)正式施行,我国首次在国家层面对政府信息公开制度予以规范,使社会公众能够依法获取有关政府的职责权限、办事程序、办事结果、服务内容、监督方式等信息,有效地保障了公众的知情权、参与权和监督权。近年来实践发展也证明,政府信息公开制度的确立是加快推进服务型政府建设的一个重大举措。

一、政府信息公开制度概述

(一)政府信息公开制度的内涵

随着经济社会的进步、信息化进程的推进、信息化时代的来临,政府信息公开已经成为世界潮流。在我国,随着民主法治建设的推进而带来的政府信息公开实践的发展,学术界对政府信息公开予以关注并通过研究取得了相关的成果。

何为政府信息? 政府信息"是反映行政活动特性和变化规律的信息,是行政管理中所接受、传递和处理的各种情报、资料、文书、报表和数据的总称"[1]。也有学者认为,政府信息一般是指政府机构为履行职责而产生、获取、利用、传播、保存和负责处置的信息。[2]《公开条例》对政府信息作了如下规定,即政府信息是指行政机关在履行职责过程中制作或者获取的,以一定形式记录、保存的信息。

对于政府信息公开制度的含义,学界认识有一定的差异。有学者认为,政府信息公开制度是指行政主体在实施行为过程中,除了法律规定的情形外,必须将其行政行为公开于社会和相对方,让其知晓和了解相关情况的一

---

① 沈亚平:《行政学》,南开大学出版社,2010 年,第 145 页。
② 参见应松年、陈天本:《政府信息公开法律制度研究》,《国家行政学院学报》,2002 年第 4 期。

种制度。① 还有学者认为,政府信息公开制度是指国家行政机关、法律法规授权的组织,以及政府委托的组织在行使国家行政管理职权的过程中,通过法定形式和程序,主动将政府信息向社会公众或依申请而向特定的公民和组织公开的制度。② 从一般意义上说,政府信息公开制度是围绕政府信息公开而制定的制度,其中涉及政府信息公开的原则、适用机关、公开和豁免公开的范围、公开的方式和程序、涉及政府信息公开与豁免公开的申诉和诉讼等。从政府信息公开的类别来说,主要分为政府根据相关法律法规规定主动公开和被动公开。

1. 政府信息主动公开

政府信息主动公开是指政府主动地在政府公报、政府网站、新闻发布会,以及报刊、广播、电视上公布政府信息。《公开条例》第九条规定行政机关对符合下列基本要求之一的政府信息应当主动公开:①涉及公民、法人或者其他组织切身利益的;②需要社会公众广泛知晓或者参与的;③反映本行政机关机构设置、职能、办事程序等情况的;④其他依照法律、法规和国家有关规定应当主动公开的。此外,《公开条例》还具体规定了县级以上各级人民政府及其部门,设区的市级人民政府、县级人民政府及其部门,乡(镇)人民政府重点公开的政府信息。

2. 政府信息被动公开

所谓被动公开是指依相对人申请,政府及其相关部门依法允许申请人通过查询、阅读、复制、下载、摘录、收听、观看等形式,依法利用政府所掌握的信息;或者应申请人的申请将政府信息以通告、告示、布告、公告等方式予以公开。对此,《公开条例》第十三条规定,公民、法人或者其他组织可以根据自身生产、生活、科研等特殊需要,向国务院部门、地方各级人民政府及县级以上地方人民政府部门申请获取相关政府信息。

(二)服务型政府建设与政府信息公开制度

党的十六届六中全会强调要建设服务型政府,强化社会管理和公共服务职能。这是执政党在其文件中首次提出服务型政府建设的明确要求。政府信息公开制度作为建设服务型政府的重要环节,其健全和完善必将有力

---

① 参见皮纯协、刘飞宇:《论我国行政公开制度的现状及其走向》,《法学杂志》,2002 年第 1 期。
② 参见刘恒等:《政府信息公开制度》,中国社会科学出版社,2004 年,第 2 页。

地促进我国服务型政府的构建。

1. 政府信息公开是建设"透明"政府的客观需要

近些年来,经由中央和地方的实践,我国政府在其信息公开方面取得了较为明显的成效,而且在相关的法律法规,比如《立法法》《预算法》《行政许可法》《突发公共卫生事件应急条例》《政府信息公开条例》等法律法规中对政府信息公开进行了规定,为实现服务型政府建设所需要的政府信息公开奠定了坚实的法制基础。政府信息公开的实质是建设"透明"政府,只有政府处于"透明"状态,公民的知情权才有保障,公民才会积极表达民意,才能将政府官员的监督落到实处;反过来说,由于"透明"政府处于公众的监督之下,才能促使政府官员顺应民意、体恤民情。因此,一个服务型政府必然也是一个"透明"政府。党的十八届四中全会提出:"要全面推进政务公开。坚持以公开为常态、不公开为例外原则,推进决策公开、执行公开、管理公开、服务公开、结果公开。各级政府及其工作部门依据权力清单,向社会全面公开政府职能、法律依据、实施主体、职责权限、管理流程、监督方式等事项。重点推进财政预算、公共资源配置、重大建设项目批准和实施、社会公益事业建设等领域的政府信息公开。"上述论述为政府新时期信息公开指明了发展方向,必将促进我国政府信息公开制度的完善。

2. 政府信息公开有利于实现信息资源的优化配置

现代政府组织规模庞大、职能广泛,且掌握着现代化的高科技手段,在其职能履行过程中必然产生和拥有大量行政信息。而公民作为政府管理的相对方,在公共信息资源的分配中往往处于不利地位。再加上以往以保密为原则,以公开为例外的传统理念,助长了政府对信息资源的垄断。这种状况与服务型政府建设不相符合。服务型政府在本质上是为社会公众提供公共服务的政府,而为社会公众公开政府信息是服务型政府内在要素之一。因此,构建服务型政府就必须通过政府信息公开使信息资源在政府与公众之间进行分配,破解以往公民与政府之间信息不对称的难题,使公民与政府能够共享政府信息资源,公民可以获得及时、准确、足量的政府信息,了解政府工作,依据公开的信息与政府进行有效的沟通,从而能更好地实现自己的权利;同时,政府信息公开使得公众的参与度大大提高,公众的监督才能够得以落实。

3.政府信息公开有利于优化发展环境

根据党的十七届二中全会《关于深化行政管理体制改革的意见》,到2020年,我国行政管理体制改革的目标之一是实现政府职能向创造良好发展环境的根本转变。因此,优化发展环境已成为新时期我国政府的一项重要职能。优化发展环境涉及方方面面,其中政府信息公开是其重要的组成部分。近年来由非政府国际组织所作的众多调查研究表明,企业和投资者对于一个国家、一个地区的投资发展环境的信心,很大程度上来源于政府的信息透明程度。社会上有价值的信息都掌握在政府手中,企业和百姓的生产与生活都离不开政府所提供的信息。如果政府部门将信息封锁起来,利用自身垄断优势地位进行"寻租",为小团体或个人牟利,就会使企业和投资者蒙受额外损失,迫使企业采取不正当竞争手段,导致市场环境恶化,使得现实的和潜在的投资者望而却步。反之,建立规范化的、可操作的信息公开制度,将为企业和投资者进行生产经营和资本运营活动最大限度地提供可预测的发展前景,创造公平、公正、公开的竞争环境,并为他们提供更多的公共信息服务。尤其是随着现代信息技术的发展,政府在线信息公开将大大减少企业和投资者的往返奔波,节省人力和物力,降低企业成本,获得更大利益。

二、政府信息公开制度的基本目标

从世界发达国家政府信息公开制度的发展来看,政府信息公开制度的基本目标可以表达为三个取向:

(一)政府信息获取的广泛性

所谓广泛性,一是指政府信息获取主体的广泛性。这一意义上的广泛性涉及的是哪些人能够获取政府信息。对于以公开自身信息为使命的政府来说,应当确定"以公开为常态,以不公开为例外"的施政理念,采取相关措施为最广泛的社会公众提供获取政府信息的机会,使更广泛的社会公众都能获取所需要的政府信息。这也就意味着,在政府信息供给上不能仅仅考虑社会上部分群体的有关政府信息的需求,而应该以社会绝大多数人的利益为考量,使不同的社会公众都能有获取自己所需政府信息的机会。在服务型政府下,全体公民都要能够平等地享有公共服务的权利,在基本公共服务面前人人平等。就政府信息公开服务来说,作为政府信息获取主体的社会公众,应该平等地享有获取政府信息的权利。也就是说,政府信息的开放系统强调的是社会效益,强调对社会的公平,让公众普遍受益。二是指获取内容的广泛性。这一意义上的广泛性是指"行政法规、规章、行政政策以及行政机关做出影响相对人的权利、义务的行为的标准、条件、程序应依法公布,让相对人依法查询、复制;有关行政会议、会议决议、决定以及行政机关的活动情况应允许新闻媒体依法采访、报道和评论"[1]。也就是说,除依法应予保密的之外,政府不应在政府信息获取方面为社会公众设置阻碍,社会公众对政府信息内容获取的范围直至法律所设置的界限为止。

(二)政府信息获取的便捷性

政府信息获取的便捷性涉及社会公众获取政府信息的效率问题。在政府信息公开过程中,应当遵循"以人为本"与"零障碍"的理念,通过高效便利的方式,最大限度降低公众获取政府信息的时间成本,使公众能够迅速有效地获取自己所需要的政府信息。便捷性不仅意味着社会公众能够获得政府信息,而且还要使社会公众方便快捷地获得政府信息。随着现代政府日益向服务型政府迈进,政府管理目标越来越强调提高公共服务效率和关注服务效果,政府必须高效地向社会提供公共服务,尽量减少公众获得公共服务的时间成本。

(三)政府信息获取的有效性

政府信息获取的有效性涉及的是社会公众关于政府信息质量方面的可及性。也就是说,政府应当保障社会公众能够获取政府的优质信息,能够真正满足社会公众对于政府信息的需求。衡量服务型政府建设成效的标准,一个是效率,一个是质量。相对于效率标准而言,政府所提供的公共服务的质量体现了公共服务的优劣程度,它是服务型政府建设评价的重要指标。服务型政府不仅强调公共服务的高效率,更重视公共服务的高质量。因此,服务型政府的一项重要职能就是向社会提供高质量的政府信息,并在政府信息供给过程中加强反馈,根据社会公众对政府信息需求的变化,不断提高

---

① 姜明安主编:《行政法与行政诉讼法》,北京大学出版社、高等教育出版社,1999年,第51页。

政府信息供给的质量,以实现《公开条例》关于"提高政府工作的透明度,促进依法行政,充分发挥政府信息对人民群众生产、生活和经济社会活动的服务作用"的立法目的。

综上所述,政府信息公开的三个目标取向——政府信息获取的广泛性、政府信息获取的便捷性与政府信息获取的有效性,符合服务型政府下公共服务的特点与要求,代表着政府信息公开未来发展的趋势与方向。

三、政府信息公开制度目前面临的障碍

我国政府信息公开制度相对于改革开放前取得了长足的进步,但由于各方面的原因,政府信息公开仍然存在着一些问题,这些问题的存在影响着服务型政府的构建。

(一)政府信息公开主体的单一性

目前我国政府信息公开属于政府主导型。这种类型的信息公开模式具有一定的局限性。首先,政府在信息公开的内容、时间及方式上拥有决定权,不利于社会公众对政府的信息公开施加影响,即使是与自身利益相关的信息公开也是如此。其次,政府主导信息公开可能使政府官员对应公开的信息而不公开,或者公开不实信息,致使社会公众难以监督政府官员的行政行为。

(二)政府信息公开监督机制不够完善

《公开条例》规定:"国务院办公厅是全国政府信息公开工作的主管部门,负责推进、指导、协调、监督全国的政府信息公开工作","县级以上地方人民政府办公厅(室)或者县级以上地方人民政府确定的其他政府信息公开工作主管部门负责推进、指导、协调、监督本行政区域的政府信息公开工作","政府信息公开工作主管部门和监察机关负责对行政机关政府信息公开的实施情况进行监督检查"。这样,政府身兼信息公开及监督的双重职能,信息公开工作和监督工作同属于政府,不利于政府有效地监督自身的信息公开工作。政府信息公开缺乏相应的监督机制有可能影响政府信息公开的成效。尽管《公开条例》规定了政府信息公开的社会评议制度,但是对社会评议的主体及其权利、社会评议的程序与结果等应当具体加以规定。

（三）政府信息公开的推动力不足

"从世界范围内看,信息公开分为办事制度型的公开与权利型的公开,它们的区别主要产生于法律渊源的不同。作为一项权利,其前提是有明确的法律规定。"①我国政府的信息公开目前主要是政府主导的办事制度型的公开,政府决定信息公开的内容、时间及手段。我国政府信息公开推动力不足表现在两个方面:一是内部推动力不足。有的政府官员"官本位"思想导致其以自身利益为标准进行信息公开,对危及自身利益的信息不予公开或公开不实信息;有的政府官员对民众关于政府信息的需求不予理睬甚至设置障碍。二是外部推动力不足。一方面,民众对政府信息公开的参与积极性不够;另一方面,不少民众对政府的信息公开不予关注,采取一种冷漠的态度。

（四）政府信息公开的救济机制不够完善

为监督和保障政府信息公开,《公开条例》规定了行政机关及其工作人员不履行信息公开义务的处理措施,如责令改正、行政处分甚至追究刑事责任。公民、法人或者其他组织认为行政机关不依法履行政府信息公开义务的,可以向相关部门举报,如果认为行政机关在政府信息公开工作中的具体行政行为侵犯其合法权益的,可以依法申请行政复议或者提起行政诉讼。应该说《公开条例》对于监督和保障政府信息公开所采取的措施还是健全的,但在具体操作中仍然面临可以提起行政复议和行政诉讼的主体范围问题。根据规定,可以提起行政复议和行政诉讼的权利主体是政府信息公开工作中的具体行政行为的行政相对人,那么在依申请公开信息过程中合法权益被侵犯时,行政相对人可以提起行政复议和行政诉讼,而对于政府应主动公开信息而未公开或导致公众的权益被侵犯的情况下,如果不能申请复议和提起诉讼,行政相对人的权利救济则受到了限制。

四、构建服务型政府视野下的政府信息公开制度的完善

政府信息公开是建设服务型政府的前提之一,若政府对涉及民生等问

---

① 张冠文:《我国信息公开制度的现状研究》,《兰台世界》,2005年第5期。

题的信息不予公开,服务型政府建设就无从谈起,政府的公信力就会受到质疑。

(一)提升政府信息公开立法的位阶

政府信息公开是建设法治政府、服务政府的保障,是推进"阳光政府"的有效手段,是提升政府公信力进而使政府获取合法性的重要基础,实施政府信息公开是建设服务型政府的重要环节和基本前提。因此,为构建服务型政府起见,应当更加重视政府信息公开的立法工作。我国现行的政府信息公开立法限于国务院行政法规层面,其法律效力低于《保密法》《档案法》等相关法律。一旦与之发生冲突,则易于产生"让位"现象,从而影响政府信息公开的顺利实施。因此,在政府信息公开实践取得基本经验和成效,并在参照其他国家有益做法的基础上,我国应当适时地制定政府信息公开法。政府信息公开法的立法取向应当凸显保障公民、法人和其他组织的知情权,将获得政府信息作为其一项基本权利,围绕如何保障行政管理相对人的知情权、参与权来构建我国政府信息公开的法律体系。

(二)进一步明确政府信息公开的范围

我国的《公开条例》对政府主动公开的信息作了列举性规定,并且在第十四条规定:"行政机关应当建立健全政府信息发布保密审查机制,明确审查的程序和责任","行政机关在公开政府信息前,应当依照《中华人民共和国保守国家秘密法》以及其他法律、法规和国家有关规定对拟公开的政府信息进行审查"。此处的"国家有关规定"作为限制政府信息公开的一项审查标准,存在内涵不清的问题,因而易于导致政府信息免除公开扩大化的结果。有研究指出:"由于我国政府信息公开范围立法采用的是肯定列举和否定概括的模式,对于要求主动公开的政府信息予以明确列举,使得公开的政府信息的范围及内容一目了然、清楚,便于行政机关操作执行。而对不予公开的范围采用概括规定,有些过于简单、模糊和宽泛,有很大的收缩性。"[1]一方面,采用列举的方式规定主动公开的范围,由于政府信息数量庞大且不断变化,因此必然限制了政府信息公开的范围;另一方面,采用概括的方式规定不予公开的范围,则失之弹性较大,难以避免行政机关在政府信息公开方

---

[1]　唐旭:《谈我国政府信息公开的范围》,《法制与社会》,2014年第10期。

面滥用自由裁量权。因此,对于政府信息公开的例外情形,有必要采取概括加列举的方式明确其范围。这有助于政府信息公开的实际操作,并使政府信息公开获得实际意义。

(三)处理好政府信息公开原则与保密原则的关系

我国《公开条例》规定了政府信息公开的事前审查制度,而且对于政府信息不能确定是否可以公开时,应当依照法律、法规和国家有关规定报有关主管部门或者同级保密工作部门确定。在此涉及政府信息公开和保密的关系问题。《公开条例》在规范政府信息公开原则时,只是规定了"行政机关公开政府信息,应当遵循公正、公平、便民的原则",而在《保密法》中,也只是规定了"法律、行政法规规定公开的事项,应当依法公开"。上述法规和法律未能清晰地规范政府信息公开和保密之间关系。因此,应当破除以往的"以不公开为原则,以公开为例外"的传统,按照党的十八届四中全会《中共中央关于全面推进依法治国若干重大问题的决定》中"坚持以公开为常态、不公开为例外原则",针对相关法律法规关于国家秘密范围失之宽泛等问题,对保密事项科学分类并以明确具体的列举方式予以规范。

(四)以电子政务为重点,强化网络信息服务制度

现代信息技术的发展为政府的公共管理和服务提供了便捷的手段。我国各级政府较为普遍地重视运用现代信息技术和信息资源加强电子政务建设。通过电子政务建设可以实现政府所拥有的信息资源的共享和利用,为政府和社会公众的双向沟通与互动开辟了新的、便捷的渠道。这有利于克服以往那种政府与社会信息沟通的单通道模式所带来的弊端。电子政务所带来的政府信息公开不仅可以保障社会公众的知情权,有利于行政相对人对政府的监督,而且如果把对人们生产和生活有用的信息通过官方的渠道予以公开,就降低了人们搜索和获取信息的成本,提高了社会经济效益,并最终降低了整个社会的交易成本。① 政府网站被人们称为政府信息公开的"第一平台"。政府信息上网后,一方面,可以减少对政府信息公开的人为干扰,保证信息的相对客观性和真实性;另一方面,由于相关行政依据、程序和结果的公开性和可直观性,有利于社会公众对行政活动的监督。因此,对于

---

① 参见沈亚平、李娜:《交易成本视域下的政府信息公开研究》,《未来与发展》,2015 年第 6 期。

政府信息公开,应当将传统方式和渠道与现代信息技术下的现代方式和渠道相结合,实现政府信息全方位、多渠道的公开。有研究指出,我国如今政府信息网站还存在区域发展不平衡、顶层设计明显缺失、网站后台数据共享不足、网站利用创新意识不足、门户网站存在安全隐患的不足。[1] 对此,应当在吸取以往经验的基础上采取针对性的措施加以解决。

第三节　财政制度

随着我国政府职能由统治型向管理型再向服务型的转变,相应的制度建设也应加快步伐,从而对服务型政府的构建起到保障作用。在各项制度建设中,公共财政制度可谓具有重要性,因为政府职能的实施必须要有相应的财力作保障,离开了公共财政,政府则难以发挥作用。公共财政制度建设是服务型政府构建的重要途径或方法,能为服务型政府的建设打好经济基础。然而现行公共财政制度的建设却相对滞后,并对服务型政府的建设造成阻碍。因此,必须认识到公共财政制度的建设对服务型政府构建的意义,以及现行公共财政制度的缺陷,进而提出公共财政制度建设的合理构想,通过公共财政制度的完善来促进服务型政府的建设。

一、公共财政与公共财政制度

财政是庶政之母,邦国之本。按照《西方经济学大辞典》的解释,财政或称公共财政,是作为政权组织和社会管理者的政府为了满足公共需要、提供公共服务而进行的资金收入与分配活动。从经济学范畴看,公共财政是政府提取一部分国民收入进行的公共性收支活动;从政治学范畴看,公共财政是政府为履行职能凭借公共权力强制性介入国民财富生产、分配过程而形成的特殊分配关系,是政府再分配国民财富,实现社会公平正义的重要工具。各国政府为了保证其职能的实现,大都以政府的名义运用强制力量参与转化为价值形态的社会产品的分配,并对所分得的社会产品价值进行管

---

[1]　参见李洪克等:《地方政府门户网站发展现状研究》,《电子政务》,2016 年第 10 期。

理和使用。①

公共财政具有以下三个特征:第一,公共财政的国家主体性。国家作为公共财政管理的主体不同于公司企业或家庭,而是以整个国家作为一个单位而存在,辐射的范围更广,并以行政权力作保障,具有权威性与强制性。第二,公共财政的公共性。从某种意义上说,公共财政从"公共中来",并"走向公共"。公共财政主要来自于社会资源,其中税收收入又在公共财政收入中占有相当大的比重,国家通过征收后再加以分配,从而做到取之于民,用之于民。公共财政的重要特征也体现于此,不仅要强调"收",还要注重"支",为百姓谋求福利。第三,公共财政的服务性。公共财政之所以受到国家的高度重视,主要由于公共财政是国家实现其各项职能的经济基础与物质保障。国家的各项职能要想顺利地实施,必须要有公共财政作为支撑,尤其在一个幅员辽阔、人口众多的国家更是如此。没有财政作保障,一切皆为空谈,所以可以认为公共财政为国家各项职能的实施而服务。同时,公共财政还要满足公共需求,随着经济社会的快速发展、人们生活水平的提高和国家财政收入的逐渐增加,人们的公共需求也不断上涨,因此公共财政必须要做好对公共需求的回应,尤其是政府的基本公共服务,如教育、医疗、就业、社会保障、环境保护等,而这些恰好是容易发生市场失灵的领域,更要做好对各项基本服务的资金投入,用"看得见的手"实施宏观调控,以做好对公众对社会的服务。

公共财政制度是公共财政活动中的游戏规则,具有政治、经济双重制度属性,是市场经济体制下政府进行资源配置的收支跟随的制度安排,表现为一组财政组织制度、财政活动规则、财政行为法律,主要由公共财政体制、公共预算制度、公共支出制度、公共收入制度所组成。② 西方发达国家经历了由"领地国家"到"税收国家"再到"预算国家"的财政转型③,而我国公共财政制度也经历了深刻的制度转型。关于我国公共财政制度转型历程主要有两种概括:一是由 1949 年后的"自产国家"到 1978 年后的"税收国家"再到

---

① 参见沈亚平:《行政学》,南开大学出版社,2010 年,第 204 页。

② 参见李元江、官锋、赵德银:《社会主义市场经济的公共财政制度研究(下)》,《财政研究》,2002 年第 2 期。

③ 参见王绍光、马骏:《走向"预算国家"——财政转型与国家建设》,公共行政评论,2008 年第 1 期。

1999 预算改革以来的"预算国家";①二是由中华人民共和国成立之初的"供给保障型"财政转变到计划经济体制时期的"生产建设型"财政,再到市场经济确立初期的"经营管理型"财政,并在 21 世纪初向"社会服务型"财政转变。② 当前,与服务型政府建设要求相比,我国在公共财政制度化建设上还相对滞后,主要原因在于目前我国的制度体系正处于整体转型时期,而且如何运用公共财政制度更好地加强服务型政府建设还处在探索阶段。因此,在实践的基础上,正确认识公共财政制度建设与服务型政府构建的关系具有重要的意义。

二、公共财政制度建设对服务型政府构建的意义

公共财政制度建设对服务型政府的构建意义重大,二者的关联性也很明显。公共财政制度建设可以被视为服务型政府构建的途径和手段;在一定意义上说,服务型政府的构建可以被看作公共财政制度建设的目的及归宿。公共财政制度作为服务型政府建设的重要支撑,其完善将会对服务型政府的构建起到积极的推动作用。

(一)公共财政制度建设为服务型政府构建提供坚实的经济基础

如前所述,政府各项职能的履行必须要以公共财政为其作经济保障。一方面,通过公共财政制度建设,政府可以在合法合理的前提下开辟新税种,扩大财源,合理规划政府的公共财政收入,并保持公共财政收入随着经济发展而稳定增长。当今,政府财力短缺在全球范围来看是一种普遍的现象,面对普遍高涨的公共服务需求,政府提供优质公共服务面临较大的困难。因此,随着经济社会的发展,合理"辟财",不仅有利于减轻财力短缺的压力,而且还为政府提供优质服务打下坚实的经济基础。另一方面,政府公共产品的供给需要有充足的财源。在市场失灵的领域,需要政府这只"看得见的手"发挥作用,尤其是涉及与百姓生活关联度较高的领域。政府公共服务的内容较多、范围宽泛,必须要有稳定、充足、可靠的资金作保障,才能保

①　参见王绍光、马骏:《走向"预算国家"——财政转型与国家建设》,公共行政评论,2008 年第 1 期。

②　参见朱光磊等:《服务型政府建设规律研究》,经济科学出版社,2013 年,第 162 页。

证政府各项服务职能的顺利履行。所以从某种角度看,公共财政制度的建设可谓服务型政府构建的一项根本性制度建设。

（二）公共财政制度建设有利于加强对服务型政府建设的指导与监督

首先,公共财政制度建设有利于国家财政管理活动的法制化与规范化,有利于政府服务职能的实施在既有的制度框架下运行,在一定程度上减少了管理活动的随意性。系统规范的公共财政制度是政府依法依规组织财政收支活动,履行法定职能的基本准绳。若公共财政制度不健全,政府的财政收支及职能履行活动则在很大程度上表现为政府自由裁量行为。在缺乏制度、规则约束的条件下,政府在公共财政上的自由裁量容易造成过度攫取导致经济社会发展动力不足、过度支出浪费国民财富等问题,进而损害公共财政的公共性与服务性。因此,建立一套公共财政制度框架并对服务型政府加以指导,有利于政府根据一定的标准和规范行事。其次,公共财政制度的建设有利于加强对服务型政府的监督。通过对公共财政的制度化建设,以监督政府行使其职能的公共支出是否符合既定的规范,是否达到了要求与标准,是否用于"公共"目的。从服务型政府的视角看,政府的职能界定应该为服务性,主要是做到对社会对公众的服务。因此,政府的公共支出也应该相应地投放在政府基本服务的领域,投放在影响经济社会发展的薄弱环节。公共财政制度化建设有利于清晰地检查政府的公共支出行为,检查政府活动的规范情况,检查政府是否坚持了服务性的取向,能对服务型政府的建设起到较强的监督作用。

（三）公共财政制度建设有利于进一步推动政府职能的转型

我国以往的公共财政属于生产性财政,即在生产建设上的投入比重较大。"社会主义国家政府的社会管理和社会服务职能特别繁重,政府以管理政治事务的方法来管理经济和社会事务。据统计,20 世纪中期'文化大革命'期间,中国政府财政总支出的 60% 用于工农业拨款和贷款,12% 用于社会服务、文化、教育和科学,12% 用于国防,5% 用于政府自身的管理,11% 用来贷给国家机构和地方政府。"①随着我国政府职能向加强公共服务转变,在职能定位上就是服务型政府,服务型政府的一大重要特征就在于对社会和

---

① 于燕燕:《社区自治与政府职能转变》,中国社会出版社,2005 年,第 116～117 页。

公众的服务。而以往的公共财政支出很难体现政府的服务性质,在生产建设上的投入比重比较大,政府将触角伸到了本应该由市场发挥作用且能够很好发挥作用的领域,对市场主体产生了排挤效应。在非生产领域,如基础设施、教育、环保、医疗、就业、社会保障等领域,却成了政府投入的薄弱环节。这或许是由于经济发展的需要所致,或许是必经的一个过渡时期。如今随着经济的稳步增长,随着公众需求的不断上升,政府应该转换思维,在公共支出上适当提升政府在非生产建设上的投入比重。因此,加强公共财政制度建设,有利于政府调整公共支出结构,将关注点聚集在市场失灵的领域,在政府基本公共服务范围内行使职能。这不仅体现了政府的服务性职能,还进一步推动了政府职能的转变。

三、服务型政府视野下公共财政制度建设的困境

加快公共财政制度建设是拉动服务型政府构建的重要途径之一。但在当下,由于各方面的原因,公共财政制度的建设却面临诸多困境:或是由于政府对公共财政制度建设的认识还不充分,或是由于转型期政府还处于摸索阶段,但一个不争的事实就是:公共财政制度不健全必然会影响服务型政府的构建。目前,公共财政制度建设的困境主要体现在公共支出、分税制财政体制、财政监督机制和财政转移支付上。

(一)公共支出的结构安排不尽合理

随着经济社会的不断发展,一国的公共财政支出往往也会增加,同时公共财政支出的结构也应该有相应的变化。在一国经济发展的速度缓慢、国力低下时,政府的公共财政支出往往会偏向经济建设,以推动经济快速增长为目标,增强国家的经济实力,投资性建设支出会在整个公共财政支出中占有较高的比重。随着国家经济增长速度的加快,经济实力的增强,公共财政支出的结构就会发生相应的变化,即政府的投资建设性支出在整个公共财政支出中的比重会有所下降,与此同时,一些政府的基本公共服务的支出比重会逐渐增加。这也与随着国家经济实力增强,人民的生活水平提高后的公共需求变化有很大关系。通过对近几年国家财政在与人民生活密切相关的领域的支出进行单项分析(如表7-1),如果以2007—2014年的公共支出

为基础并加以比较,在表中涉及的六项支出中,除了医疗卫生支出是逐年增加外,其他五项因不同年份而有所增减,其中社会保障与就业支出所占的比重还有下滑的趋势。在政府的各项支出中,基本公共服务的支出与公众的生活密切相关,关系公众的生活水平。倘若政府没有治理好公众密切关注的领域,没有履行好服务的职能,很难称得上是服务型政府。总的看来,政府在其基本公共服务领域内的投入还不够,公共支出结构还有待调整。

表7-1　几项主要的基本公共服务支出及所占比重

时间	国家财政支出(亿元)	教育支出(亿元)	科学技术支出(亿元)	文化体育与传媒支出(亿元)	社会保障与就业支出(亿元)	医疗卫生支出(亿元)	环境保护支出(亿元)
2007年	49781.35	7122.32 (14.3%)	2135.70 (4.3%)	898.64 (1.8%)	5447.16 (10.9%)	1989.96 (4.0%)	995.82 (2.0%)
2008年	62592.66	9010.21 (14.4%)	2611.00 (4.2%)	1095.74 (1.7%)	6804.29 (10.9%)	2757.04 (4.4%)	1451.36 (2.3%)
2009年	76299.93	10437.54 (13.7%)	3276.80 (4.3%)	1393.07 (1.8%)	7606.68 (10.0%)	3994.19 (5.2%)	1934.04 (2.5%)
2010年	89874.16	12550.02 (14.0%)	4196.70 (4.7%)	1542.70 (1.7%)	9130.62 (10.2%)	4804.18 (5.3%)	2441.98 (2.7%)
2011年	109247.79	16497.33 (15.1%)	4797.00 (4.4%)	1893.36 (1.7%)	11109.40 (10.2%)	6429.51 (5.9%)	2640.98 (2.4%)
2012年	125952.97	21242.10 (16.9%)	4452.63 (3.5%)	2268.35 (1.8%)	12585.52 (10.0%)	7245.11 (5.8%)	2963.46 (2.4%)
2013年	140212.10	22001.76 (15.7%)	5084.30 (3.6%)	2544.39 (1.8%)	14490.54 (10.3%)	8279.90 (5.9%)	3435.15 (2.4%)
2014年	151785.56	23041.71 (15.1%)	5314.45 (3.5%)	2691.48 (1.7%)	15968.85 (10.5%)	10176.81 (6.7%)	3815.64 (2.5%)

(资料来源:根据《中国统计年鉴》、财政金融年度数据库相关数据并计算出所占比重。)

(二)分税制财政体制的弊端

财税制度是公共财政制度的关键组成部分,是政府财政收入的最主要来源。科学合理的财税制度是建设服务型政府的重要制度基础。中华人民共和国成立后,随着社会主义改造的完成和计划经济体制的建立,我国逐步建立了中央集权式统收统支的财税制度。1978 年党的十一届三中全会后,与我国经济体制改革进程相适应,财税制度也开始改革,中央下放财税权,实施以放权让利为核心的"划分收支、分级包干"财税制。但从内容实质上看,财政包干制是我国经济转型过程中采取的具有一定局限性的过渡性财税制度。1992 年,党的十四大首次确立建立社会主体市场经济体制的改革目标,财政包干制已不能适应实践要求。1994 年,国务院制定颁布《国务院关于实行分税制财政管理体制的决定》,对中央与地方的财权事权划分、税种税源分配、财政收支与转移支付制度等事项进行了系统改革,分税制改革正式启动。此后,以分税制改革为切入点,我国适应市场经济要求的公共财政制度及政策框架逐步建立。

分税制财政体制改革是我国财政体制发展进程中一次具有里程碑意义的重大改革,是中华人民共和国成立以来改革范围最广、力度最大、影响最深远的一次财税制度创新。[①] 分税制财政体制作为适应社会主义市场经济体制的一种改革与尝试,确实发挥了一定的积极作用。分税制重新调整确定了政府间财政收支分配关系,改变了财政资金过于分散的格局,为增强中央宏观调控与经济调节提供了有力工具;同时也有利于提高资源配置效率,优化经济结构,增强国家财力。

随着我国改革开放的深入与市场经济的不断发展完善,分税制的弊端也逐渐暴露出来。在服务型政府构建的视角下,分税制财政体制的弊端主要体现在政府财权与事权的划分上。首先,在分税制财政体制下,存在中央与地方支出责任划分不清的问题。一方面,本应该由中央支出的,结果由地方"买了单";另一方面,本应该由地方负责的,却由中央"付了账"。中央与地方的责任划分不清,将会对政府职能的实施产生不利的影响,缺位、越位的问题将很难得到解决。缺位主要表现为:由于中央与地方权责不明,按照公共选择理论的理解,中央与地方很可能都逃避某一项责任,结果导致本该由政府负责的领域,成为责任的"真空区"。为公众提供优质的公共产品是服务型政府的应有之义,也是政府用"看得见的手"来弥补市场失灵的途径。

---

① 参见彭健:《分税制财政体制改革 20 年:回顾与思考》,《财经问题研究》,2014 年第 5 期。

当出现中央与地方政府责任缺位的时候,相关问题得不到有效解决,公众的社会需求得不到满足,生活水平无法提高,自然而然,整个社会的福利水平都不会提高。而越位主要表现为:要么中央政府履行或介入了本应由地方政府履行的职责,要么地方政府履行或介入了本应由中央政府履行的职责。一方面,中央政府的越位势必会挫伤地方政府的积极性,导致计划经济时代的大包大揽,过度集权又卷土重来;另一方面,地方政府的越位更会增加自身的负担,从而使地方政府公共服务的能力受到质疑。

其次,从政府的财权与事权的角度看,地方政府的财权与事权并不匹配。根据表7-2可以看出,中央财政各项税收合计所占总税收的比重呈逐年下降的趋势,地方财政税收合计所占总税收的比重呈逐年上升的趋势,尽管如此,中央政府财政税收远远大于地方政府。但是地方政府作为地方公共服务的直接提供者,往往承担了太多的工作,要想履行好公共服务的职能,必须要有相应的财力作保障。通过对中央政府与地方政府的税收比较可知,中央政府税收所得偏多,地方政府税收所得偏少,在这种情形下,地方政府履行其服务职能必然会导致地方财政赤字,因而地方政府履行服务的职能面临财政障碍,事权与财权严重不对等。

表7-2 中央与地方税收及占总税收的比重

时间	各项税收合计 (亿元)	中央财政各项税收合计 (亿元)	地方财政各项税收合计 (亿元)
2007 年	45621.97	26369.85 (58%)	19252.12 (42%)
2008 年	54223.79	30968.68 (57%)	23255.11 (43%)
2009 年	59521.59	33364.15 (56%)	26157.44 (44%)
2010 年	73210.79	40509.30 (55%)	32701.49 (45%)
2011 年	89738.39	48631.65 (54%)	41106.74 (46%)
2012 年	100614.28	53295.82 (53%)	47319.08 (47%)

续表

时间	各项税收合计 （亿元）	中央财政各项税收合计 （亿元）	地方财政各项税收合计 （亿元）
2013 年	110530.70	56639.82 （52%）	53890.91 （48%）
2014 年	119175.31	60035.40 （50.4%）	59139.91 （49.6%）

（资料来源：根据《中国统计年鉴服务系统》财政金融年度数据库相关数据并计算出所占比重。）

（三）公共财政监督机制不健全

加强公共财政监督机制的建设也是构建服务型政府的一个重要方面。健全的公共财政监督机制，能够保障服务型政府职能的履行，控制并指导公共财政拨付使用，辅助实现服务型政府的目标。而不健全的财政监督机制，由于监督的不力或缺失，一方面，可能会滋生权力寻租行为，导致腐败的发生；另一方面，可能导致本应该用于公共服务领域的资金挪作他用，或者公共服务领域投入不力，无法有效地为公众提供优质的公共产品。在服务型政府的视角下，我国公共财政监督机制不健全主要体现在以下两点。

其一，社会公众无法对公共财政进行有效的监督。服务型政府最终的落脚点就在于认真履行其服务职责，为社会提供更多更好并令公众满意的服务。公众作为政府公共服务的需求者和接受者，最能直接感受和体验政府的服务状况。尤其是政府的基本公共服务，更是与公众的生活密切相关，公众对政府的服务态度、服务质量和服务方式更具有发言权，公众理所当然成为政府服务的评判者。因此，公共财政是否足额拨付并使用到政府基本公共服务领域，公共财政的使用是否有效、是否达到了政府的预期目标、是否满足了公众的需求并解决了相应的社会问题等，是公众对公共财政监督的题中之义。既然公共财政用于提供公共产品，满足社会公共需求，那么公众与社会更应该加强对公共财政的监督。然而现实的状况是，由于没有法定的效力和权力，公众、社会对公共财政的监督显得无力，结果公共财政监督主要成为内部的监督，而内部监督又存在很大的弊端，其效果也会遭受质疑。如果恒等式的一端是政府以税收的方式从公众那里汲取的资源，那另一端必然是满足公共需求的公共支出。从某种意义上说,如果没有公众的监督,政府没有将公共财政足额地、按时地用于公共服务,或挪作他用,那就是对作为政府公共服务对象的公众意志的违背。

其二,公共财政监督法制建设滞后。我国关于财政监督的法律主要有诸如《预算法》《会计法》《审计法》等,还没有形成完善的关于公共财政监督的法律体系,公共财政监督法制建设滞后。公众、社会对公共财政的监督之所以无力,从根本上说就是缺乏相关法律的保障与支持。法律的重要作用就在于规范、引导和保证公共财政监督在法律要求的范围内行事。通过法制建设,推动公共财政监督的进一步发展。由于相关法律建设的滞后,就会存在法律的空白区或真空区。因此,在制度供给不足时,公共财政监督的执行难度也进一步加大,很可能由于监督的缺失而产生公共财政的"暗箱运作",或偏离目标的执行和对财政资源的浪费。相比欧美国家,中国公共财政监督的法律体系也不健全。"从德国来看,《德意志联邦共和国基本法》对联邦和州的财政管理和财政监督等方面作出了明确的规定,同时还制定了《财政管理法》《联邦和州预算原则法》《联邦预算法典》《联邦预算均衡法》《中央财政监督法》等五十多部财政法律,从而构筑起了德国财政监督坚实的法治化基础。"①而中国,尚未具备完备的公共财政监督法律体系,相关法律在公共财政监督上的衔接程度还不够高。服务型政府的构建也需要相关法律的指导,通过对公共财政监督的法律化和制度化建设,从而全方位推动公共财政监督的实质性进展,将监督的权力落到实处。

(四)财政转移支付机制不健全

财政转移支付制度是市场经济国家在处理政府间财政关系时普遍采取的一种制度,是指在既定的政府间支出责任和收入划分框架下,基于各级政府收入能力与支出需求不一致的状况,通过财政资金在政府间的无偿拨付,以弥补财政纵向和横向失衡,鼓励地方政府提供外溢性公共服务,实现基本公共服务均等化和特定政策目标的一项财政资源再分配制度。② 我国地区间经济发展的不平衡、分税制的改革发展都要求建立科学完善的财政转移支付制度。建立健全财政转移支付有利于提高政府间财权与事权的匹配程

① 刘邦驰:《中国当代财政经济学》,经济科学出版社,2010 年,第 348 页。
② 参见刘积斌:《我国财政体制改革研究》,中国民主法制出版社,2008 年,第 262 页。

度、促进区域经济协调发展。另外，从服务型政府建设角度看，财政转移支付制度的基本目标之一是增强政府公共服务供给能力，实现基本公共服务的均等化。它可以起到一种平衡作用，可以有目的地减小各地公共服务水平的差异。然而财政转移支付机制在实际的运作中，却产生了一定程度的偏差。这既不能达到公共服务均等化的目的，还不利于服务型政府的构建，财政转移支付的功能也很难有效发挥。

首先，财政转移支付制度化建设滞后。一方面，中国缺乏专门关于政府间财政转移支付的法律体系，相关的政府间财政转移支付的规定多是出自于政府的规章，财政转移支付的立法层次较低。较低的立法层次直接导致财政转移支付的权威性的下降，进而导致政府随意性的增加，财政转移支付很难做到规范化。另一方面，有关财政转移支付的相关配套制度供给不足，也会导致财政转移支付中的监管不力，致使财政转移支付的相关环节、转移支付的方式等缺乏规范管理。由于缺乏相关法律的约束，实现政府财政转移支付的规范化难度很大，其客观、有效和公正也难以保证，这也必然影响到服务型政府的构建。

其次，财政转移支付的结构不合理。目前，我国中央政府对地方政府的转移支付主要包括税收返还、一般性转移支付和专项转移支付三种形式。从地方政府财政收入的构成看，中央财政转移支付是地方政府重要的收入来源。[①] "一般目的的转移支付指主要是为了均衡地区间财力差距，促成一国或一个地区基本公共服务均等化的一种制度安排；专项转移支付指转移支付方政府要求接收方政府必须达到一定的标准和基本的条件才能得到这笔转移支付。"[②]在我国的财政转移支付结构中，一般性转移支付的比重过小，专项转移支付的比重往往高于一般性转移支付的比重。而一般性转移支付的重要目标就在于促成各地基本公共服务均等化的实现，由于基本公共服务的范围广泛、内容庞杂，所需要的公共财政投入比例必然较大。显然，较小的一般性转移支付的比重很难均衡各地的财力，基本公共服务均等化的目标也难以达到，服务型政府的构建在此也面临困境。

---

① 参见吴永求、赵静：《转移支付结构与地方财政效率——基于面板数据的分位数回归分析》，《财贸经济》，2016 年第 2 期。

② 马海涛、姜爱华：《政府公共服务提供与财政责任》，《财政研究》，2010 年第 7 期。

四、服务型政府视野下公共财政制度建设的路径选择

（一）公共财政支出的制度化建设

在目前的服务型政府建设中,应当健全公共财政支出制度,明确公共财政支出的目的,以强化公共服务供给为方向,切实做到将公共财政用于提供优质的公共产品、满足公众的需求上来。首先,合理划分公共财政的投资建设支出与消费性支出。政府的投资建设支出与消费性支出之间要有适当的比例,随着经济的快速发展、社会需求的不断增长和政府职能的转变,政府应该适当减少投资建设支出,将关注点集中到市场失灵的地方,增加消费性支出,尤其是政府基本公共服务领域的支出,做到二者统一协调。其次,基本公共服务支出的制度化与规范化。服务型政府的主要任务就是为社会、为公众提供公共服务,尤其在教育、医疗、卫生、社会保障、就业、环境保护和基础设施建设等方面,恰好是经济社会发展中的薄弱环节,也往往是产生市场失灵的领域,同时还涉及公众的生活水平。政府加大对基本公共服务领域的投入力度是其不可推卸的责任。因此,必须将政府在基本公共服务领域的公共支出制度化,严格规定在基本公共服务领域的支出数量与比例,禁止随意挪用或任意增减,并保证公共支出能落到实处。最后,引入反馈机制。公共支出是否足额拨付与使用,使用的过程中是否存在浪费或非法行为,是否遵循了公共支出的原则与规定,都要最终反馈到相关部门。公共支出中的反馈机制有助于政府厉行节约,减少不必要的浪费,并落实公共支出任务。公共支出的制度化建设为服务型政府的构建提供了经济基础,为服务型政府落实各项任务,履行相关职责提供了财力保障,是服务型政府建设不可或缺的一面。

（二）分税制财政体制的改革

在服务型政府的视角下,分税制财政体制的改革,主要围绕相匹配的财权与事权进行。地方政府是当地公共服务的直接承担者,不仅要满足日益增长的公共需求,同时还面临来自上级政府的压力,肩负的责任更重。而地方政府往往入不敷出,呈现出有限财力与无限责任的状态。在这种情况下,地方政府要么选择通过财政赤字来拉动地方公共服务,要么采取"上有政

策,下有对策"来敷衍上级的任务,结果都不利于服务型政府建设。因此,一方面,要适当扩大地方政府的财税收入。这有利于增强地方政府公共服务的财政能力,减少地方财政赤字,使地方公共服务有财政保障。另一方面,建立财权与事权相匹配的机制。合理划分各级政府的职能范围和相应的责任,财权要以事权为基础。不能过分强调地方政府的公共支出,不能让地方政府承担无限责任,否则会产生不良的社会后果。地方政府的公共支出要与其实际财政能力相适应,做到财权与事权相匹配。

(三)加快财政监督的法制建设

针对我国财政监督的法律体系还不健全的情况,首先,应该建立并完善专门的关于财政监督的法律,从法律角度对公共财政进行专门的监督,同时建立健全与公共财政监督配套的法律制度,以对公共财政进行全方位的、系统的监督。这有利于减少或降低公共财政运行中的主观随意性,保障公共财政运行的规范性。其次,引入公众、社会对公共财政运行状况的监督机制,并将其制度化、法律化。公众与社会是政府提供的产品与公共服务的直接感受者,也是必不可少的评价者,他们更具发言权与评判权。因此,应该将公众参与公共财政监督制度化、法律化,明确规定公众对公共财政监督的权力,监督的方式方法,将公众对公共财政监督的权力落到实处。

(四)财政转移支付制度化建设

财政转移支付作为一支拉动服务型政府构建的不可或缺的力量,必须通过制度化的建设来发挥它应有的作用。首先,加快财政转移支付的法制化建设。若没有相当层次的相关法律的规范与约束,财政转移支付的效力就会遭受质疑,权威性下降,在财政转移支付过程中就可能产生行为失范的问题。法律的规范与约束能够保证财政转移支付按照既定的规范行事,达到尽量减少转移支付过程中的主观性与随意性。其次,合理安排财政转移支付的结构。由于一般性转移支付主要为了实现基本公共服务的均等化,基本公共服务又与公众的生活密切联系,从一般意义上说,它关系公众的生活水平或生活质量;从更深层次看,它还涉及一个国家、社会的秩序与稳定。因此,必须认真考量一般性转移支付和专项转移支付的比重,逐步增加一般性转移支付的比重,适当减少专项转移支付的比重,做到二者的合理搭配。

（五）公共财政的问责制建设

按照权责一致的原则,任何人被赋予了一定的权力,就应该承担相应的责任,公共财政的管理也不例外。为了加强服务型政府的构建,必须加快公共财政的问责制建设。一方面,要明确划分与公共财政有关的权力与责任,做到权责分明;另一方面,对于公共财政管理过程中的失职失责行为,必须要课以相应的惩罚。对于出现的诸如挪用本应用于基本公共服务的经费,公共支出中的浪费和截留、寻租等行为,应当追究责任者的责任,使其承担相应的法律责任及行政责任。引入问责制有利于加强公共财政的严格监管,具有更强的警戒作用。加强公共财政的问责制建设,不仅是政府行为公共性的重要保障,也是服务型政府建设在公共财政领域的体现。

第四节　公众参与制度

公众参与制度是有关公众参与政府管理的制度安排,是由制度本体构成要素、具体运行制度和影响制度运行的法律规范相互作用而形成的复杂有机体,其所具有的功能意义和价值意义是重要而明显的。这一制度搭建了公众与政府机关沟通、协商、交涉的平台,受到制度保障的公众意见有可能得到政府机关的尊重和接受,并对行政过程和结果产生实质性影响。党的十六大报告提出:"要完善深入了解民情、充分反映民意、广泛集中民智、切实珍惜民力的决策机制,推进决策科学化民主化。"要实现这一决策机制和决策目的,需要完善公众的参与制度。对公众参与进行制度分析,为公众参与提供完善的制度依据和参与程序机制。这既是深化公众参与理论研究的需要,也是提高公众参与实效的需要。

一、相关研究简析

公众参与制度是随着行政权力的扩张和政府行政管理范围的扩大而逐步形成的。西方学者从 20 世纪 60 年代开始就从规范意义上研究行政参与问题,中国学者从 80 年代后期开始对其予以关注。一般来讲,学术界对政治参与研究的较多,对行政参与问题关注相对少一些。

西方的制度法理论创立并形成于 20 世纪 60 年代末至 80 年代初,是以超越传统的法律实证主义和自然法理论为特征的法学流派,以英国法学家尼尔·麦考密克和奥地利法学家奥塔·魏因伯格为代表。他们强调制度法理论的目的是给法律教义学和法律社会学提供一个健全的本体论和认识论的基础,推进对法律结构的理解和寻找适合法学研究的方法,最终说明实践理性在法律和人类社会生活中的地位。他们认为规范或者制度在社会中的存在实际上取决于其在社会生活中的指导和评价人们的活动时所起的实际作用。制度法学的本体论可以概括为:法是一种制度性事实。"我们主张,法律的和其他社会的事实是属于制度的事实的东西。"[①]制度法学家们对制度性事实、法律制度进行了研究。"制度法学从制度的创制开始,以制度的实例存在为研究对象对规范进行分析,从技术意义上来说是一种新的视角,使人们从动态上进一步了解和把握法律制度。这无疑增加了理论的力量"[②],也为研究和构建公众参与制度提供了重要的启迪。

国内学者也对公众参与制度进行了分析。王锡锌的《公众参与和行政过程:一个理念和制度分析的框架》是一部系统研究公众参与问题的著作。其中他对富有成效和意义的公众参与所面临的制度、体制和程序框架等方面的问题进行了研究。学者方洁对参与行政的制度体系进行了分类研究,把参与行政制度分为中心制度和匹配制度两个方面。湛中乐在《现代行政过程论》一书中强调行政过程中应该建立具有前沿性的机制与制度,他重点探讨了行政过程中的行政程序制度、行政责任制度和行政救济制度。黄洪旺在其《我国公众立法参与的制度化研究》中对公众参与制度进行了研究,分析了公众参与制度化的含义、公众参与的价值与功能,对公众参与的实践和制度建设进行了考察,对公众参与的核心制度和配套制度构建进行了探讨。

总的来看,这些文献主要集中在对公众参与具体制度的研究上,比如民主政治价值、参与的正当性等,并取得了大量研究成果,但较少有人对公众参与制度核心及其确立、公众参与制度体系结构的问题进行关注,研究成果也不多。

---

① 转引自张文显:《二十世纪西方法哲学思潮研究》,法律出版社,1996 年,第 306 页。
② 同上,第 318 页。

二、公众参与制度的内涵

（一）公众参与的界定

公众参与是公众利益表达和利益实现的一种方式。公众参与具有明确的目的性，是为了实现某种结果。在法治国家，公众参与是一种合法活动，参与行为是一种合法行为，参与方式和手段必须为宪法、法律所认可。公众参与行为不是政府的决策行为，也不是决策主体的内部行为。

行政学意义上的公众参与和政治学意义上的政治参与不同，它们虽然在内涵上都涉及参与，但外延并不等同。前者不包括公民参加选举活动，选举之类的活动是政治活动，公民一旦参与其中就是政治参与。公众参与也不包括"街头行动"，也就是游行、示威、罢工等街头政治行动，这些行动只是一种意见表达，不是政府与公众的互动决策和治理过程。

行政法学也对行政参与进行了研究，其研究主要集中在两个方面：一是对政府抽象行政行为的参与。《立法法》《行政法规制定程序条例》《规章制定程序条例》都对此进行了规定。例如，《立法法》第五十八条规定，行政法规在起草过程中，应当广泛听取有关机关、组织和公民的意见。听取意见可以采取座谈会、论证会、听证会等多种形式。二是程序性参与，受法律法规的严格保护。例如，《行政强制法》第三十五条、第三十六条规定，行政机关作出强制执行决定前，应当事先催告当事人履行义务。催告应当以书面形式作出……当事人收到催告书后有权进行陈述和申辩。行政机关应当充分听取当事人的意见，对当事人提出的事实、理由和证据，应当进行记录、复核。当事人提出的事实、理由或者证据成立的，行政机关应当采纳。尽管行政学意义上的公众参与与行政法学意义上的行政参与有一定的区别，但是鉴于上述两个学科关系密切，广义的行政学意义上的公众参与应当与行政法意义上的行政参与具有一定的关联性。

（二）公众参与和公众参与制度

公众参与是一种行为过程，是一种制度化的行动。"这种行动过程特征意味着：必须有一整套基础性的制度保障，以使有效的、有意义的、真诚的参与和交涉都成为可能的和可信的。"①从法律制度角度研究公众参与行为,就要求从整体上对这一行为进行系统研究,包括参与主体、参与途径、参与程序等要素构成的参与制度结构,公众参与规则、具体参与形式,公众参与与外部环境的关系,公众参与制度各要素与周围环境的关系等。我们在此主要讨论公众参与制度的核心——公众通过参与行政管理过程,影响行政管理活动和结果,实现公众参与的有效性,这也是公众参与制度的实践价值。"所谓有效参与,是指行政机关必须给予公民充分的条件,参与或者参加行政管理的决策、执行和监督过程,使自己的意见和举证对行政决定产生实际影响"②,从公众参与制度的实际运行状况和公众参与的行动实践上来看,主要表现为行政管理公开征求意见的过程。

三、公众参与制度存在的问题和改革路径

行政决策和行政立法的征求意见是向社会公众和社会各界公开征求意见,是开门决策和立法,公众在"阳光"下参与,公众参与过程公正、参与结果公开。公开征求意见的范围不仅包括行政决策和立法草案,也包括行政决策和立法年度计划项目的确定。主要步骤和环节有:制定征求意见方案、公布草案、公众发表意见、收集整理公众参与意见、对公众意见进行分析和回复、总结公开征求意见的情况。至2012年,共有三十个省(自治区、直辖市)级政府法制办通过网络向社会公开征求法规规章草案的意见。国务院有关部门、有立法权的地方政府也逐渐利用政府网站和电子邮件,以及《意见征集系统》公开征求意见,做到行政立法工作的公开透明。然而在实际运行中还有一些问题需要完善:

(1)参与机会不平等。在现有的经济技术条件基础上设置的公开征求意见制度由于参与条件的不平等而致使参与机会不平等。如在网络和报纸上征求意见在带来极大便捷的同时也产生了参与群体在参与程度和机会上的不公平,电脑普及率高的城市居民比电脑普及率低的农村居民更方便表达自己的意见。

---

① 陈里程:《广州公众参与行政立法实践探索》,中国法制出版社,2006年,第292页。
② 应松年主编:《比较行政程序法》,中国法制出版社,1999年,第46页。

（2）参与随意性较大。公开征求意见是在假定公众有一定参与自觉和参与能力的基础上设计的，事实上决策和立法征求意见机关面对不确定的参与者多于确定参与者，也很难确定参与者表达意思的真实意图。在现有的制度设计中缺乏引导公众理性参与的具体程序，缺乏引导公众更深入参与和真实表达意思的规范说明，导致参与意见不系统而且不深入。

（3）参与事项专业性过强。公开征求意见的法规规章中法律术语很多，普通公众难以理解立法目的和背景，不能深入理解该项立法与自己切身利益之间存在的关系，导致不能完全表达自己对法规规章的意见和建议。

（4）征求意见时间较短。尽管国务院法制办明确要求公开征求意见的时间议案不少于三十天，但在国务院法制办"法规规章草案意见征集系统"公开征求意见的法规规章中，公开征求意见的时间长的有一个半月的，短的只有七天。在如此短的时间内，公众来不及充分思考并表达意见。

此外，各地方虽然在实践中探索建立了一些公众参与的具体制度，但规范性不强，没有形成相互链接的制度体系。因此，多方面采取措施健全公众参与制度体系，对保障公众参与成效具有直接作用和现实意义。

针对上述问题，应当采取以下措施予以解决：

（1）制定并实施《行政程序法》。法治国家的行政程序性法律的立法目的都将民主参与、公民权利放在首位。如美国1964年的《行政会议法》、日本1964年的《行政程序法草案》第一条都有此规定，以切实保护公众的有效参与，使公众参与实现规则化和制度化。

（2）完善公开征求意见制度。公开征求意见制度是法律法规明确规定的公众参与的形式之一，目的就是为了保障公众参与的建议权、申述权和监督权。我国目前现行的公开征求意见方式对促进立法民主、提高立法质量起到了重要作用，但仍然需要完善征求意见对象的代表性、广泛性与专业性，以及听取意见的全面性等方面的规定。

（3）完善协商咨询制度。如何发挥不同主体的参与作用，如何通过协商与咨询机制来协调解决不同主体之间的冲突问题，是公众参与制度应该重视的问题。美国国会1990年通过了《协商制定规章法》，明确了协商制定规章程序，为鼓励公众广泛参与充分表达意见、及时解决矛盾和冲突、实现行政机关和公众的立法合作起到了重要作用。我国也应该建立公众协商制度,以增强立法决策的民主性,确认行政立法过程中行政立法机关与公众的平等地位,加强与拓展公众参与的深度和广度。同时还需健全专家咨询制度,并保障专家地位的独立性,以增强立法决策的科学性。专家论证应当成为专业性、技术性较强的决策和立法必经的前置程序。与此同时,加强专家参与决策和立法的规范,使专家以独立身份和民主方式介入,并以客观公正的态度参与决策,对专家的咨询应进行必要的程序限制并使其公开化,以避免因专家权威和行政权力的结合而导致专家专断和行政武断。

(4)完善公众参与意见的评价、反馈制度。政府机关对公众参与意见的评价和反馈制度是公众参与机制的实质性环节,是公众行使建议权和陈述意见权之后的落实阶段,决定了公众参与的实际效果。公众不仅希望通过参与,政府机关参考或采纳了他们的意见,而且也希望感受到他们的意见和建议受到了重视。因此,应当建立公众意见采纳情况说明制度,对公众意见或建议予以采纳或不予采纳均要说明理由,及时以适当的形式进行反馈。对公众意见采纳情况及其理由可在政府法制信息网上公开,供社会公众评论。据此完善一套完整的公众意见征集、整理、评价、公布和反馈机制。

四、积极推进服务型政府建设中的公众参与

改革开放以来,我国经历了从计划经济时期政府职能向市场经济时期政府职能的转变、建立市场经济时期的政府职能转变和发展市场经济时期的政府职能转变,2005年前后,政府职能转变的发展方向确定为建设服务型政府。强调服务型政府建设,实质上是要强化政府的公共服务供给。由于公共服务的供给与社会公众密切相关,因此更加需要公众参与到公共服务供给中来。

(一)公众参与有利于实现公共服务供给符合公众的真实需求

政府的公共服务供给与社会成员的公共服务需求密切相关,二者具有高度的契合性。随着我国经济社会的发展,一方面,地区、城乡和人群之间利益差距与收入差距凸显,基本公共服务均等化成为现实的需求;另一方面,正是由于这些差距的存在导致了公共需求差异化的出现,要求政府及其与社会力量合作满足多样化的社会公共需求。从现实来看,政府在履行基

本公共服务均等化职能时可能面对不同区域和不同人群的不尽均等的公共需求;而政府在履行公共服务多样化供给职能时也可能面对相对一致性的公共需求。因此,政府无论是在基本公共服务供给还是在公共服务的多样化供给方面如果要确有成效,都需要收集和整理不同区域和不同人群有关公共需求的相关信息,这就离不开公众对这一过程的参与。公众参与所表达的公共需求是政府公共服务供给的指南,是政府公共服务供给的自觉性、针对性和有效性的保障。

(二)公众参与有利于实现公共服务供给与公共需求的动态平衡

社会公众的公共需求具有变动性。当公共需求随着经济社会的发展发生了相应的变化之后,政府公共服务供给的数量、质量和结构等也应随之予以调整,以使政府的公共服务供给与变化了的公共需求保持动态的平衡。自从我国提出建立服务型政府以来已经经历了十余年的时间,经济社会和公众的公共需求发生相应的变化,因而需要政府在前一阶段实施公共服务供给的基础上认真分析公共需求新的走向,做好公共服务供给侧的改革。供给侧改革的提出最初针对经济领域,其对政府工作也具有重要的指导意义。政府以往的公共服务供给是否具有针对性、是否契合了社会公众的实际需求,公共服务的支出结构是否合理、是否取得了预期的效益,针对公共需求的变化如何作出自身的调整,将决定今后的公共服务供给的实施成效。而公共服务的供给侧改革同样离不开公众的广泛参与,公众通过一定途径所提供的公共需求的意见,将成为公共服务供给侧改革的重要依据。

(三)公众参与有利于提升政府公共服务能力

在社会发展的特定时期,作为为社会提供管理和服务的政府的能力是有限的。如今,面对不断膨胀的社会公共需求,政府公共服务供给面临着能力短缺的境地。要满足新时期社会公众的公共需求,单凭政府的力量是不够的,其必须借助市场和社会的力量才能达到这一目的。近些年来,我国开始创新公共服务供给模式,重视政府购买公共服务,出台了政府向社会组织购买服务的指导意见,推动公共服务提供主体和提供方式多元化。此举无疑将有利于改善民生,加快公共服务的发展。此外,为了缓解政府公共服务资源的不足,倡导政府与社会资本合作,吸引和动员民间力量进入基础设施建设和公共服务。在这种情况下,社会公众不仅是政府公共服务的享有者,同时,公民通过相关的社会组织参与政府公共服务体系而成为公共服务的合作供给者。

(四)公众参与有利于督促政府改进公共服务质量

服务型政府本身是个系统,其与外在环境进行着输入、转换和输出的相互联系与相互作用。一方面,服务型政府输入社会公共服务需求的相关信息,根据自身的资源条件,通过内在转换机制制定相关的政策,向社会输出公共产品;另一方面,根据公共服务对象对于政策实施成效的反馈提升公共服务的质量。因此,公众参与不仅是政府公共政策制定的依据,也是政府公共政策调整的参照。只有加强政府公共服务中公众参与的反馈,才能将质量的不断提升落到实处。

第八章　用机制拉动服务型政府建设

"机制"一词最早源于希腊文,原意是机制的构造和动作原理。《现代汉语词典》中对机制的解释为:有机体的构造、功能和相互关系,泛指一个工作系统的组织或部分之间相互作用的过程和方式,如市场机制、竞争机制、用人机制等。与"制度""体制"等相关概念不同,"机制"更具"有机性",强调统一体内各个部分之间的协同。服务型政府建设不仅仅等于提供公共服务,在中国的服务型政府建设过程中,众多具有各自独立利益的政府组织、民间组织和企业参与其中,传统的中央政府权威命令和管理控制手段已无法胜任多性质、分区域组织间协同任务,且伴随着中国社会转型所引发的系统性变革,中国人群结构、群众观念也发生了翻天覆地的变化,中国民众对公共服务的需求也日益异质化。因此,基于中国社会转型的社会背景,寻求一种有效的运作方式,整合服务型政府建设过程中各个要素,并使得各个要素之间关系协调并在彼此合作过程中产生合作剩余效应显得尤为迫切与现实。

第一节　用机制拉动服务型政府建设的概念框架

一、相关文献述评

本书借助 Ucinet 可视化软件,对北大核心期刊数据库和中文社会科学引文索引(CSSCI)数据库中 1999—2013 年收录的题名同时包含"公共服务""机制""服务型政府"的 151 篇文献的关键词和摘要数据进行核心词语网络分析,揭示出当前服务型政府建设过程中的参与要素、服务型政府建设的机制选择、服务型政府机制创新的背景信息和以机制拉动服务型政府建设的优先次序等问题(如图 8 - 1 所示)。

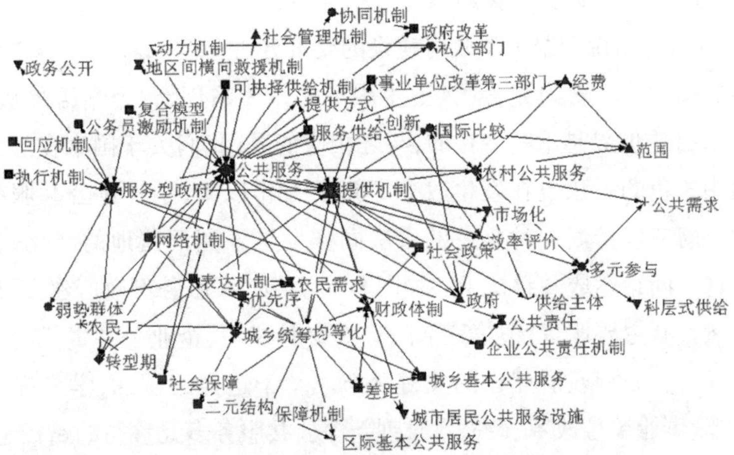

图 8 - 1　用机制拉动服务型政府建设的关键词语网络

(一)用机制拉动服务型政府建设的背景分析

中国社会正处于转型期,而服务型政府建设必须以这一背景为前提进行机制构建已经成为多数学者的共识。如图 8 - 1 所示,社会转型是服务型政府建设、公共服务供给和公共服务供给机制的前提。社会转型是指借由经济领域的巨大变革所引发的整个社会结构的变迁,体现在中国阶级阶层的转化、社会组织性质的多样化和人们思想观念的根本性变革。社会转型为服务型政府构建提出了更高的要求,也为服务型政府建设培育了多领域的主体和资源。

社会转型期的大背景使得中国服务型政府建设尤其复杂,目前对这种复杂性研究尚未形成系统,但已有许多学者注意到了公共服务本身及其供给过程的复杂性,认为公共服务中的复杂性主要来源于:第一,公共服务需求的复杂性①;第二,公共服务供给主体的复杂性②;第三,公共服务对象的复

---

① 吴限、何继新:《国有林区公共服务供给主体博弈结构和利益关系分析——基于单中心治理结构》,《生态经济》,2009 年第 3 期。

② 张超、吴春梅:《民间组织参与农村公共服务的激励——委托代理视角》,《经济与管理研究》,2011 年第 7 期。

杂性①;第四,公共服务过程的复杂性②。复杂性的应对之道包括:政府体系内的机构调整、政策改进;非政府类公共服务供给主体培育③;委托代理人的问责、声誉影响、签订长期契约等④。

(二)用机制拉动服务型政府建设的要素分析

亚历山大·S.普力克曾在《卫生服务提供体系创新:公立医院法人化》一书中指出:"世界是不断变化的,与之相应的是,我们关于国家在经济和社会发展中角色的看法也在发生改变。"近一百年以来,学界对公共服务供给过程中政府应该扮演何种角色的看法同样发生了翻天覆地的变化,且至今尚未就这一问题达成一致认识。如图8-1所示,在服务型政府建设过程中,政府固然负有主要职责,但第三部门有效参与议题、企业公共责任的承担议题已经成为服务型政府建设的关键环节。基于这样的认知,学界提出了市场化改革、事业单位改革、政府自身创新等公共服务多元参与的路径选择。

概括而言,政府在公共服务过程中的角色转变经历了由政府最小化,到政府弥补市场失灵,进入某些市场自主领域,再到政府与市场、社会共同发挥作用的发展过程。新古典主义经济学分析了市场失灵的潜在根源,并提出公有制是解决市场失灵的有效工具。20世纪80年代,西方社会普遍陷入福利主义的财政危机,以英、美为代表的西方国家进行了政府的市场化改革,政府角色开始从服务的生产者,调整为服务的购买者。近二十年来,技术进步和制度创新为公共服务供给提供更多的方式选择,人们对于政府在公共服务中角色的认识也发生了普遍的变化。政府必然在公共服务中承担着一定的责任,但就公共服务的效率、品质和回应性而言,也许引入其他性质的组织将有利于在降低成本的同时提升质量。委托—代理理论、交易成本经济学、产权理论、公共选择理论和社会网络理论分别从各自的理论视角提出了政府与其他公共服务供给主体间共同进行公共服务供给的机制。

委托—代理理论认为,政府组织存在着能力上的缺陷和信息获取方面

---

① 纳树峰、姚贱苟:《公共服务政策执行中的民族地区特性分析》,《北方经济》,2012年第6期。

② 汪锦军:《公共服务中的公民参与模式分析》,《政治学研究》,2011年第4期。

③ 刘波、崔鹏鹏:《省级政府公共服务供给能力评价》,《西安交通大学学报》(社会科学版),2010年第4期。

④ 张超、吴春梅:《民间组织参与农村公共服务的激励——委托代理视角》,《经济与管理研究》,2011年第7期。

的困难,因此需依赖代理人的专业知识和能力来完成相关事项,而政府的任务则是通过监督确保最终的有效产出。在委托—代理理论框架下的核心内容是委托人和代理人之间的关系。例如,通过薪酬支付和监督机制,在委托人和代理人之间建立共赢与合作的契约。①

因为大型公司与政府部门在官僚化结构和规模等方面的类似性,交易成本经济学对公共部门改革产生了重大的影响。交易成本经济学所关注的核心问题是,组织的内部活动与通过市场组织起来的外部活动之间的差异。对这一问题的研究可以回答一个组织选择从外部购买服务而非自己供给的原因。20世纪80年代,一些经合组织成员国所采取的公共服务外包改革即是这一理论的一个具体应用。但同时交易成本经济学也指出,当一项交易或者活动十分复杂,以至于组织与外部组织之间的互动规则超越了合同条款所能规范的程度,组织通过内部整合完成任务的绩效将更高。

产权理论提出了两个重要概念:剩余控制权和剩余收益。剩余控制权(residual rights of control)是指对于法律没有明确指定用途并且没有用合同让渡给他人的资产的决策权。普力克在《卫生服务提供体系创新:公立医院法人化》中将剩余收益(residual revenues)界定为:“当所有的资金已经提取完毕,所有的债务得以清偿,所有应付账款已经支付以及其他法律规定的义务已经履行后,所剩余的收益权。”产权理论的核心论题是剩余控制权和剩余收益的分配。

公共选择理论假设所有人都是理性的效用最大化者。基于这样的假设,公共选择理论认为当群体中的所有人都追求个体利益的最大化,则群体整体的目标面临着被侵蚀和异化的风险。官僚和利益集团的自利行为将导致其不断扩大政府的规模和公共服务供给的范围,因此政府角色应维持在最小化。公共选择理论主张通过内部治理和政府结构的重塑来限制官僚的破坏性行为。② 在公共服务供给研究中,社会网络理论所关注的议题主要有两个:一是公共服务网络的组建,二是公共服务组织网络的治理。在网络组

---

① See Sappington D. E, Incentives in Principal Agent Relationships, *Journal of Economic erspectives*, Vol. 5. No. 2, pp. 45~66, 1991.

② See OLSON M., *The Rise and Decline of Nations*: *Economic Growth*, *Stagflation and Social Rigidities*, Yale University Press, 1982.

建过程中,强调组织间关系的长效化处理,主张通过长期的互动来形成组织间的共信与协同,在网络治理层面,彼此依赖、自立、自主、协商和博弈成为治理的主要工具。[1]

(三)用机制拉动服务型政府建设的机制选择和模型构建

针对服务型政府建设,现有文献提出了以下机制:执行机制、回应机制、企业公共责任机制、保障机制、社会管理机制、需求表达机制、动力机制、网络机制、协同机制、地区间横向救援机制、可抉择供给机制(如图 8 - 1 所示)。社会管理机制创新与服务型政府构建是紧密相连的,社会管理机制创新的目的在于培育政府之外的治理主体,为"多中心"治理奠定基础。[2] 社会管理机制的创新使得服务型政府的多元参与及公共服务多模式供给成为可能。而动力机制、网络机制、协同机制、地区间横向救援机制、企业公共责任机制和可抉择供给机制则是论述如何将这种可能转化为现实。动力机制的重点在于如何激励政府之外的组织进入公共服务领域,如何拉动政府自身进行改革创新[3];网络机制与协同机制则关心如何维系公共服务参与主体间的长效合作关系[4];地区间横向救援机制谋求政府内部的合作与改革;企业公共责任机制强调要唤起企业和社会在服务型政府建设过程中的责任感[5];可抉择供给机制认为可以通过选择和竞争来提升公共服务的品质[6]。在政府角色转换的同时,政府自身必然需要进行改革与创新,执行机制用于提升政府公共服务供给行为和过程的有效性与规范性[7],回应机制与需求表达机制是指政府和社会之间建立沟通的桥梁[8],改变政府在公共服务过程中的单

---

① 参见田永贤:《公共服务供给的组织间合作网络》,《东南学术》,2008 年第 1 期。

② 参见陈振明:《社会管理机制的创新与公共服务的有效提供——厦门市的案例研究》,《东南学术》,2008 年第 3 期。

③ 参见孙晓莉:《政府公共服务创新:类型、动力机制及创新失败》,《中国行政管理》,2011 年第 7 期。

④ 参见汪锦军:《构建公共服务的协同机制:一个界定性框架》,《中国行政管理》,2012 年第 1 期。

⑤ 参见马英:《完善企业公共责任机制构建公共服务型政府》,《云南行政学院学报》,2009 年第 4 期。

⑥ 参见蔡晶晶:《西方可抉择公共服务供给机制的经验透视》,《东南学术》,2008 年第 1 期。

⑦ 参见易承志:《构建服务型政府对执行机制的要求及其优化路径》,《学术论坛》,2009 年第 4 期。

⑧ 参见易承志:《论回应机制的优化与服务型政府建设》,《河南师范大学学报》(哲学社会科学版),2009 年第 6 期。

边行为。

事实上,服务型政府建设的机制创新是对公共服务手段的创新,手段是为目标服务的。如前所述,中国正处于社会转型期,公共服务需求多元且内含冲突,因此公共服务的目标尚难以形成有效统一。因此,单一的公共服务供给机制必然难以适应当前复杂的公共服务需求。基于此,一些学者提出了公共服务供给的复合模型或称复合机制①,在公共服务供给过程中进行二次分工,首先在公共服务规划和公共服务生产之间进行分工,然后在生产者之间根据各自的特长进行二次分工,尽量满足异质性服务需求。复合模型下原有的官僚命令体制、网络机制和市场化机制将共同发挥作用。

(四)服务型政府机制构建的次序分析

服务型政府建设是一项系统性过程,涉及政府职能转变、公民社会培育、市场主体的成熟等多重任务。② 因此,服务型的机制构建必然需要有一定的优先次序。基于现有文献分析,农村公共物品供给机制、弱势群体诉求表达机制和公共服务均等机制是当前关注的热点(如图 8 - 1 所示)。农村公共服务供给、基本公共服务均等化和公共服务需求表达机制是当前文献研究关键词网络的次级核心;同时,这三类问题又彼此交织,其解决机制也不能完全孤立。这可能预示着在未来一段时间内,中国服务型政府机制构建过程中解决上述三类问题的机制需优先构建。

现有研究议题包括农村公共服务的供给机制③,农村公共服务的供给范围,农村公共服务的经费来源,农村公共服务供给的国际比较④,农村公共服务需求的表达机制⑤,以及农村公共服务供给过程的多元参与⑥等。基本公

---

①　参见郁建兴、吴玉霞:《公共服务供给机制创新:一个新的分析框架》,《学术月刊》,2009 年第 12 期。

②　参见周恩来政府管理学院课题组:《公共服务型政府建设问题研究分析》,《南开学报》,2005 年第 5 期。

③　参见吴业苗:《"一主多元":农村公共服务的供给模式与治理机制》,《经济问题探索》,2011 年第 6 期。

④　参见程又中:《国外农村基本公共服务范围及财政分摊机制》,《华中师范大学学报》(人文社会科学版),2008 年第 1 期。

⑤　参见王蔚、彭庆军:《论农村公共服务需求表达机制的构建》,《湖南社会科学》,2011 年第 5 期。

⑥　参见周青:《农村公共产品和公共服务多元化供给机制创新研究》,《中共福建省委党校学报》,2012 年第 11 期。

共服务的均等化主要是指人与人之间的均等化与地域间的均等化。人与人之间基本公共服务的均等化又包括城市居民与农村居民公共服务的均等化①,城市居民中不同阶层享受基本公共服务的均等化②,不同民族间享受基本公共服务的均等化③;地域间基本公共服务的均等化则涉及地方政府基本公共服务均等化④,不同农村地区基本公共服务的均等化等议题。

虽然不能完全依赖学界关注度的高低来确定服务型政府机制构建的优先次序,但学界关注的多少却是考虑服务型政府机制改革及创新的关键标准之一。

基于以上分析,公共服务供给方式的变迁趋势是由垄断走向合作供给,公共服务权力结构的变迁态势是由等级权力走向共享权力⑤,服务型政府建设不可能一蹴而就,而是一个长期发展的渐进过程。因此,公共服务供给主体间协同机制、公共服务目标与手段的统一机制、公共服务受众之间的公平机制、公共服务与中国现实政治经济社会环境的同步机制是当下和未来一段时间内服务型政府机制构建研究的重点。

二、服务型政府建设的前提和基础

尽管对于服务型政府的确切含义至今尚未达成共识,但学术界基本认同这样的论断:"公共服务职能将是服务型政府的首要职能。"因此,中国服务型政府建设面临着两个阶段:第一阶段是转变政府职能阶段,这一阶段的主要任务是逐步提高公共服务职能在政府职能框架中所占的比重;第二个阶段为公共服务品质提升阶段,这一阶段的主要任务是在保障公共服务基

---

① 参见樊丽明、石绍宾:《区域内城乡基本公共服务均等化进程及实现机制分析——基于山东省3市6区县调查的经济学思考》,《财政研究》,2009年第4期。

② 参见杨文洁、韦小鸿:《服务型政府视角下弱势群体利益表达机制的问题研究》,《特区经济》,2009年第7期。

③ 参见纳树峰、姚贱苟:《公共服务政策执行中的民族地区特性分析》,《北方经济》,2012年第6期。

④ 参见李文军、唐兴霖:《地方政府公共服务均等化时空分布与演进逻辑:1995—2010》,《江西财经大学学报》,2012年第5期。

⑤ 参见吴春梅、翟军亮:《变迁中的公共服务供给方式与权力结构》,《江汉论坛》,2012年第12期。

本数量的同时提高其质量。而全球化的进一步发展与中国自身社会转型的大背景,却不容许中国按部就班地进行服务型政府建设,中国的服务型政府建设既面临着政府自身职能转变与体制创新的任务,更要求迅速提升公共服务的质量,满足民众日益增长的公共服务需求,消除潜在的社会动荡因素。多重因素的交织作用,使得中国的服务型政府建设过程尤为复杂与艰难。因此,服务型政府的机制建设应以这种过程的复杂为基础,最终——破解种种现实的复杂与困境,实现政府的创新、社会的成长与公民的根本福祉;用以拉动服务型政府建设的机制也需在促进政府自身创新与改革的同时,着重拉动公共服务品质的提升。

(一)公共服务系统的复杂性分析

公共服务系统是指公共服务从动议到供给及反馈的整个系统,尽管学界对公共服务系统的复杂性的专门研究尚未形成规模,但针对公共服务范围、基本公共服务均等化、公共服务供给主体多样化、公共服务绩效评价等方面的相关研究极大地丰富了公共服务系统复杂性的内涵。本书从公共服务供给方式的复杂性、公共服务供给结果的不确定性和公共服务目标的多重性三个方面对公共服务系统的复杂性进行阐释(如图8-2所示)。

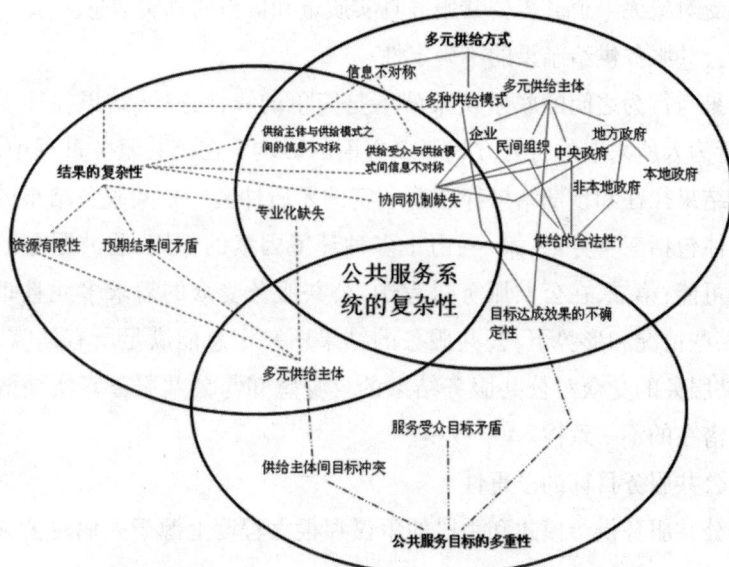

图8-2　公共服务系统的复杂性

1. 公共服务供给方式的复杂性

就公共服务的供给方式而言,通过引入多元供给主体来提供公共服务已经成为政府和学界的共识。人们普遍认可这样的观点:在某些公共服务领域,引入企业和民间组织将更有利于公共服务供给目标的实现。[①] 公共服务供给主体多元化的同时也引发一系列新的问题,例如中央政府和地方政府分领域公共服务如何分工?地方政府间进行公共服务交易的可能性与合法性?多元公共服务供给主体间协同如何实现?企业、民间组织进行公共服务供给的受认可程度?企业民间组织的资金困境与对其专业的质疑共存等等。

公共服务供给主体的多元化必然进一步推动公共服务供给模式的变革。不同的供给模式所体现的公平考量和效率结果是不同的。公共服务供给模式的选择应服务于公共服务的目标,并受限于公共服务供给主体所掌握的资源。

信息不对称是公共服务供给模式和公共服务供给主体多元化的又一外生问题。这种信息不对称一方面体现在公共服务供给主体对于某种公共服务供给模式的管理特征、规模效应等方面的不熟悉;另一方面体现在公共服务的接受对象无渠道获得公共服务真实质量和价格的真实信息。

2. 公共服务供给结果的不确定性

结果与行为之间的联系从来就不是简单的线性连接,结果往往受制于环境、行为人所采取的行为方式等多方面的影响。在公共服务过程中,公共服务的结果往往和预期结果存在着一定的矛盾冲突。公共服务结果的不确定性具体包括三个方面:第一,由于多种环境因素的作用,公共服务的结果有多种可能;第二,在公共服务过程中,公共服务受众的需求多元且难以统一,在某些情况和形势下,公共服务的结果不一定总能满足所有的需求;第三,公共服务的受众对公共服务结果的自身感知与公共服务真实绩效之间存在着潜在的不一致性。

3. 公共服务目标的多重性

对公共服务供给模式和手段的争议在很大程度上源于人们对公共服务

---

① 参见尹华、朱明仕:《论我国公共服务供给主体多元化协调机制的构建》,《经济问题探索》,2011 年第 7 期。

的目标无法达成统一认知。高品质的服务、高效率的运行和管理、对民众需求的积极回应、公平等已经逐渐成为人们所认可的公共服务目标。[1] 然而效率与公平的兼顾、品质与高效的运行等目标之间本身就存在着一定的矛盾和冲突。

以上三个方面的复杂性彼此交织,共同造就了公共服务系统的复杂性。这体现在:第一,公共服务供给方式与公共服务结果之间联系的不确定性;第二,公共服务供给结果与公共服务目标之间的折中妥协;第三,公共服务供给方式与公共服务供给目标之间匹配的高难度。

(二)公共服务品质提升的路径选择

公共服务品质提升与公共服务目标相关,通常为了解决公共服务在效率、质量和公众需求回应性等方面面临的问题,市场化改革、管理模式创新、技术变革、筹资和支付体系改革是普遍使用的方法。

1.市场化改革

公共服务的市场化改革是指将公共服务的决策权和部分收益权转移给市场供给组织的变革方式。这种改革试图创造新的激励机制和问责机制,以鼓励公共服务供给方运用自主权提高绩效。具体而言,改革形式大体包括政府拨款、订立和约或者购买。以上三种方式通常被称为公共服务提供方与支付方相分离的改革。[2] 市场化改革之后,政府由公共服务的生产者和提供者转变为公共服务的购买者和质量监督者。政府监督公共服务质量的手段主要有财政手段和非财政手段。财政手段主要是给予公共服务提供者的税收优惠、拨款和给予公共服务接受者的凭单;非财政手段则主要是指政府以特许经营等其他政策优惠。

2.管理模式创新

目前已有很多从政府体制变革入手解决公共服务过程中的一系列问题

---

[1]　See Bharosa N., Lee J., Janssen M., Challenges and Obstacles in Sharing and Coordinating Information During Multi - agency Disaster Response: Propositions from Field Exercises, *Information Systems Frontiers*, 12(1):pp. 49 – 65, 2010.

[2]　参见孙春霞:《美国城市公共服务供给机制的改革及其对中国的启示》,《江汉论坛》,2010年第9期。

的尝试。① 这些改革包括事业单位改革、政府流程再造、公务员激励机制创新、分权化改革等。② 通常这些措施是对企业管理经验的借鉴,但由于公共服务这项产品的复杂与特殊性,以及政府部门自身的种种限制因素,这些措施尚未能达到预期效果。

3. 技术变革

技术变革涉及范围较为广泛,既包括具体公共服务设备的更新,如医疗卫生设备的更新、城市交通道路的优化等,也包括整体公共服务管理信息系统的升级。而公共服务信息系统的升级则是最显而易见的技术变革切入点。通常的改革措施包括购买新设备,用以运行一个更有效率的信息系统,即更加全面的数据库。然而技术变革从来都不是单纯的技术升级,而是通常作为某项管理变革的具体措施而实行的。例如异地养老问题的解决就需要地方政府间建立沟通协作机制,同时在不同地区间建立老年人口的相关资料联网数据库。若缺乏制度和管理模式的变革,缺少对相关人员的培训,单纯的技术性解决方案并不能获得预期成功,反而会造成资源的浪费和公共服务目标的异化。

4. 筹资和支付改革

筹资和支付体系改革是另一类解决效率、责任和公平性的方法。如市场化改革中已经提及,公共服务受众的凭单制就是一种公共服务支付方式的变革,政府给民众发放"公共服务优惠券",民众凭"优惠券"购买公共服务,通过民众"用脚投票"来实现对公共服务提供者的激励。同时在中国,筹资和支付改革也是解决中国公共服务人际和区际不均衡的重要举措之一。③

(三)服务型政府建设模式与公共服务复杂性的妥协与折中

服务型政府包含哪些内容?或者更为概括地说民众对服务型政府的期待是什么?对此学界有着很多种解释。因此,围绕服务型政府建设模式和途径的争论异常突出。如有的学者将服务型政府与责任政府、法治政府并

---

① 参见贾智莲、孔春梅:《公共服务供给机制创新研究——兼评事业单位改革》,《中国行政管理》,2009 年第 4 期。

② 参见金世斌:《公共服务供给机制创新:北欧的改革实践与启示》,《南京社会科学》,2012 年第 7 期。

③ 参见李文军、唐兴霖:《地方政府公共服务均等化时空分布与演进逻辑:1995—2010》,《江西财经大学学报》,2012 年第 5 期。

列作为中国政府职能转变和改革的目标。① 有的学者提出,服务型政府是指在以人为本和执政为民的理念指导下,将公共服务职能上升为政府的核心职能,通过优化政府结构、创新政府机制、规范政府行为、提高政府效能,以不断满足城乡居民日益增长的公共需求的政府。② 有的学者强调服务型政府的回应性,主张政府应建立民众需求表达机制,以实现公共服务的合理供给。③ 有的学者提出在服务型政府建设中需要设立监督服务、责任、法治和廉洁的目标,以服务为导向,建立服务、责任、法治和廉洁相互整合的运行机制。④

然而无论我们如何界定服务型政府,在服务型政府建设过程中同时满足所有的建设目标并不具有现实可行性。在特定情境下,对于服务型政府建设或公共服务供给必须满足的两个或两个以上目标,可能不得不进行妥协和折中。例如,对某类特定个体及群体需求的积极回应,在考虑到更为广泛的社会需求时,可能并不是一种有效率的做法。以城市公共交通为例,对老年人免费乘车需求的满足,在一定程度上降低了其他居民所享受的公共交通服务质量,造成了上班族与老年人之间的矛盾,同时也加大了公共交通服务提供方的服务风险。对多重目标折中是服务型政府建设中不可避免的事实,这一点应当得到认可。进一步而言,不存在完美的公共服务品质提升途径。在服务型政府建设实践中,综合利用所有的改革方案,寻求公共服务供给系统的平衡,循序渐进地建设服务型政府,对于我国社会的稳定和政府改革成效的巩固具有重要的意义。

三、用机制拉动服务型政府建设的概念模型

社会转型、全球化和公共服务系统的复杂性限定了服务型政府建设的机制框架。基于文献综述及对服务型政府机制范围的理解,本书引入治理、

---

① 参见孙彩红:《我国政府职能转变和改革的目标定位——仅仅是把政府建设成服务型政府吗?》,《行政论坛》,2010 年第 1 期。

② 参见薄贵利:《准确理解和深刻认识服务型政府建设》,《行政论坛》,2012 年第 1 期。

③ 王蔚、彭庆军:《论农村公共服务需求表达机制的构建》,《湖南社会科学》,2011 年第 5 期。

④ 高小平、孙彦军:《服务·责任·法治·廉洁:服务型政府建设的目标、规律、机制和评价标准》,《新视野》,2009 年第 4 期。

环境和需求三个因素共同构成服务型政府机制建设的概念框架(如图 8-3 所示)。虽然这三个因素并不能完全囊括服务型政府的机制框架,但这一三维概念模型抓住了当前中国服务型政府建设最为常见的力求变革与进步的要素,且这一模型框架能够使我们清楚地梳理和分解服务型政府建设中机制的组成部分,将机制与激励、竞争、适应、效率及回应等公共服务目标联系起来,并能识别关键机制间的关系。

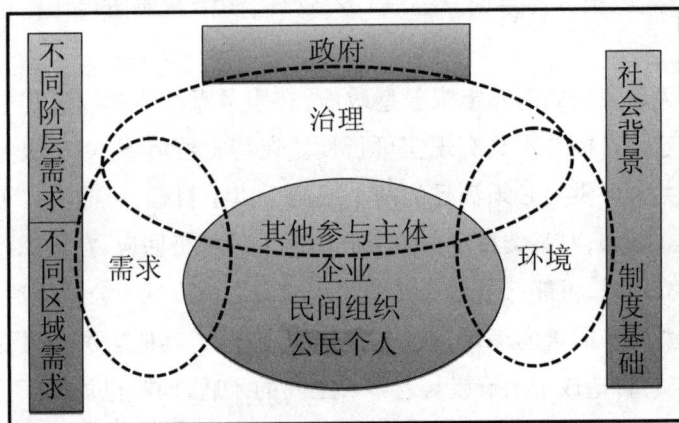

图 8-3 用机制拉动服务型政府建设的概念模型

治理是通过一系列机制,实现公共服务供给主体间的协同合作关系,包括公共服务过程中,政府体系内部中央政府与地方政府之间的协作关系,地方政府与地方政府之间的协作关系,政府与企业、民间组织及公民个人之间的关系等。与治理相联系的机制是中国公共服务供给网络选择机制和协同机制,涉及的主要问题包括中国公共服务供给主体间合作机理,非政府类组织加入公共服务体系的激励机制,公共服务多元主体间高效协同机制。

环境是指中国服务型政府建设的社会背景和制度基础,具体而言包括中国现有阶级阶层构成、中国的政府效能、中国经济发展水平、政府之外其他主体发育成熟程度,以及相关技术创新水平等。与环境相联系的机制是公共服务系统的适应学习机制,这种适应学习不仅是政府的创新与发展,而是整个社会包括每一个公民个人的自我学习与提升。

需求是指服务型政府建设过程中民众对公共服务的期待,包括民众对公共服务供给范围扩大和质量提升的双重需求。伴随着中国社会的分化,公共服务需求异质化特性日益明显,公共服务需求之间往往内含冲突,且这种冲突可能进一步引发民众的社会不公平感,甚至造成阶层之间矛盾的激化。据此,与需求相联系的机制是公共服务需求平衡机制,主要涉及人与人之间的基本公共服务均等化和区际的基本公共服务均等化。

总之,在中国政府改革的数十年历程之中,政府和学界都关注同一个重要议题:我们到底需要什么样的政府? 2004 年,时任国务院总理的温家宝正式明确了中国政府改革的方向,即服务型政府。① 然而学界对于服务型政府的内涵与外延、建设模式等问题的争论仍较为激烈。本节伊始,应用社会网络分析方法,对服务型政府建设机制框架的现有研究进行了梳理。研究发现,学界对于服务型政府建设的多元参与已经基本达成共识,但多元主体间协同机制尚有待进一步明确;社会的分殊化导致了服务需求的异质化,并进一步表现为公共服务供给的不均衡,因此公共服务均等化,尤其是城乡基本公共服务均等化是当前学界关注的热点;在中国社会转型的大背景下,服务型政府建设过程尤为复杂,现有的应对之道仍局限于一时一地的问题应对,尚未提出针对这种复杂性的整体应对策略。

以文献分析和现实需求判断为基础,本节提出了治理、环境和需求的三维机制框架,形成了以公共服务供给主体间协同机制、公共服务系统自适应机制和公共服务需求平衡机制为基础的服务型政府建设机制模型。这一机制模型的目标诉求是凝聚公共服务动机,实现公共服务的多元和高质供给;激活政府活力,促使政府对环境进行自发地适应与调整,实现政府自身成长;化解潜在的社会冲突,并最终实现共建和谐社会的目标。

第二节 公共服务供给主体间合作机理及协同机制*

近些年,政府公共管理事项日益复杂化,政府不得不应对来自更多方面的挑战,在公共事务的处理过程中引入各类非政府组织已成必然。同时,民

---

① 2004 年 2 月,时任国务院总理的温家宝在省部级主要领导干部"树立和落实科学发展观"专题研究班结业式上的讲话《提高认识,统一思想,牢固树立和认真落实科学发展观》首次提出了"服务型政府"的概念。2005 年 3 月,温家宝又在《政府工作报告》中再次强调,要"努力建设服务型政府"。

* 本部分内容作为前期成果发表在《理论月刊》,2014 年第 5 期(作者闫章荟)。

间组织与市场经济组织的迅速发展,使得这种必然成为可能,公共服务的多元供给方式将在供给效率和服务品质方面更具优势。在此背景下,政府非常重视非政府资源的价值,已经作出了一些公共服务供给多元参与的制度安排,例如"军、政、校、企"联席会议机制、合同承包等①,在部分地区和一些公共服务项目之中,公共服务的多主体、多渠道、多机制供给格局基本形成。但在实践过程中,由于我国各类非政府组织发展的不均衡性与公共服务产品自身的复杂性,公共服务供给主体间合作有即时化取向。公共服务合作关系建立之初,各类组织间合作关系较为融洽,但合作关系的稳定性较差,合作网络裂解风险较高,造成公共服务供给组织合作关系发展的不稳定和公共服务供给质量的相对参差不齐。因而中国公共服务供给方式的创新迫切需要建立以协同为主导的方略以减少公共服务的交叉、空白领域,实现公共服务主体间资源的高效整合与优化,提高公共服务的供给效率。基于此,从价值结构的视角研究公共服务主体合作的机理,将为中国公共服务供给领域的改进提供理论依据,对推动我国服务型政府建设具有一定的指导意义。

一、相关文献述评

合作是人类文明的社会基础,对人类合作机制的探讨最早为人们所熟知的是霍布斯和卢梭的研究。霍布斯主张通过国家的集权体制来实现人类的合作,卢梭提出在人类"公意"的基础上建立社会契约以实现人与人之间的合作。霍布斯与卢梭的观点虽然有所不同,但两人关于合作的深层次假设却殊途同归,即人类个体或群体只有在外在强制力量的作用下(君主专制或共和独裁)才能建立合作关系。这一深层次假设为之后的社会科学研究和实践提出了一个问题,即合作的发生机理和维系机制。因此,公共服务或者说公共物品的合作供给问题实际上是把霍布斯和卢梭所提出的问题在新的时代背景下进行重新解读,依据所提出的合作策略,此领域研究可以分为三个时期:第一个时期为传统理论研究时期。此时期的研究对象主要集中

---

① 参见吕芳:《社区公共服务中的"吸纳式供给"与"合作式供给"——以社区减灾为例》,《中国行政管理》,2011年第8期。

于政府组织体系之中,协同策略以主体间权力转移、责任整合、组织结构重构和官僚行为重塑为主。伴随着公共管理研究范式的转换和新公共管理运动的兴起,公共服务供给主体间合作问题研究进入了第二个发展阶段,市场领域中的协同竞争策略被引入公共管理领域,研究视域由政府系统扩展到了市场经济组织,市场式合作机制被众多学者和理论界认识所推崇,公共服务供给主体利用自身资源在公共服务提供过程中获取合理利益获得认可。而近些年,市场失灵和政府失灵的同现,以及公共管理交叉研究使得公共服务供给主体间合作研究在研究对象上横跨了政府组织、市场组织和民间组织,在合作策略上大量跨学科研究成果开始涌现。如社会网络理论主张在组织网络之内依靠网络结构调整、网络成员角色流动等措施来实现公共服务供给主体间协同。[①]

已有研究多为过程与结果导向性的研究,从行为导向对公共服务供给主体合作机理的探索则相对较少。引入交易成本经济学分析方法,从公共服务供给主体的个体价值结构的视角探讨其合作的动机,分析合作实现的促进因素和维系机制将有助于为公共服务供给主体间合作关系建立及维系提供可供选择的方案。

二、公共服务供给主体间合作机理及演进

(一)概念框架

1.合作资源

"合作资源"的概念来源于"关系资本",是指因合作而产生的对公共服务有效供给具有价值的利益体现,包含因公共服务合作供给而产生的专门性投资、为信息共享而建立的专门信息网络等,同时也涉及所开发制定的合作规则程序、事项的专属管理权、公共服务供给主体间所建立的默契和信任等无形资源。与公共服务参与主体自有资源相比,合作资源形成于多主体的互动过程之中,它代表着公共服务各参与者之间建立联系及进行合作的可能。

---

① See Weber E. P. L. N, Assessing Collaborative Capacity in a Multidimensional World, *Administration & Society*, No.39, pp.194–220, 2007.

2.合作成本

"合作成本"概念来源于交易成本经济学的基础性概念"交易成本"。公共服务供给过程中各主体间的互动迥异于市场经济主体间的交易,但与市场主体相同,公共服务供给主体间同样存在竞争与合作关系,在竞争与合作的统一过程中必然伴随着各种交易成本。在埃里克·弗鲁博顿(Eirik G. Furubotn)和鲁道夫·芮切特(Rudolf Richter)所发展的交易成本理论基础上,本书将合作成本分为三类:市场性合作成本、管理性合作成本与政治性合作成本。市场性合作成本主要涉及:①问题调查费用,例如对公共服务事项本身及相关可能供给主体进行调查研究的费用;②谈判和决策费用,如众多公共服务供给主体就职责分配所展开的谈判而引发的费用;③合作过程中的监督费用。管理性合作成本主要指公共服务供给主体内部为完成合作任务而使得各项相关决策得以贯彻执行的费用。政治性合作成本则主要涉及民间组织、市场组织等主体与政府组织间在文化和制度规则等方面的协调费用。①

3.合作租金

实际上,"合作租金"的概念在本书中的内涵基本等同于企业组织合作网络中的"关系租金"概念,是指由于交换关系所产生的一种超额利润。本书中合作租金意指合作资源为公共服务供给主体创造的一切价值,包括成本的降低、竞争力的增强、资产的增值、效率的提升、公信力的强化等。

4.主观期望

"主观期望"是指公共服务的可能供给主体主观认为参与公共服务供给,尽管可能会受到一定的规则约束并需支付一定的成本,但参与合作将产生更大的有形价值与无形资产。

(二)合作资源、合作成本及合作租金之间的关系类型

实际上,对于公共服务供给个体而言,合作资源并不必然会带来合作租金,按照合作资源的效果,可以将合作资源区分为正合作资源与负合作资源。正合作资源指能够为公共服务供给主体带来合作租金的资产,例如特定事项的专属管理权、政府给予的税收优惠等;负合作资源则会给公共服务

---

① See Richter E. G. F. A., *Institutions and Economic Theory*: *The Contribution of the New Institutional Economics*, University of Michigan Press, 1997.

供给主体带来负面的合作效应,例如民众倾向于将合作关系之中所有的责任都归咎于政府组织,一旦合作关系中其他性质的组织出现不良声誉,则合作关系网络中的所有组织都会受到指责。

因此,合作资源对合作成本及合作租金的影响有以下三个假设:

假设1:公共服务供给主体获得的合作租金与正合作资源呈增函数关系,但合作资源的增加必须设有一定的限度,否则公共服务的多主体供给将失去意义(如图8-4所示)。伴随着公共服务供给主体合作资源的增多,各主体间的合作在深度和广度上都将有所增加,可体现为由单纯政策扶持到深层的财政支援、技术辅助和人员共通,此过程中合作租金不断增长,合作关系得以强化,合作的极限是公共服务的共同供给主体间在政策、人员和技术等方面完全同步,此时合作租金达到最高点,但同时公共服务供给主体的独立性也将丧失,各个主体沦为同质性主体,公共服务多元供给的本初设想也在此时失去价值。

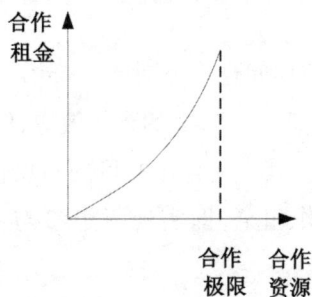

图8-4 合作租金与合作资源的关系

假设2:公共服务供给主体获得的合作租金与负合作资源呈减函数关系。在现实社会中,公共服务供给主体间以正合作资源为主,若一旦发现负合作资源则合作关系将破裂。

假设3:公共服务供给主体所支付的合作成本大体上与合作资源呈正态分布函数(如图8-5所示)。之所以呈现此种关系是因为,在合作关系建立初期,随着公共服务供给主体间合作次数的增多,合作前的调查成本、合作达成阶段的谈判成本和为了完成合作事项所需的管理性成本也随之增加。但随着合作关系的进一步深化,各主体借由彼此间逐渐增加的信任感未经谈判也可达成合作关系,在彼此信任的主体间合作的监督任务减少,监督成本相应降低。管理本身就具有重复性,管理程序随合作次数的增多而更为熟练,管理成本随之降低。同时,不同性质的组织在多次合作过程中建立起的默契也将在较大程度上降低政治性合作成本。综上,合作成本在公共服务供给主体间的合作初始阶段与合作资产呈递增关系,随着合作关系的深化,合作成本与合作资产呈递减关系,当合作成本为 0 时,则合作主体已失去其独立性。

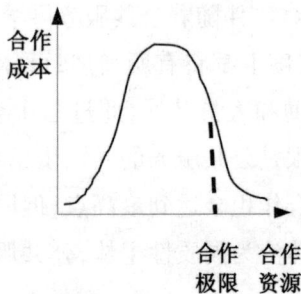

图 8 - 5　合作成本与合作资源的关系

(三)公共服务供给主体间合作类别

合作的最终目的是实现 1 + 1 > 2 的合作效应,但从公共服务供给参与者的个体价值结构角度而言,其参与合作的目的不仅仅是合作的整体正效应,也包括其个体的长远合作租金,即实现每个参与者的合作租金大于合作成本。

依据合作资源与合作租金、合作成本之间的关系,公共服务供给主体间合作包含以下三种可能:第一,在合作关系建立初期,公共服务供给个体所支付的合作成本与所获得的合作租金基本相同,但随合作资源的增多,合作租金很快超过合作成本,合作正效应不断增强(如图 8 - 6 所示),本书称之为"低阶合作"。此种合作达成的条件极为苛刻,要求合作参与者在开展合作行为之初已经彼此熟识,具有共同的信念和价值观,且就合作责任分担、合作租金分配等事项达成完全一致,各项合作成本均极低。第二,在合作关系建立初期,公共服务供给个体所支付的合作成本大于合作租金,但随着合作资源的增多,合作成本逐渐降低,合作租金逐渐增多,合作成本与合作租金逐渐达到平衡,且在到达合作极限点之前合作租金开始大于合作成本(如图 8 - 7 所示),本书称之为"高阶合作"。这种合作模式具有一定的普遍性,更具现实意义,因而能够体现更多的现实关照。第三,从合作展开初期一直到合作极限点之前,合作成本一直高于合作租金(如图8-8所示),本书称之为"假象合作",如公共服务供给参与各方在某种特殊情境或政府组织强力协调下签订合作协议,但由于合作租金长期高于合作成本,致大多数合作参与者对协议的履行阳奉阴违,合作失去意义。

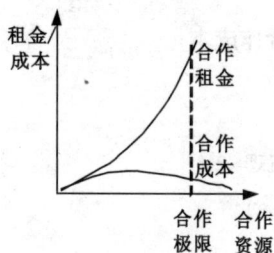

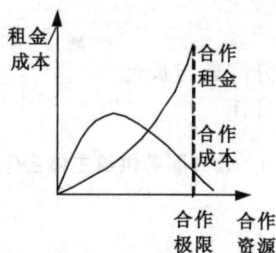

图8-6　低阶合作　　　　图8-7　高阶合作　　　　图8-8　假象合作

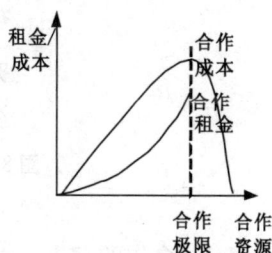

(四)公共服务供给主体的合作机理

公共服务供给参与者的主观期望是合作实现的前提条件。政府组织作为一方主体,虽然在权力和资源等方面拥有更多优势,但完全依靠强制力所达成的合作只是一种短期的非共赢合作,且长远来看,可能会产生较大的合作负效应。故唯有公共服务各方主体均从主观上认可合作可能达成的合作租金,才可能产生合作正效应。因此,政府组织应率先转变观念,形成开放性的文化氛围,并利用自身和民间力量倡导合作概念,激发合作意愿,凝聚合作的主观期望。在主观期望普遍建立的前提下,各方共同贡献能够产生合作租金的合作资源,如政府组织的政策扶持、民间组织的专业力量、市场经济组织的资金注入等,同时谋求合作成本的降低,实现合作参与组织间的充分沟通,在合作过程中建立良好的合作信用,并形成合作组织间的信任文化。唯有如此,实现合作参与各方之合作租金均大于合作成本,或合作参与者对其长期合作租金的有效增长形成认知,高阶合作才能实现(如图8-9所示)。

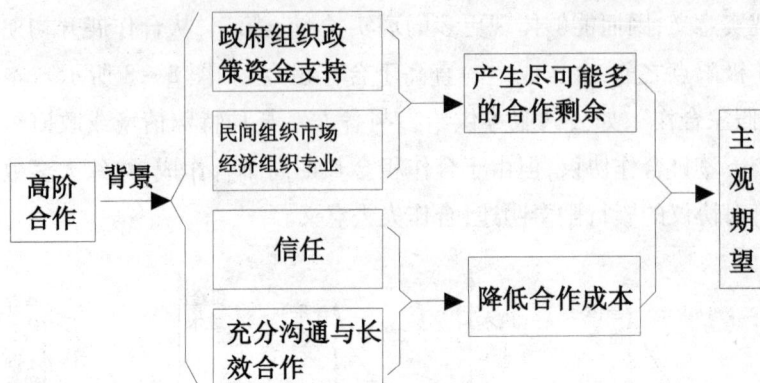

图 8-9 公共服务供给主体合作机理

(五)合作的演进

现实的公共服务提供过程远远比理论推导要复杂。中国公共服务供给主体呈金字塔形结构,公共服务供给主体间合作往往依靠层级制的命令结构完成。中央政府是公共服务政策的制定者,地方政府和其他基层非政府的民间组织、市场经济组织是公共服务的具体提供者。在这种合作架构之下,地方政府和其他基层组织的主观期望可能并未真正形成,取而代之的是中央政府的权威影响。在中央政府权威的影响之下,地方政府和各类基层组织在公共服务供给过程中的合作成本可能一直居高不下。其变通措施是背离中央决策,提供对其来说更加有利可图的公共服务,或向中央政府争取更多的资金支援,这就形成了事实上的假象合作。

而伴随着政府公共服务相关政策的改进,即服务外包、特许经营、补助等合作资源的开发,大量非政府民间组织和市场经济组织对合作提供公共服务形成主观期望,在合作初期阶段,即能从合作之中获取利益。这种基于一己私利而诱发的合作关系即是低阶合作。

在假象合作关系与低阶合作关系形态下,公共服务基层供给者提供公共服务的动机源于命令链条的压力和现实利益的驱动。因此,公共服务参与者价值取向异化极易发生,合作关系脆弱性较大,合作关系随时可能破裂,公共服务的供给质量也无法保障。高阶合作是基于道义、信任和互惠的自发性和志愿性合作关系,也正是因为公共服务参与各方彼此之间相信对方的真诚,认可对方承担合作义务的能力,才可能形成对未来一段时间内合作正效应形成主观期望,在合作初期主动付出更多的成本,建立相对稳定的合作关系(如图8-10所示)。

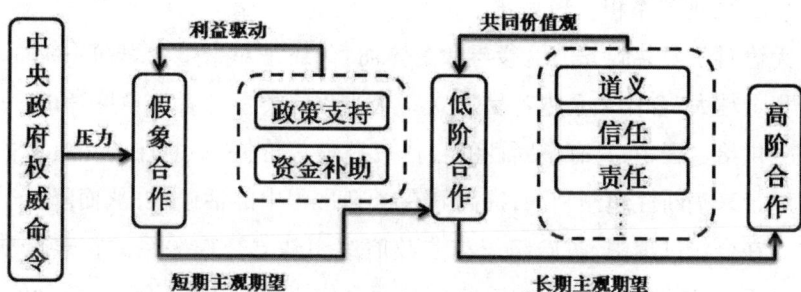

图8-10　公共服务供给主体合作演进

三、公共服务供给主体间高阶合作的实现机制

如上所述,在公共服务过程中,公共服务参与者的主观期望、合作租金与合作成本之间的关系是影响合作关系的最为关键因素。

(一)建立长期主观期望

公共服务供给参与者对合作关系产生乐观估计,不去计较一时利益得失,形成长期主观期望是高价合作得以建立的关键。长期主观期望形成的基础是组织间的相互信任和承诺,以及对于公共事务的责任感和公共利益的道义感。在日常事务中,经常互动的组织之间较容易形成彼此间的信任和承诺,彼此相信对方能以公平和相互交换的方式相处,并有能力承担合作关系中的义务,愿意履行其在合作关系之中作出的承诺。而相对陌生的组织之间只有在合作租金大于合作成本的前提下才能建立合作关系,即形成低阶合作。基于此,公共服务供给主体间高阶合作的实现需在各参与者之间建立日常沟通协商机制。民间谚语"日久见人心"放之于此亦有道理。在沟通过程中,公共服务供给参与者互相阐明自己的利益诉求和行为偏好,增进彼此的相互了解,避免无端的猜测与怀疑;在协商过程中,找出彼此利益诉求中的共同追求,寻求合作的空间,制定具体的合作细则。具体措施可考虑定期召开多元组织参与的联席会议。此外,还可考虑为非正式的沟通留一扇窗口,就沟通者而言,假如沟通双方私交较好,则共识比较容易达成,就沟通环境而言,气氛平和温情的饭桌上往往会比正襟危坐的会议室更能够达成合作共识。

(二)实现关系租金最大化

无论对于公共服务供给参与者个体而言,还是对于整个组织系统而言,合作租金越大,合作关系越容易建立。从非政府类参与者的角度考虑,在公共服务供给过程中,具有垄断性的合作资源最具价值,垄断性合作资源能够为组织带来垄断性超额利润,提高其在谈判过程中的话语权,从而降低合作成本。在合作过程中,政府组织与非政府组织建立合作关系的初衷是获取其自身不具备的优势和资源,因此互补性合作资源对于政府组织最具价值。在合作过程中,非政府组织可以在组织文化、管理手段、管理事项等方面与政府组织形成互补,从而创造整合性合作租金,如政府组织节省的公共服务提供成本、提升的民众信任和更为高效的内部管理等。因此,在合作关系的建立过程中,政府可以考虑授予一些参与者在某个领域内的短期垄断经营权,以保障其营利实现,促进其快速成长;同时在一些政府并不擅长和暂时通过自身力量无法完成的服务领域,培育市场力量和民间力量,以实现资源的互补。

(三)合作成本最小化

在公共服务合作供给过程中,参与公共服务合作供给的组织在性质、规模、地域和管理体制等方面都存在着根本性区别。因此,合作成本主要来源于以下两个方面:第一,因为性质的差异,在彼此合作过程中需要改变自身的管理理念、管理方式、管理制度等,以实现彼此间的管理体制对接。这种合作成本将是公共服务合作供给关系中最为重要的成本,且极难降低。尤其是政府组织,由于规模庞大、官僚制管理体制的惯性等因素,用于内部开放文化培育、管理体制创新的合作成本将在合作关系建立初期达到顶峰,以至于部分政府组织放弃与非政府类组织的合作。第二,彼此就责任和利益而产生的博弈成本。公共服务供给参与者长期主观期望的建立有利于市场性交易成本的降低。公共服务合作供给参与者的信任关系的建立有利于合作各方开放决策信息,从而减少因信息不对称、扭曲而造成的彼此猜忌、隐瞒,从而降低用于谈判和融合的合作成本。

综合上述分析,只有在合作租金大于合作成本的前提下,合作关系才有建立的可能,但若公共服务的可能参与者建立了关于合作关系的长期主观期望,则合作联盟依然能够形成。在公共服务的潜在供给者普遍建立长期主观期望的情况下,应利用有效的合作战略,促使合作资源产生更多的合作租金,同时在合作各方之间建立有效的信任关系,实现信息共享,减少各方所支付的合作成本。唯有如此,高阶合作关系才能实现,否则只能达成假象合作。

四、案例应用与分析

在一个急剧变迁的时代,最好的解决之道不是重新涉及组织章程,而是熔化组织间僵化界限。公共服务对象的连续性需要突破政府部门之间的藩篱,建立跨部门、跨区域的合作供给体制。公共服务的复杂性要求政府突破狭隘的观念,在政府之外寻找解决之道。老年人口的流动性、养老方式的多样化和养老服务供给的紧张很好地诠释了跨域合作的迫切性和多元供给主体参与的必要性。本书论证重点在于合作机理及合作实现,对于合作的必要性、可行性不再赘述,现仅从个体价值结构视角,就城市养老服务供给过程中的高阶合作实现过程作出推理及演绎。

第一阶段,以政府组织为主导建立低阶合作。低阶合作建立的前提是合作资源所产生的合作租金大于合作成本,因此合作关系建立的关键是使得合作参与者能够实现个体合作租金大于合作成本的目标。养老服务供给多元参与的必要性来源于政府组织公共服务供给资源与需求之间的缺口。因此,在合作关系建立初期,政府组织将承担主要的合作成本,将合作租金让渡给参与养老服务的非政府类组织。具体可考虑放宽准入条件,施行财税政策支持、人力资源支持、信贷支持和场所用地支持,在一定时期内,提高养老服务定价,且由政府组织承担定价中高于市场价格的部分成本。

第二阶段,以规则和制度强化合作阶段。合作关系在短期内难以实现所有组织的共赢,且因合作各方在文化、性质、管理方式制度等方面的差异,合作冲突难以避免,因此合作组织系统中需产生领导组织。领导组织能够起到召集成员、制定规则、协调分工与解决纠纷的作用。在养老服务合作供给组织系统中,领导组织的角色由政府组织充当较为恰当,且领导组织不限定于一个,可考虑由各级政府中的民政、工商部门来充当领导组织,制定合作的规则和制度,并对合作组织系统中的其他组织进行监督,对于违反规则制度和人道主义基本原则的行为施以惩戒。

第三阶段,组织间发生"化学"反应,建立信任和承诺阶段。随着合作关系的深化,合作制度、规则和分配体制的理顺,合作各方的合作成本逐渐降低,合作租金逐渐增多,对于合作必要性、可行性和优越性达成一致认识,合作各方的信任得以建立,彼此就责任分担、利益共享达成共识,对短期内利益得失不再斤斤计较,此时合作开始趋向于高阶合作。

第四阶段,合作产生"溢出"效应,更多具有公共服务供给能力的组织对公共服务合作供给形成长期主观期望,公共服务的高阶合作供给有望在更多领域达成。合作产生的"溢出"效应一方面可以吸引更多的组织参与养老服务,由于前期合作的良好收益和氛围,新加入的组织在合作成本大于合作租金的情况下,也会选择加入合作组织系统;另一方面,养老服务合作供给的成功也可为其他类别的公共服务合作供给组织系统的建立提供示范,使得合作不经低阶合作阶段,即形成高阶合作。

总之,公共服务涉及从法律、政治、国防、治安到公共道路、城市规划、公共卫生和公共教育等诸多领域,其本身就不是可由政府组织独立供给的纯公共物品,而且很多公共服务不能完全分割成小块分给不同部门来提供。随着人类社会活动范围的扩展,公共服务的管理范围超越了传统的界限,合作的需求应运而生。基于个体价值结构视角,以合作资源、合作成本、合作租金和主观期望为分析概念框架的研究表明,潜在的公共服务供给者对于合作关系主观期望的形成是建立合作关系的前提。因此,只有当合作租金大于合作成本时,合作才可能产生。但对于公共服务供给而言,在合作初期即实现合作的所有参与方合作租金大于合作成本几乎不可能。现实的路径是,在公共服务合作供给潜在参与者之间建立信任、承诺关系,并以合理的合作制度和分配规则固化这种信任与承诺,促使合作的潜在参与者对合作形成长期主观期望,促进高阶合作的实现。

本节的研究主要是一种理论推演和现实估计,公共服务合作供给的现实情境远远比理论演说要复杂。如在突发重大自然灾害的情况下,灾害所造成的巨大破坏和人间悲剧,可能会在一定时期内催生一种"共抗灾害"的合作精神,合作关系的建立不再需要实现合作租金大于合作成本的目标,且合作参与各方基于道义精神愿意承担更多的责任。因此,对于特定公共服务供给主体间的合作机理问题有待于进一步深入和细化研究。

第三节 中国公共服务系统的适应学习机制 *

伴随着中国社会的分殊化,公共服务供给的复杂性也日益增高,政府组织往往需要联合其他各类非政府组织,建立公共服务供给组织网络,并进行资源的整合和功能的调整,才能满足多元且复杂的公共服务需求。因此,服务型政府的内涵与外延绝不仅仅包括国家机构体系自身的调整与创新,民间组织、企业和公民个人无不是服务型政府建设的重要主体。以政府组织为首的各类社会组织所构成的一个公共服务供给的整合组织系统,包括法律规则、管理模式、能力和技术、环境与文化等因素。在某种程度上,可以说公共服务系统的活动和演变决定着中国服务型政府建设的进程。面对日益复杂且急剧变化的外部环境,政府自身的适应调整已经不能完全适应未知的多元需求,整个公共服务系统的适应学习机制的塑造显得尤为关键。

一、相关文献述评

由于中国政治体制改革一直落后于经济体制改革,尽管在企业管理领域,复杂性及适应性研究已经形成了大量研究成果,但政府组织系统的适应性尚未引起学者们的充分重视。针对公共服务复杂性和中国社会转型的背景,以增强政府自身活力和灵活性为目标的政府系统适应性研究成果还未形成规模。

当前研究大多基于对历史的检视和对未来的理性预估来设计政府系统改革模式,研究主题集中于“政府职能转变”和“政府机构改革”两个方面。虽然研究目标也是实现政府对经济和社会发展的需求更好适应,但当前研究和实践多为被动适应,缺乏主动调整。学者们普遍认同这样的观念:政府

---

* 本部分内容作为前期成果发表在《观察与思考》,2014 年第 10 期(作者闫章荟)。

职能转变是历史压力下的历史性选择。① 基于这样的认识,政府职能转变的目的是适应中国社会发展的需求,这种适应性转变历经两个阶段:第一个阶段,将政府体制视为国家的上层建筑内容,而经济基础决定上层建筑,因此伴随着中国经济体制改革的步伐和中国社会经济发展水平的提升,必然要求政府职能转变以适应经济发展的需求。② 第二个阶段,政府职能转变主要是为了适应因中国社会转型而引发的系统性社会变革,如中国社会的高风险化、城市化进程的加快、区域发展不均衡、民间组织的壮大与成熟等。政府机构改革服务于政府职能转变,因此与政府职能研究相一致,对政府机构改革的探索兴起于 20 世纪 80 年代中期,政府机构调整所适应的对象同样是中国经济、社会的发展变革。③ 中国政府自 20 世纪 80 年代初开始已经进行了七次政府机构改革,政府机构改革的目标从最开始的精简机构、提高效率转变为职能整合、提升公共服务在政府职能体系中的地位,建设服务型政府。

对政府体系之外的适应性研究集中于探讨政府、社会和市场之间的职能分工,事实上,此领域的研究也可被划分为政府职能转变研究的一个分支。近些年来,伴随着中国民间社会的发展和市场经济的逐步成熟,对民间组织、市场经济组织和公民的公共责任的研究逐渐增多。前已提及,学界与政府已经认识到了公共服务多元供给的重要意义,但对于如何建立民间组织,企业与政府组织的合作网络,政府、民间组织和企业之间的职能分工等问题尚存在较多的分歧。如民间组织的承接职能涉及外交、养老、职业教育、历史文化遗产保护、农村基本公共服务和民主化发展等。对企业承接政府职能的研究相对较少,但企业可承担的公共服务职能却可涉及教育、卫生、医疗、公共安全、环境保护等多个领域。④

综上,当前研究和实践多将政府视为一种工具和一个既定的存在物,政府的调整和变革是对现实变化的应激反应,是后发的被动适应。而全球化

---

① 参见朱蓉蓉:《中国民间组织外交:历史溯源与现实反思》,《学习与探索》,2012 年第 12 期。

② 参见谭健:《政府职能的理论必须发展》,《政治学研究》,1985 年第 1 期。

③ 参见王大悟、姚为群、陈烽、荣宏庆、竺留定:《特大城市政府机构改革的探索》,《社会科学》,1985 年第 10 期。

④ 参见马英:《完善企业公共责任机制构建公共服务型政府》,《云南行政学院学报》,2009 年第 4 期。

进程的加快、信息技术的发展、高风险社会的来临无不要求政府加快调整的步伐,主动适应多变且无法完全预知的环境变化。因此,基于公共服务系统的复杂性,研究政府及整个公共服务系统的适应机制具有较为重要的理论意义和现实价值。

二、公共服务系统的构成及其异化

(一)公共服务系统的构成

1. 公共服务系统的概念模型

公共服务系统(如图 8 - 11 所示),是由政府、企业、民间组织和个人,借助正式的或非正式的合作关系而组成的。公共服务系统的概念模型包含四个方面:

第一,管理中心或称决策中枢。政府组织充当了整个系统的管理中心,政府的主要任务除了进行公共服务供给之外,还需通过政策、项目和财政手段对整个系统进行管理。具体而言,政府组织的任务包括:明确服务型政府建设目标,并使得这一目标成为整个系统的愿景;制定明确的合作规则;建立并维护资源共享平台;建立并维护信息通道等。

第二,系统主体或称公共服务参与主体。在公共服务系统之中,相互依赖的政府组织、民间组织、企业和公民个人共同构成了公共服务系统的主体。政府组织提供公共服务是政府的应有职能之一,企业因为对公共服务投资的高回报率而加入系统,民间组织因为其自身的公共价值性质而加入系统,公民个人作为社会的一分子,秉承公共责任心而加入系统。

第三,系统边界。由于公共服务需求的复杂性和政府组织自身资源能力的有限性,吸纳多元主体进行公共服务供给已成趋势,公共服务系统的开放性是其重要特征之一,但公共服务系统同样具有选择性,借由公共服务主体网络选择机制而具有了明确的边界。

第四,存在样态。公共服务系统的存在具有时间和空间两个维度。就时间样态而言,公共服务系统是一个持续发展的有机体,适应外部环境不断调整自身结构、主体、规则的同时也在一定程度上影响着外部环境,在与外部环境的交互影响过程中实现成长。就空间样态而言,公共服务系统可以被看作多元主体互动联系的一个场所,即使在没有特定任务的情况下,政府内部不同部门、民间组织与政府组织、企业与政府组织也可以借助这个平台建立关系联结,从而为未来的合作打下基础。

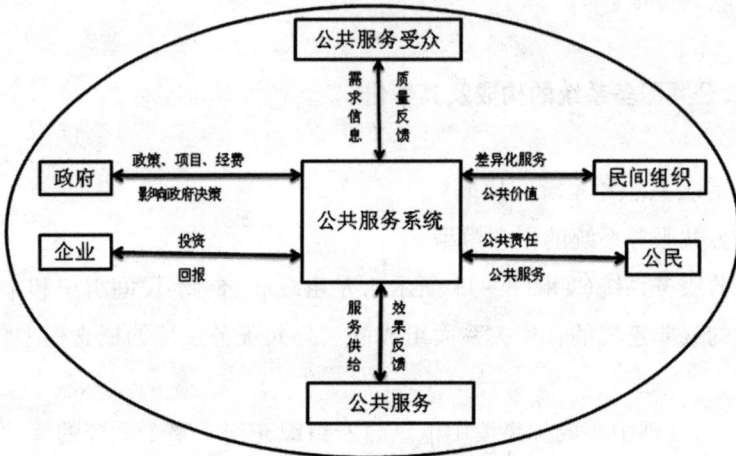

图 8 - 11　公共服务供给网络

2. 公共服务系统的平衡维度

公共服务系统的适应性演化事实上是以公共服务参与主体、资源和管理模式创新为基础的选择和优化过程(如图 8 - 12 所示)。三角形代表的是公共服务系统的三个平衡维度:参与主体指的是公共服务供给参与主体,管理模式指的是适用于多类型组织和多种环境需求的管理策略及方法,资源技术指的是公共服务有效供给所需的各类物质资源和技术手段。

这个三角形被分成了六个互不重叠的区域(如图 8 - 12 所示),分别以大写字母 ABCDEF 来命名,代表着公共服务系统发展的一定状态和阶段。例如 A 区的菱形区域表示:公共服务系统中公共服务供给意愿已经凝聚,政府、社会和企业都具有参与公共服务的意愿,多元主体间的协同管理模式和自身管理创新还有待进一步发掘,但已有了大体协同方向。但目前实现公共服务需求的资源和技术还比较欠缺。D 区椭圆形区域表示:公共服务的资源储备和技术改造已经不是公共服务有效供给的障碍,公共服务的管理模式创新也基本达成共识,但公共服务意愿尚未能有效凝聚,政府仍被认为是公共服务的唯一供给主体,或虽然公共服务多元参与已经达成共识,但由于自利意识驱动,或共信基础缺乏,大量非政府类主体还没有加入公共服务供给系统之中。

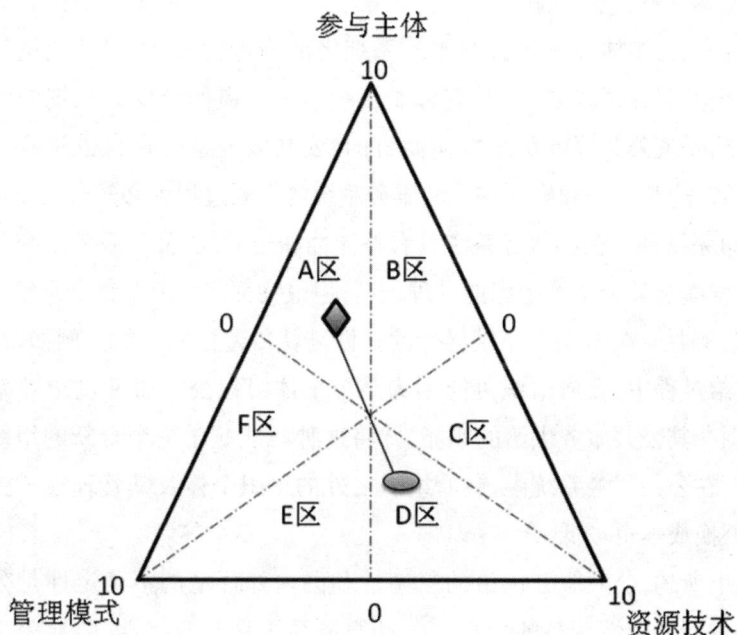

图 8 - 12 公共服务系统三维平衡模型

（二）公共服务系统的异变

公共服务系统是一个具有生命力的有机体,因此公共服务系统的变异发展是不可避免的,同样公共服务系统的异化发展也是公共服务系统适应机制建立的重要基础。公共服务系统的异化发展将对公共服务资源技术和管理模式产生结构性影响,进而引发公共服务系统的整体性变化,推动公共服务系统进行适应性调整。

1.公共服务系统异变的内涵

生物系统会发生遗传和变异现象,公共服务系统同样可能会发生遗传和变异现象。本书将公共服务系统异变界定为公共服务系统从一个相对稳定的状态,经由公共服务主体范围调整、管理模式创新和技术革新,抑或是公共服务供给主体间关系结构的变异,公共服务管理模式的失效,技术创新与公共服务对接的失败等过程,转变到另一个稳定状态的动态复杂互动过程。

2.公共服务系统异变的特征

(1)传递性。公共服务系统异变的传递性表现在两个方面:第一,是指公共服务供给主体在进入公共服务系统之前的行为习惯、管理惯例等将被其带入公共服务系统之中,并有可能由一个个体惯例转变为系统的整体惯例;第二,是就公共服务系统整体而言的,公共服务系统自身也具有某种习惯和模式,这些习惯和模式在公共服务系统的发展过程中必然会反复出现。

(2)系统性。公共服务系统具有整体性和全局性,公共服务系统的异变有可能发端于某个个体组织的管理创新,但最终都将传递至整个系统。

(3)弹性。公共服务系统异变的弹性是就传递性而言的。例如,在公共服务供给过程中,政府组织可能因为某个个体组织公共服务供给效率的低下,而剥夺其公共服务供给的职能,并将这种职能赋予一个全新的组织。相对而言,在公共服务系统中,政府组织之外的组织个体及其管理模式弹性都较大,替换成本也较低。

综上所述,公共服务供给的复杂性和国内外环境的不确定性是公共服务系统进行适应性调整的依据。公共服务系统具有有机性,引导公共服务系统进行良性异变,避免公共服务系统的负面异变是公共服务系统适应机制构建的目标。基于公共服务系统的概念模型和三维平衡模型,本书将公共服务系统的适应学习机制进一步分解为:公共服务供给网络选择机制、公共服务系统管理模式的适应机制、公共服务系统资源技术与公共服务对接机制。

三、公共服务供给网络选择机制

公共服务的公共性和资源的有限性使得公共服务供给不能完全按照需求调配或完全依据市场经济规则自由竞争获得。因此,公共服务多元供给至关重要,而供给数量和质量则在很大程度上取决于公共服务供给网络选择机制。

公共服务供给网络的选择可以理解为,在服务型政府建设过程中,公共服务供给主体的非随机取舍过程。公共服务供给网络的选择机制的目标在于通过核心价值观的不断刺激,获得网络内核心成员对于任务的责任感和目标的认同感,进而实现有目标的异变。因此,公共服务供给网络成员选择的首要标准是成员是否具有公共服务动机,其次才是成员是否具有公共服务资源。公共服务供给网络选择机制应基于以下三个方面展开:

(一)确认潜在的公共服务供给者的核心价值观

核心价值观决定着个体的行为方向,左右着个体对事物的判断。因此,在公共服务供给网络选择过程中应考察潜在的公共服务供给者是否与政府组织,尤其是中央政府组织拥有一致的核心价值观,即认同服务型政府的发展方向,愿意在国家和社会发展过程中贡献自己的一部分力量,不拘泥于短期的个体利益得失,能够与其他参与个体建立共荣与互信关系。唯有依据共同价值观所形成的公共服务动机才能够服务于中国服务型政府建设方向,建立在短期个体利益基础之上的公共服务动机最终必将损害公共服务的质量。

(二)评估潜在公共服务参与者的资源能力

具备公共服务动机只是进入公共服务供给网络的前提条件,而具备公共服务资源则是有效提供公共服务的基础。作为公共服务供给最重要主体的政府组织在选择公共服务供给合作伙伴的过程中,也应评估对方的公共服务资源和能力,具体包括人力资源、财力、技术、关系网络等。

(三)考察潜在公共服务参与者的应变能力

由于中国社会高速发展和全球化趋势所带来的公共服务复杂性,在公共服务供给过程中,随时会发生许多意想不到的变化,进而导致原有的目标不能够实现甚至美好的初衷被异化。在环境急剧变化的情势下,公共服务供给网络极易解体。若公共服务参与者对环境变化具有良好的适应能力,并且众多主体对服务型政府建设目标具有高度一致性,则公共服务供给网络的目标才能最终实现。

公共服务供给系统是一个开放的系统,在公共服务供给主体自然选择的过程中,唯有维持系统的开放性,并秉承选择标准的灵活性,方能不断激发公共服务系统的生命力。因此,公共服务供给网络的选择机制事实上是建立在随机性基础上的非随机选择过程。公共服务供给网络的非随机选择作用于公共服务供给系统异变的"随机性"和"盲目性"之上,避免了公共服务供给系统的反向异化,确保公共服务供给系统向服务型政府建设方向演化。公共服务供给系统的选择过程也是一个创新过程,在保留各个不同性质参与主体自身特征的同时,又在合作过程中彼此融合,从而创造出更具现实可行性的管理策略和文化。

四、公共服务系统管理模式的适应机制

事实上,在公共服务系统之中,不仅在政府组织和民间组织、企业之间存在着巨大的管理文化、管理体制差异,即使在政府体系内部也内含管理思想、管理惯例的冲突。因此,公共服务系统的管理模式的适应性目标有二:一是适应性发展应为实现服务型政府战略目标服务;二是适应性的管理模式应具有包容性,容纳多重性质、异质性文化的共存与发展。针对这一目标需求,本书认为公共服务系统的适应性管理模式应是动态递进的(如图8-13所示)。服务型政府建设是一个长期的过程,这一过程又分为若干个阶段,本书大体将服务型政府建设划分为以下三个阶段:公共服务量化增长阶段、公关服务品质提升阶段和公共服务异质化需求得以满足阶段。在不同的服务型政府建设阶段都通过目标激励、动态计划、弹性控制和实时反馈等管理机制保障服务型政府建设目标的实现。公共服务系统适应性管理模式的特点在于将公共服务的复杂性与中国社会发展的不确定性相联系,以复杂性的视角探讨公共服务系统的管理模式问题,更加关注公共服务系统主体、公共服务需求,以及公共服务系统内、外部环境的复杂性及其对管理模式的影响,更加强调公共服务系统的整体性、动态性、适应性和公共服务主体的自主性。在此管理模式之中,服务型政府建设的每个阶段目标和初始计划都应是在其紧跟前阶段的基础之上制定的。公共服务系统的管理中心根据实时反馈所获取的内外部环境信息,及时调整服务型政府建设的阶段目标,根据不同阶段公共服务的异质化需求,对公共服务系统主体进行优化选择,以使得资源与任务实现最佳配置,管理模式与公共服务系统主体构成实现契合。

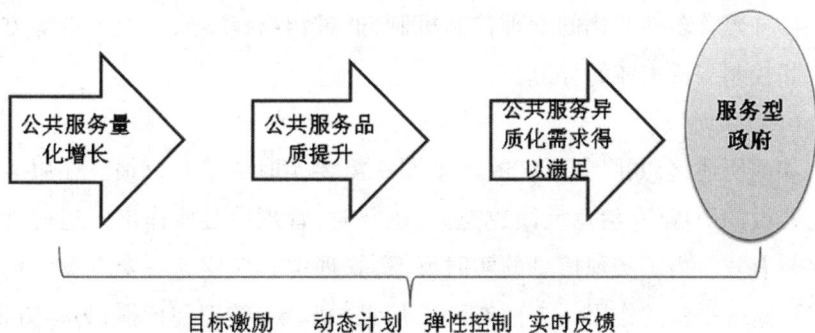

图 8 - 13 公共服务系统的适应性管理模式

（一）目标激励

公共服务系统与政府自身体系相比具有明显的松散性和动态性,参与公共服务供给的每个主体都具有各自不同的组织目标、管理模式和文化背景。公共服务系统的管理中心需不断地以总体目标对各个分散的个体进行激励和价值同化。明确清晰且被广泛认同的愿景目标,能够使得参与公共服务供给的主体充分认识到自己在公共服务系统中的位置和作用,对于凝聚多元主体具有重要意义。

（二）动态计划

在服务型政府建设实践过程中,服务型政府建设的阶段划分并不是一成不变的,公共服务系统也处于不断变动之中,如公共服务系统主体的变更、公共服务需求的变化、政府相关政策的调整、社会环境的变迁等。在这一动态变化过程中,公共服务主体的自发适应性行为不断涌现,个体自身自适应行为的涌现会在一定程度上破坏原有的关系联结,使得原有的目标激励与制度规范不再起作用。若在此情况下,系统管理中心再进行被动调整,必然收效甚微。为保障公共服务系统的适应性发展,系统管理中心应根据已经获得的各类反馈信息,不断地对现有的计划和目标进行修正和更新。

（三）弹性控制

参与公共服务系统的主体在性质上包含政府组织、民间组织、企业和公民个人,在规模上既有超大规模的跨区域组织,也有数十人所组成的微小型组织;在地域上,跨越中国的所有区域,对这些多样且独立的个体进行管理,弹性管理模式要优于硬性规定。系统的管理中心可以制定一套灵活的、方式多样并蕴含多样变化的管理控制机制,通过沟通、诱导、权力下放等方式约束和控制多样主体的行为。

(四)实时反馈

如前所述,公共服务系统的动态调整需要实时的信息反馈。在服务型政府建设的历程中,信息反馈越充分、越及时,管理中心所作出的适应性反应将越有效。为了实现信息的实时反馈,管理中心应建立一个有效的信息平台。这一平台的作用一方面有利于信息的收集、整理和传播;另一方面,这一信息平台也将于公共服务系统的技术资源平台进行整合,在保证信息畅通的同时,实现资源技术与公共服务的有效对接。

五、公共服务系统资源技术与公共服务对接机制

实现公共服务资源技术与公共服务的对接,需建立公共服务资源技术管理平台。公共服务资源技术管理平台是个集资源整合、信息处理、技术创新、沟通合作功能于一体的服务系统。

(一)中国公共服务资源技术平台的主要内容

第一,中国公共服务资源技术平台的建立要加强对民众公共服务需求信息的收集和反馈。良好的公共服务需要对民众的需求作出积极的响应,对民众的积极回应也是服务型政府的基本元素。民众的需求信息包括民众对公共服务数量的要求、种类的要求和供给方式的选择等信息。同时在民众需求信息收集的过程中还应注重区分不同地区、不同民族、不同收入水平的民众的差别化需求信息,以及这些不同群体之间需求的冲突及解决方式。

第二,中国公共服务资源技术平台的建立需加强对公共服务资源的整合与监测。公共服务资源包括公共服务的潜在供给主体、公共服务的现有人力资源、公共服务的技术发展等方面。各类资源要建立统一的格式和管理模式,并利用多种通信手段和网络化管理手段实现资源的共享,以达到这些资源的最大利用价值。

第三,中国公共服务资源技术平台的建立应推动公共服务相关问题的研发。现阶段可以考虑以下五类研究:

(1)公共服务的跨域交流机制。根据中国人口流动的特点,在教育、养

老、医疗等基本公共服务领域,研究公共服务的跨域供给问题。

（2）公共服务的品质提升机制。在本书中公共服务的品质重点是指公共服务的供给"过程""产出"和最终"结果"。就过程而言包括:对待民众是否礼貌、周到,民众等待服务所需时间等因素;就产出和结果而言,则重视公共服务的最终成效,例如通过医疗卫生服务,民众的健康水平是否得到了提升,教育服务的改善是否真正提高了学生的技术能力等。

（3）公共服务的回应机制。重点研究如何改善政府,尤其是地方政府在公共服务供给过程中的单边行为,实现民众对公共服务选择、供给和评价的全程参与。

（4）公共服务的高效供给。公共服务的资金的募集和有效使用是当前公共服务供给过程中的一个重要问题。而公共服务的高效供给则要求使得有限的资金得到最大限度的利用,并在最大程度上降低公共服务的价格。

（5）公共服务供给的公平性问题。公平是任何良好的公共服务的关键因素,也是公共服务公共性的重要体现。现阶段中国公共服务的人际公平和区际公平还有待进一步深化研究。

第四,公共服务理论研究的转化与落实。重点加强在公共服务方案制定、筹资安排、有效供给、结果反馈等几个阶段的可行性实施方案研究。例如在公共服务品质提升方面,加强公共服务意识培育,建立公共服务相关人员培训制度,编写公共服务标准化教材,提高公共管理者、媒体和大众对公共服务品质的认知水平。

（二）中国公共服务资源技术平台的功能

建立中国公共服务资源技术平台的目的在于全面整合全社会的公共服务资源,并系统地推动公共部门、民间力量和科研院所的科研工作,促进科研成果的转化落实,为服务型政府建设提供资源基础和智力支持。具体来说,中国公共服务资源技术平台包含以下四个功能:

（1）整合与提升。将服务型政府建设实践与学术研究相结合,促进科学研究成果转化为可以应用于公共服务供给的技术成果,提升服务型政府相关领域研究成果的应用价值。

（2）资源共享。协调规划各类公共服务资源,制定未来若干年内的公共服务战略,加强相关组织的协同合作,统合资源和科研成果模式,实现公共服务资源和信息的共享,为服务型政府建设提供资源和技术基础。

(3)公共服务信息电子化。透过资料和相关科学研究成果的电子化转化,建立公共服务数据库,为公共服务的跨域交流提供基础。

(4)决策支持。配合相关政府组织的管理中心责任,研究政府如何更好地履行公共服务系统管理中心的职责,为政府的公共服务相关决策提供备选方案和行动预案,有效提升公共服务的效率和效益。

(三)中国公共服务资源技术平台的工作机制

中国公共服务资源技术平台的具体工作可以分为三个部分:公共服务资源整合、推动科学研究和督促科研成果的转化落实。在公共服务资源整合方面,可以由民政部门和工商部门对民间组织、企业和部分事业单位的公共服务资源进行登记,并以此为基础作为公共服务供给网络成员选择的基础,制定公共服务资源利用的长期规划,实现公共服务资源的有效利用;在推动科学研究方面,可以由国务院制定服务型政府科研规划,并令不同级别政府组织拟定相关科研课题,推动科研院所和实践部门展开相关领域的研究;在科研成果转化落实方面,主要通过具体的公共服务部门来实现,例如国家卫生和计划生育委员会具体负责推动建立全国医疗信息网络,实现医疗服务的全国联网。

总之,服务型政府建设是一项复杂的工程,公共服务系统表现出显著的复杂系统特征,且在服务型政府建设过程中,公共服务系统存在着异变现象,良性的异变可以增强公共服务系统的活力,加快中国服务型政府建设进程,而负面的异变不仅会削弱公共服务系统的生命力,而且可能会最终导致服务型政府建设的失败。因此,随着国内外环境的日益复杂化,迫切需要公共服务系统进行适应性模式调整。本节引入适应性研究视角,以公共服务系统的适应性为研究主题,根据公共服务系统的三维平衡模型提出了公共服务系统的三个适应机制:公共服务供给网络选择机制、公共服务系统管理模式适应机制、公共服务资源技术与公共服务对接机制。此三类机制的建立有利于实现公共服务供给主体、管理模式和资源技术的整体适应与平衡发展。

第四节　公共服务需求平衡机制

公平是公共服务的应有内涵。公共服务的公平性是指民众不因收入、社会等级、性别或者疾病等因素而在其享受的公共服务方面有所差别。政府有义务在公共服务享有方面为所有人提供平等的机会,不管社会或者经济地位,抑或其他差异,都不影响民众对公共服务需要的满足。公共服务需求的均衡则是公共服务公平性的关键性手段。现阶段中国公共服务的不均衡与公共服务需求异质化并存,公共服务数量扩张与公共服务细节品质提升的困境同在。如何在有资源有限的前提下,平衡异质化的公共服务需求,稳步推进服务型政府建设,是当前我国政府创新过程中面临的重要难题。本节针对公共服务需求的异质化倾向,引入"需求弹性"和"供给弹性"两个维度,用以构建公共服务多元需求平衡机制。

一、公共服务需求的异质性

在中国,由于人口、地理和历史等因素的作用,公共服务需求的异质性历来比较突出。近年来,伴随着中国经济领域的根本性变革与全球化的发展进程,公共服务需求的异质性呈现出扩大化的趋势。

(一)公共服务需求的区际分化

公共服务需求的区际分化与中国社会发展失衡密切相关:一方面,东、中、西部地区之间的公共服务需求分化,另一方面,城乡之间的公共服务需求分化。

虽然中国公共政策和资源已经开始逐渐向东西部地区和东北老工业基地倾斜,但东、中、西部地区的发展水平差异却无法在短期内拉平,导致了不同区域对公共服务需求的侧重点也有所不同。在东部沿海开放地区,经济社会发展速度较快,民众与社会对公共服务无论是数量还是质量的需求都比较高,公共服务职能在这些地区的地方政府职能体系中占据重要的地位,民生问题得到了地方政府更多的关注。相较于东部发达地区,中国广大西部地区的经济发展水平较低,地方政府公务人员整体素质也略低于沿海开放地区,公共服务供给数量和质量也相应受到影响,这些地区的公共服务需求尚处于初始阶段,即以满足民众最基本的公共服务需求为主。

在历史、中国政策倾斜等因素的共同作用下,中国城乡二元化问题一直比较突出。过去由于信息通信技术落后,城乡二元化的区分尚未显现于民众的公共服务诉求方面,在农村居民自给自足的生活模式下,公共服务需求有限。农村家庭联产承包责任制的实施,解放了农村的生产力和劳动力,户籍制度的放开和人口流动限制性措施的减少,使得农村人口的区域流动和职业流动成为常态。且在通信技术发展和人口素质提升等多重因素影响下,农村地区的公共服务需求数量扩大化趋势明显,农村公共服务需求开始向纵深化发展。与此同时,城市居民原有的公共服务供给方式发生了根本性变革,城市居民免费享受医疗、教育、卫生等公共服务的时代已经结束,一系列全新的公共服务需求迅速崛起,例如大学生就业服务、环保服务、社区服务等。总体而言,乡村地区公共服务需求的侧重点在基本公共服务数量扩张和质量提升方面,而城市地区公共服务需求的侧重点则在于公共服务的个性化要求。

(二)公共服务需求的人际分化

20世纪80年代,中国经济体制改革的成果使得中国阶层分化成为可能,之后政治体制改革的逐步推行使得这种可能成为现实。中国社会开始出现多元化的利益群体,例如白领、工人、农民、职业经理人、企业主、农村进城务工人员、个体户等。不同利益群体在收入水平、收入方式、文化素养、家庭背景等方面存在巨大差异,其公共服务需求也表现出巨大的区分。如农村进城务工人员的公共服务需求可能集中体现在享受与城市居民同等的公共服务方面,而白领群体的公共服务需求可能更多地体现在服务态度和服务的方便性方面。

公共服务需求的人际分化还表现在不同年龄群体、不同职业群体之间。如青年人对于职业发展服务的需求更为旺盛;老年人对于养老服务和医疗服务更为重视;教育行业的从业人员倾向于扩张我国的教育供给,增加教育服务的筹资水平;医疗行业的从业人员认为自身收入与付出不成比例,强烈呼吁中国改革医疗服务供给方式。

人与人之间的公共服务需求不仅表现出多元化特征,且存在着许多现实的与潜在的矛盾冲突。如前文所提到的享受免费乘坐公交车服务的老年人与上班族之间针对公共交通服务之间的矛盾;农村进城务工人员的基本公共服务需求与城市原有居民对公共服务品质提升需求是公共服务供给的两难困境之一。在基本公共服务供给数量有限的情况下,允许农村进城务工人员及其子女享有与城市居民同等的教育、医疗等公共服务必然会降低城市居民现有的公共服务水平,而民众对于公共服务供给水平降低具有非常高的敏感性。

事实上,中国公共服务需求的区际分化与人际分化往往是交织在一起的,并进一步表现为公共服务需求的异质化。中国政府面临着公共服务数量扩张、公共服务质量提升、民众公共服务需求回应等多重任务。而公共服务需求的满足也有赖于政府的公共政策倾斜和公共服务供给模式的变革。

二、公共服务需求的折中与妥协

公共服务的公平性要求公共服务在人际和区际实现均等化,然而同时满足所有的异质性公共服务需求并不具备现实可行性,受到诸多因素的限制。

(一)公共服务既得利益者与新加入分享者之间的矛盾

民众公共服务需求具有一定的"刚性",即大多数人对既得的公共服务数量和质量具有只期待其上升,不容许其下降的基本心态。因此,新分享者的加入前提只能是公共服务规模的扩大、公共服务项目的增加、公共服务水平的提升。然而公共服务的供给水平需与国家的经济发展水平相适应,在经济发展水平尚未能够满足公共服务数量扩展、公共服务品质提升的大背景下,旨在通过降低公共服务供给质量以满足新加入者的公共服务需求是蕴含较大政治风险的。

(二)社会发展效率与公平之间的两难

公共服务公平是社会公平的重要指标,而在社会发展过程中,政府对公平和效率进行着反复衡量。公共服务的公平性诉求在一定程度上是以牺牲社会发展效率为代价的。就社会整体而言,在预算一定的情况下,地方政府如增加公共服务供给数量,则必然降低经济建设的投入水平;环境保护从来都是以污染型企业的退出为先导的。就社会个体而言,公共服务的按需供应在某种程度上还可能助长社会闲散风气,给一些人提供"搭便车"的机会,从而降低整个社会的效率。因此,需寻找效率与公平的平衡点,在中国尚需加快发展步伐的时代,尽量实现不损害效率的公平。

（三）宏观平衡与地方积极性的内在冲突

地方政府是公共服务的核心供给者,也因此引发了地区间公共服务的巨大差异。公共服务需求的平衡往往需要中央政府的宏观调控来完成,但对于国家全局发展而言,力求平衡地区间公共服务差距的,旨在以发达地区的资源满足欠发达地区的公共服务需求的政策则可能会最终打击地方政府的积极性。

（四）产业结构调整与人口结构变动的长期性

产业结构调整、城镇化发展是中国人口结构变动的巨大推动力,而城乡公共服务需求的有效满足是巩固这种成果的重要手段。满足乡村居民和城市移民的基本公共服务需求,是学界和政府都十分关心的课题。然而由于中国农村人口基数过于庞大,人口结构的转型必然是一个长期而复杂的过程。在这一过程中,公共服务在数量上的稀缺和质量上的短暂缺位在所难免。

综上,异质化公共服务需求的折中和不同群体地区间的妥协是服务型政府建设中不可避免的事实。没有哪种公共服务模式能够同时满足所有群体不同的需求,因此不存在完美的公共服务模式。公共服务需求的均衡机制实际上可以被称为公共服务需求的折中和妥协机制。

三、公共服务供给方式选择

大体来说,有四种公共服务供给方式:

（一）信任模式

信任模式是指民众相信特定的部门和人员,并对其所提供的公共服务品质有着充分的信心。信任模式的逻辑思路是:政府设定服务的标准,并提供公共服务预算资金,公共服务供给方按照自己的意愿对这些预算进行支配。公共服务供给者通常是具有专业知识和从业经验的组织,民众和政府都相信这些专业组织和其工作人员会在公共服务供给过程中维持其专业素养,注重其专业声誉,提供高质量的公共服务。在信任模式下,一些专业组织和政府部门通过正式或非正式契约组成公共服务供给网络,基于彼此间的信任,网络内部能够达成有效合作,实现公共服务的高效、回应、公平和品质等目标。作为一种公共服务供给手段,这种手段的优势在于公共服务提供者对资金使用和服务生产享有的充分的自主权,因而具有更高的积极性和较高的工作热情。而政府组织也因此得以脱离烦琐的公共服务生产和提供工作,民众也因此能够享有更高质的服务。

当然信任模式也同样存在着问题。朱利安·勒·格兰德在《另一只无形的手——通过选择与竞争提升公共服务》中对信任模式的基本假设为:公共服务的供给者之所以愿意提供公共服务主要是源于他们对于大众福利的关注,而不是出于对自身物质私利的追求,他们唯一的追求就是满足服务用户的需要和需求,他们唯一的兴趣就是社会福利。在此前提下,信任模式的问题在于:首先,公共服务供给方高尚的利他主义精神不总是意味着高效率,尤其是在无统筹的情况下。例如在灾害救助过程中,许多公民个人、企业及民间组织秉承着"做点好事"的心态,在未与政府进行充分沟通的情况下,匆匆赶赴灾区,造成了灾区救援工作的混乱,道路拥堵,甚至会因为自身所携带食品物资的短缺而加重原有的救援任务。其次,就公共服务供给方与政府的关系而言,具有利他主义的公共服务供给方与政府的观点并非完全一致。例如,这些利他主义者认为最为重要的公共服务有可能并不是政府目前考虑加强或者扩充的;又如从普通民众的角度来看,利他主义者可能是在维护他们的福利,但是从政府的角度而言,则可能是对公共政策的破坏或对公共秩序的威胁。例如,一些机构在大城市为农村进城务工人员的子女开设农民工子弟学校,但是由于资源有限,这些农民工子弟学校在食品安全、学生保护等方面给当地政府带来了很大的隐患。最后,利他主义精神与自利倾向之间的较量是长期的,这就产生了对公共服务供给方的监督问题。政府和民众必须建立某种有效的监督机制,以保障公共服务资金不被滥用,公共服务的品质达到要求。而许多领域的公共服务质量是难以评估的,或者即使有监督评估的手段,评估也将对资源造成巨大消耗。对于被监督方而言,也会产生不被信任的感觉,进而破坏彼此间的信任联盟关系。

（二）目标管理模式

与信任模式不同，目标管理模式也被称为命令模式或控制模式，所有人和组织都是管理等级的一个部分，在其上级的指示下提供公共服务。

目标管理模式在公共服务实践中又表现出若干种形式，其中最为著名的一种形式被称为"目标管理法"。这种方法给公共服务供给方设定各种各样的目标，并将这些目标进行量化处理。量化的目标是对公共服务供给方及其工作人员进行绩效评估的标准，若目标达成则进行奖励，目标未能达成则进行惩罚。如在医疗卫生服务中，可以设定救护车到达事故现场的最低时间限制、急救病人到达医院后得到救助的最低时间、非急需手术病人候诊的最低时间等。奖励的形式可能是给予公共服务供给方更大的自主权和更多的财政补贴，给予公共服务具体提供者薪资和晋升奖励。惩罚的方式与之相反，大体是加大对其具体工作的干预，减少财政补贴，甚至剥夺其提供公共服务的权利。

目标管理模式在某些领域是行之有效的，也能在短期内取得较大的成果，尤其是在医疗卫生和教育等官僚性较强的服务领域，可以有效地医治官僚行为，提高工作效率。在目标细致且明确、奖惩措施执行有力的前提下，目标管理模式的成效是毋庸置疑的。但就长远而言，目标管理模式也存在着一些问题。

首先，公共服务的实际供给方可能会虚构数据，以达到骗取奖励的目的。例如在大学教育服务供给过程中，很多高校为提高学生的就业率，让未能落实工作的学生与人才市场签订劳动关系挂靠协议。在统计就业率的过程中，这种挂靠协议一般都被算作就业协议，而实际上学生并没有解决就业问题。

其次，目标管理模式可能在一定程度上阻碍持续创新，在能够完成目标的前提下，公共服务供给方往往失去了继续前进的动力，墨守其基本工作方式。

再次，目标也可能会被异化或者产生异化的结果。例如在设定目标的工作项目上投入较多，而在未明确设定目标的项目上则投入较少甚至根本没有投入。以教育服务为例，如设定了小学生的数学成绩目标，而因为难以量化，对于小学生品德目标未进行设定，小学教育提供者就会忽视对小学生品德的培养,而一味追求小学生的数学成绩。

最后,目标达成的影响因素很多,公共服务供给方自身的努力当然是最为重要的因素,但还是有许多因素超出了管理控制的范围,因而对未达目标进行的惩罚可能会稍显武断,有失公平。

(三)市场模式

建立公共服务市场,通过公共服务购买者的选择和公共服务供给者的竞争实现公共服务的公平公正、高效率、高品质和回应性目标。市场模式有两个关键性因素:选择和竞争。所谓选择是指公共服务享受者的选择,为了维护公共服务的公平性,政府一般会给民众发放公共服务券,民众用公共服务券购买公共服务。竞争是指在公共服务领域形成"准市场"环境,在公共服务市场中存在若干独立的提供者,即包括政府组织也包括企业和民间组织,它们之间相互公平竞争。

市场模式的优势在于:首先,公共服务的享受者可以凭借自由意志选择公共服务,而不是被动接受政府提供的公共服务。民众的自由意志选择与供给者公平竞争的结合是公共服务品质提升最有效的激励机制。如果公共服务供给者未能提供良好的公共服务,那么它将因失去民众的选择而失去资源和生存空间。其次,在市场模式下,无论公共服务的供给者是否具备高尚的道德情操,民众选择机制都对它具有绩效提升效用。逐利者想要吸引用户,维持较高的盈利水平,高尚的福利主义者也想要继续为民众服务,并从中获取部分利润。

市场模式虽然具备自动调节公共服务需求和公共服务质量的机制,但同时市场模式的有效运行必须使得选择和竞争同时有效。若只具备其中一个因素,而忽视了另外一个因素,则可能会无法达到提升公共服务品质和公平性的目的。只提供选择而无竞争会导致公共服务供给方产生惰性,不愿意接受更多的客户。以公共医疗服务为例,现在我国的状况即是民众有权选择在自己所在区域的任何一家医院就医,但医院并不能够因为额外的病人而获得更多的额外资金,因此医院则没有任何直接的动力去吸引患者,甚至因为额外的病患会增加工作量,而增加的工作量又无法获得应得的补偿,一些医院会拒绝病人就医。因此,也就常常会有产妇临产却被医院以没有床位为由拒收的事例出现。没有选择只有公共服务供给方之间的竞争同样会出现很多问题。因为没有用户选择,则竞争的目的并不是为了获得用户认可,其提升的品质可能并不是用户急需改善的方面。例如在大学教育发展过程中,大学的竞争很大程度上是教师科研水平的竞争,教师队伍科研素质的提升可能并不是学生所急需的,学生和家长更期待教师教学水平的提高。

(四)民主模式

民主模式是一种自下而上管理的公共服务供给模式,是指民众有权向公共服务提供方及其上级就公共服务的提供数量、品质和方式等方面提出申诉,迫使其进行变革。申诉的主体可以是个人也可以是集体,申诉的方式包括各种类型的行动和抗议。例如中小学组织家长理事会,并就学生教育问题与教师和校长谈判;病人就医疗服务启动正式的诉讼程序;选民就环境问题向人大代表投诉等。

民主模式的优势在于,该模式能够将用户的需求纳入公共服务体系之中,同时也能够为公共服务提供方提供更多的用户需求信息,从而使其改革有的放矢。民主模式是一种政府与民众双向互动的模式,能够促进彼此了解,建立互信关系,增强政府公信力。

民主模式的有效实施同样存在着诸多限制条件:首先,民众的发言权并不平等,尤其在阶层逐步分殊化的今天,富有阶层对公共服务的发言权要明显优于贫困阶层。前者拥有更好的教育、更多的人际关系等资源,这将导致公共服务更加符合富有者的偏好。① 其次,民主模式的效率可能是低下的。一方面,民主模式要求取得部分集体一致性,这种一致性的取得本身就需要反复的博弈;另一方面,即使能够取得集体一致性,集体申诉与实际改革实现之间也需要一个较长的过程。例如社区各项基本服务,需要广大业主成立业主委员会,在业主委员会成立之后还要与政府、物业公司等方面进行长期的谈判沟通。最后,民主化是一个长期的过程,在这一过程中,许多民众会选择放弃公共服务,而采用家族资源或自有资金购买更高品质的公共服务,如放弃教学质量较差的划片小学,将孩子送到私立小学就读,或者直接选择移民或搬家来获取更高品质的公共服务。

---

① 参见王蔚、彭庆军:《论农村公共服务需求表达机制的构建》,《湖南社会科学》,2011 年第5 期。

总之,没有一种公共服务供给模式能够平衡所有异质化的公共服务需求,实现公共服务的公平性目标。信任模式过于依赖供给者的道德水平,而高尚品德是最难以保障的因素之一;目标管理模式下既定目标可能会受到逐利动机的侵蚀;公共服务的公共性和非营利性使得市场模式往往无法实现选择与竞争的同时存在;民主模式有待整个社会政治与社会生活的民主水平提升。简而言之,没有完美的公共服务供给模式,多元公共服务需求的平衡需要在理论上对公共服务进行细分,对不同类别的公共服务采取不同的供给方式。

四、公共服务需求的平衡

正如公共服务供给模式有多种选择一样,公共服务本身的类别划分也有多种方式。本书对公共服务进行分类的目的是为了平衡异质化的公共服务需求,鉴于此,本书引入"需求弹性"和"供给弹性"两个概念,用以区分不同类别的公共服务。

（一）概念框架

公共服务需求弹性是指在一定时间内,在其他条件保持不变的情况下,某种公共服务的需求迫切性程度对公共服务价格和用户收入的反应程度。公共服务需求弹性又可细分为公共服务的价格需求弹性和公共服务的收入需求弹性。

$$公共服务需求弹性 = \frac{公共服务需求水平}{公共服务价格} \times 用户收入水平$$

$$公共服务价格需求弹性 = \frac{公共服务需求水平}{公共服务价格}$$

$$公共服务收入需求弹性 = \frac{公共服务需求水平}{用户收入水平}$$

事实上,公共服务不同于一般的商品,大部分公共服务仍由政府提供,政府的公共属性使得公共服务价格在一定时期内能够保持稳定和低价。即使是由市场组织提供的公共服务,其价格也受到政府的监控,因而能够保持在相对合理的范围之内。基于此,公共服务需求弹性的重点在于公共服务收入需求弹性。

公共服务的供给弹性是指在一定时间内,在其他条件保持不变的情况下,某种公共服务的供给水平对政府能力的反应程度,其中公共服务的供给水平既包括公共服务的供给数量也包括公共服务的供给质量。

$$公共服务的供给弹性 = \frac{公共服务供给水平}{政府公共服务能力}$$

受政府公共服务能力是就某一地方政府而言的,具体包括地方的经济发展水平、政府自身可支配收入和中央政府的政策倾斜。在现实生活中,公共服务供给弹性在很大程度上还受到公共服务支出偏好的影响。受以国内生产总值为中心的政绩观的影响,地方政府公共服务的支出偏好存在着异化现象,地方政府公共服务的支出普遍集中于投资回报率高的公共服务产品。

不同类别的公共服务,其有效供给模式也不尽相同。本书从公共服务的需求弹性和供给弹性的角度划分了四类公共服务(如图 8-14 所示)。A区所代表的公共服务的政府供给弹性与民众需求弹性都很高。此类公共服务一般是指高端社会福利,如专家会诊、定期体检、单间病房、高等教育等。民众对此类公共服务的需求对价格和收入反应灵敏,一旦此类服务价格降低或者民众收入水平提高即会产生对此类公共服务的需求;就政府而言,此类公共服务具有较高的投资回报率,在政府能力允许的范围内,政府提供该类公共服务的意愿较高。B区所代表的公共服务的政府供给弹性较低而民众公共服务的需求弹性较高。此类公共服务一般是指对教育、医疗、卫生、养老等基本公共服务的个性化要求或称之为品质要求。如随着民众收入水平的提高和民主意识的觉醒,民众希望能够享受更加便捷的交通、更加人性化的医疗等。而在以国内生产总值为核心的政绩观影响下,政府收入的提高并不会必然提高政府提供此类公共服务意愿。C区所代表的公共服务的政府供给弹性和民众需求弹性都较低,这意味着此类公共服务是政府之所以存在的基础,是民众安全生活的保障。此类公共服务一般是指自然环境和安全服务。D区所代表的公共服务的政府供给弹性较高而民众需求弹性较低,是指基础设施、义务教育、基本医疗等服务。政府对于这些服务往往进行有选择性的供给,如公共交通。在一些经济欠发达地区,由于公共交通服务的供给成本较高,且民众未对此项要求提出强烈的需求,政府往往不愿意将资金投入道路建设上来。又如一些区域的义务教育供给明显不足,在教师、校舍和教学工具等方面都存在着较大的缺口。而民众无论收入高低,对此类公共服务的需求都是其生活的必需支出。

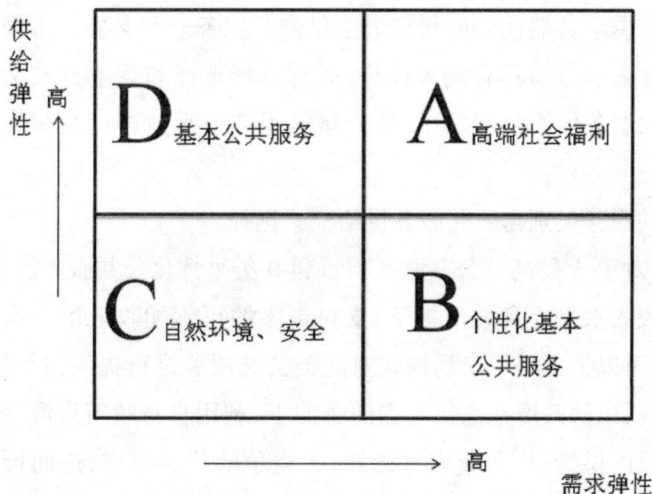

图 8 - 14　公共服务分类

(二)公共服务需求的平衡与公共服务的有效供给

1. 公共服务需求的异质性与公共服务分类

公共服务需求的平衡并不是要消除公共服务需求的异质性,而是针对多元化的公共服务需求,寻求差异化的公共服务供给模式,制定公共服务供给战略,将潜在的公共服务需求冲突维持在可控的范围之内,确保社会的和谐与稳定,促进社会的健康发展。

如前所述,公共服务需求具有异质性,这种异质性表现为区际异质性与人际异质性。然而就不同公共服务类别而言,公共服务的异质性并不完全相同。很显然自然环境、公共安全与基础设施服务的异质性较小,公共服务消费的排他性也相对较小。如公共交通和国防一般被认为是完全不具备排他性的公共服务,在这些类别的公共服务供给方面若设置限制性条件,将部分民众隔离到公共服务之外,则会引发社会的巨大不公平感,甚至影响民众的正常生活,造成社会动荡。因此,C类和D类公共服务不适合采用市场模式进行供给,公共安全、环境保护与基础设施的供给应采取全国统筹的方式,尽快拉平区际和人际的公共服务差距。

在A类和B类表现出的异质性是正常的,由于人与人之间存在收入水平、教育程度和文化背景差异,他们对于教育、医疗卫生和社区管理等服务的需求就具有其身份特征。正是由于这些类别公共服务的个性化特征,以市场化模式供给高端社会福利和个性化公共服务非常必要。市场化模式在满足个性化需求方面具有先天优势,同时市场选择和竞争方式又将价格因素引入公共服务供给过程之中,从而排除了部分无力进行高端公共服务消费的人群。

2.公共服务类别与公共服务供给模式选择

第一,对于A类高端公共服务项目和B类个性化公共服务需求项目,民众愿意在收入水平提高的前提下,支付更多的可支配收入用于购买此类服务。因此,可以考虑采用市场模式对此类公共服务进行提供,只是要注意竞争的公平性,以防政府在高额利润的驱使下,利用自身政策资源垄断高端公共服务产品的供给,从而造成有选择、无竞争的状况存在,进而推高公共服务定价,并阻碍公共服务技术创新和品质提升。例如,我国现有的通讯服务厂商只有中国移动和中国联通,民众通讯服务选择权可行使的范围非常有限,这使得中国通讯服务价格长期高于国际平均水平,通讯服务质量提升无法与民众需求同步。

第二,对于C类和D类公共服务而言,民众几乎没有任何需求弹性,只有这两类服务得到了有效供给,民众才能得以进行正常生活。因此,C类和D类公共服务宜采用目标管理模式、民主模式与信任模式相结合的供给方式。对于基本环境安全服务而言,政府为民众提供良好的治安环境是政府组织的应负职责之一,政府组织系统本来就是官僚体制,应用目标管理模式,以强制命令在层级之间逐步推动公共安全和环境服务品质的提升是可行的。并且近年来随着社会对环境保护认识水平的提升,大量环保民间组织兴起,将一部分环保服务供给职责转移给一些具有专业知识,且立足公益的环保民间组织具备可行性。对于基本公共服务而言,政府供给具有明确的选择性,因此民众发言权的加强势在必行。通过自下而上的压力促使政府改革现有的基础设施供给方式和结构,可以保障基础设施建设的稳步推进。同时,由于中国地区间经济水平的差距和政府能力的悬殊,可暂时考虑采用信任模式,由部分民间组织提供少部分的公共服务项目。例如现在已经在实行的"希望工程""开往春天的校车""母亲水窖"等公益项目即是由民间组织或准公共部门发起的利用民间资源供给基本公共服务的例子。应该引起重视的是,在 C 类和 D 类公共服务项目中引入信任模式,事实上是将政府的一部分职责转移给了社会,而转移出去的职责又不是社会应该承担的事项,虽然短期内能够解决部分公共服务的供给不足问题,但其长期效果则会造成政府与社会的责任倒挂和民众公益心的衰退。

3.公共服务需求的折中方式

以需求弹性和供给弹性对公共服务进行类别划分,并以此为依据判断公共服务的供给方式,在理论上是可行的,但实践中仍难以避免因收入差距、生活环境等外在因素所造成的公共服务供给水平差距。因此,公共服务需求的折中与妥协势在必行。

第一,对于高端社会福利和个性化公共服务而言,在市场化供给过程中应确定一个基准或者说底线,确保高端社会福利和个性公共服务享有不会侵犯其他民众的基本公共服务享有质量,包括时间、空间和心理等方面。如某一特定个人可以通过直接付费的方式,享受更加便捷和高端的医疗服务,但是当医疗资源有限的情况下,医院不能因为一个富有的感冒患者支付了十倍于贫穷急性疾病患者的资费,而置贫穷患者的生死不顾;可以付费购买更加宽敞的住宅,但不能因为其私人花园梦想,而挤占普通民众的公共绿地;可以购买私人飞机,但不能因为其时间宝贵,而插队购票上车;可以在私立学校接受更高质量的教育,但不能通过贿赂、人际关系等手段享受更高质的教育资源。

第二,对于教育、医疗、养老、基础设施和安全环境等基本公共服务而言,应确立全国性的统一服务标准,不管户籍住址、经济环境抑或是其他方面的差异,都不影响民众对公共服务的需要和享有。然而我国的地域差异和不同阶层的贫富分化仍将存续一个较长的时间,拉平地区间经济发展水平,实现均贫富是不现实的。目标管理模式辅之以信任模式和民主模式的供给方式也不可能在短期内实现人与人之间的公共服务公平和区域的公共服务均等,甚至由于目标的异化,可能还会拉大公共服务的人际分化。如在幼儿保育服务供给过程中,一些幼儿园设置价钱昂贵的亲子班,只有参加亲子班的学员才能够最后进入该所幼儿园,这就使得一些经济困难的家庭难以享受公办幼儿园的保育服务。因此,在短期内难以平等地满足所有民众基本公共服务需求的前提下,应建立基本公共服务公益供给机制和弱势补偿机制。所谓基本公共服务公益供给机制,即吸纳有爱心和道德高尚的人,建立社会服务事务所,负责向贫困地区和贫困家庭提供一些基本公共服务;弱势补偿机制是指鼓励现有的公共服务供给方向贫困人口提供基本公共服务。如一个小学招收一名农村进城务工人员的孩子,即给予其一笔"弱势补偿金",这笔弱势补偿金的数额应略高于其培养一名小学生的成本。

上述折中模式是就阶层间公共服务需求失衡和地域间公共服务供给不均而言的。在服务型政府建设实践中还存在着很多由于政府工作不细致、公共服务项目随意设置造成的暂时性公共服务需求冲突。这些小型冲突的解决则有赖于政府公共服务供给能力的提升。

总之,公共服务需求的异质化导致民众对公共服务不公的感觉愈发强烈,基本公共服务均等化业已成为服务型政府建设的关键进程。在社会转型与全球化背景下,中国人际和区际的公共服务需求平衡越发困难。首先,公共服务具有福利刚性,改革措施不能触及现有的既得利益者;其次,公平和效率总是难以两全,公共服务投入的增多必然是以减少经济建设预算为前提的;再次,以二次分配来实现地区间公共服务的均等化势必会打击地方发展的积极性;最后,城乡二元结构的负面效应逐渐显现,广大农村地区与城市移民享有公共服务水平的快速提升在短期内难以实现。信任模式、目标管理模式、市场模式和民主模式等公共服务供给方式都存在一定的缺陷,单一模式难以保证公共服务的有效供给。因此,本节引入需求弹性与供给弹性的概念框架,对公共服务进行类型总结,并以此为依据提出了不同类型公共服务的供给模式及需求平衡机制。

综上所述,本章在文献综述与现实分析的基础之上提出了服务型政府机制建设的概念框架。笔者认为当前以机制拉动服务型政府建设应着重建立公共服务供给主体间协同机制、公共服务系统自适应机制和公共服务需求平衡机制,旨在实现公共服务的多元和高质供给;激活政府活力,促使政

府对环境进行自发的适应与调整,实现政府自身成长;化解潜在的社会冲突,并最终实现共建和谐社会的目标。本章主要结论如下:

第一,公共服务多元供给已成趋势,多元公共服务供给主体间协同的实现有赖于政府的政策供给,不同性质组织间管理模式的彼此调整与适应,在长期合作过程中建立信任关系并包容彼此迥异的组织文化。

第二,政府与其他各类公共服务供给主体通过一定的规则制度,在公共服务供给过程中构成了公共服务供给系统。公共服务的复杂性和社会转型的不确定性,要求这一系统进行自发的调整与适应,包括系统成员的选择与更新机制和系统的适应学习机制。

第三,公共服务需求的冲突是潜在的社会冲突因素,关系着公共服务公平性目标的实现。异质化需求的平衡不能依靠满足所有需求或裁高就低拉平公共服务供给水平实现,而应对公共服务实施差异化供给策略,以市场化手段,满足高端公共福利需求,以民间力量补充现有政府基本公共服务供给能力不足,以弱势补贴鼓励公共服务资源向贫困人口倾斜,以公共服务工作的细节化和战略化避免公共服务项目的冲突。

参考文献

一、著作类

(一)中文译著

1.《马克思恩格斯选集》(第三卷),人民出版社,1972 年。

2.《马克思恩格斯选集》(第三卷),人民出版社,1995 年。

3.《马克思恩格斯选集》(第四卷),人民出版社,1972 年。

4.《马克思恩格斯选集》(第四卷),人民出版社,1995 年。

5.[法]莱昂·狄骥:《公法的变迁》,郑戈等译,辽海出版社、春风文艺出版社,1999 年。

6.[联邦德国]尤尔根·哈贝马斯:《交往与社会化》,张博树译,重庆出版社,1989 年。

7.[美]B.盖伊·彼得斯:《政府未来的治理模式》,吴爱明、夏宏图译,中国人民大学出版社,2001 年。

8.[美]M.奥尔森:《集体行动的逻辑》,陈郁等译,上海人民出版社,1995 年。

9.[美]戴维·奥斯本、特德·盖布勒:《改革政府——企业家精神如何改革着公营部门》,周敦仁译,上海译文出版社,1996 年。

10.[美]丹尼尔·贝尔:《资本主义文化矛盾》,任晓晋译,生活·读书·新知三联书店,1989 年。

11.[美]加布里埃尔·A.阿尔蒙德、西德尼·维巴:《公民文化:五国的政治态度和民主》,马殿君等译,浙江人民出版社,1989 年。

12.[美]加布里埃尔·阿尔蒙德、小 G.宾厄姆·鲍威尔:《比较政治学:

体系、过程和政策》，曹沛霖译，上海译文出版社，1987年。

13.［美］卡罗尔·佩特曼：《参与和民主理论》，陈尧译，上海人民出版社，2006年。

14.［美］莱斯特· M.萨拉蒙：《公共服务中的伙伴——现代福利国家中政府与非营利组织的关系》，田凯译，商务印书馆，2008年。

15.［美］罗伯特·A.达尔：《现代政治分析》，吴勇译，上海译文出版社，1987年。

16.［美］罗伯特·阿格拉诺夫、迈克尔·麦奎尔：《协作性公共管理地方政府新战略》，李玲玲等译，北京大学出版社，2007年。

17.［美］罗尔斯：《正义论》，何怀宏译，中国社会科学出版社，1988年。

18.［美］马克·沃伦：《民主与信任》，吴辉译，华夏出版社，2004年.

19.［美］乔治·弗雷德里森 :《公共行政的精神》，张成福等译，中国人民大学出版社，2003年。

20.［美］萨瓦斯：《民营化与公私部门的伙伴关系》，周志忍等译，中国人民大学出版社，2002年。

21.［美］塞缪尔·亨廷顿、琼·纳尔逊：《难以抉择——发展中国家的政治参与》，汪晓寿等译，华夏出版社，1989年。

22.［美］塞缪尔·P.亨廷顿：《变化社会中的政治秩序》，王冠华、刘为等译，上海人民出版社，2008年。

23.［美］约翰·克莱顿·托马斯：《公民决策中的公民参与:公共管理者的新技能与新策略》，孙柏英译，中国人民大学出版社，2005年。

24.［美］詹姆斯·艾尔特、玛格丽特·莱维、埃莉诺·奥斯特罗姆：《竞争与合作——与诺贝尔经济学家谈经济学和政治学》，万鹏飞译，北京大学出版社，2011年。

25.［美］珍妮特·V.登哈特、罗伯特·B.登哈特：《新公共服务:服务，而不是掌舵》，丁煌译，中国人民大学出版社，2010年。

26.［苏］B.M.马诺辛等：《苏维埃行政法》，黄道秀译，江平校，群众出版社，1983年。

27.［英］洛克：《政府论》（下篇），叶启芳等译，商务印书馆，1981年。

28.［英］亚当·斯密：《国民财富的性质和原因研究》（下），郭大力、王亚南译,商务印书馆,1979年。

29.［英］亚历山大·S.普力克等:《卫生服务提供体系创新:公立医院法人化》,李卫平、王云屏、宋大平译,中国人民大学出版社,2011年。

30.［英］朱利安·勒·格兰德:《另一只无形的手——通过选择与竞争提升公共服务》,韩波译,新华出版社,2010年。

(二)中文著作

1.《毛泽东选集》(第三卷),人民出版社,1991年。

2.陈庆云:《公共管理前沿》,福建人民出版社,2002年。

3.陈晏清主编:《当代中国社会转型论》,山西人民出版社,1998年。

4.董克用主编:《构建公共服务型政府——第三届中美公共管理国际学术研讨会论文集》,中国人民大学出版社,2007年。

5.韩斌:《基层领导干部读本》,天津人民出版社,2006年。

6.胡宁生:《中国政府形象战略》,中共中央党校出版社,1998年。

7.贾冀南:《财政学》,电子工业出版社,2010年。

8.井敏:《构建服务型政府:理论与实践》,北京大学出版社,2006年。

9.李军鹏:《公共服务型政府》,北京大学出版社,2004年。

10.李树忠:《国家机关组织论》,知识产权出版社,2004年。

11.李燕:《政府公共服务提供机制构建研究:基于公共财政的研究视角》,中国财政经济出版社,2008年。

12.刘邦驰:《中国当代财政经济学》,经济科学出版社,2010年。

13.刘恒等:《政府信息公开制度》,中国社会科学出版社,2004年。

14.刘厚金:《我国政府转型中的公共服务》,中央编译出版社,2008年。

15.刘积斌:《我国财政体制改革研究》,中国民主法制出版社,2008年。

16.刘平、鲁道夫·特劳普－梅茨:《地方决策中的公共参与:中国和德国》,上海社会科学院出版社,2009年。

17.卢坤建、苗月霞:《回应型政府建设的理论与实践》,中山大学出版社,2011年。

18.马海涛、姜爱华:《政府间财政转移支付制度》,经济科学出版社,2010年。

19.彭宗超、薛澜、阚珂:《听证制度》,清华大学出版社,2004年。

20. 乔立娜、李鹏:《政府信息公开工作制度与实施》,中国人事出版社,2011 年。

21. 汝信、陆学艺等:《2007 年中国社会形势分析与预测》,社会科学文献出版社,2006 年。

22. 上官酒瑞:《现代社会的政治信任逻辑》,上海人民出版社,2012 年。

23. 王丽莉:《服务型政府:从概念到制度设计》,知识产权出版社,2009 年。

24. 王名扬:《美国行政法》(下),中国法制出版社,2005 年。

25. 王培英:《中国宪法文献通编》,中国民主法制出版社,2004 年。

26. 王浦劬、萨拉蒙等:《政府向社会组织购买公共服务研究:中国与全球经验分析》,北京大学出版社,2010 年。

27. 王曙光、周丽俭、李维新:《公共财政学》,经济科学出版社,2008 年。

28. 王卓君:《政府公共服务职能与服务型政府研究》,广东人民出版社,2009 年。

29. 吴玉宗:《服务型政府建设研究》,经济日报出版社,2007 年。

30. 许文惠、张成福:《行政决策学》,中国人民大学出版社,1997 年。

31. 俞可平:《治理与善治》,社会科学文献出版社,2000 年。

32. 张成福、党秀云:《公共管理学》,中国人民大学出版社,2001 年。

33. 张创新:《公共管理学前沿探微》,社会科学文献出版社,2010 年。

34. 张康之、张乾友:《公共生活的发生》,高等教育出版社,2010 年。

35. 张康之:《公共行政中的哲学与伦理》,中国人民大学出版社,2004 年。

36. 张永桃:《行政管理》,南京大学出版社,2001 年。

37. 郑永年:《中国模式:经验与困局》,浙江人民出版社,2010 年。

38. 中国(海南)改革发展研究院编:《建设公共服务型政府》,中国经济出版社,2004 年。

39. 周雪光:《权威体制与有效治理:当代中国国家治理的制度逻辑》,中国社会科学出版社,2012 年。

40. 朱光磊:《当代中国政治过程》,天津人民出版社,2008 年。

41. 朱光磊等:《服务型政府建设规律研究》,经济科学出版社,2013 年。

（三）外文著作

1. Agranoff Robert, Michael Mc Guire, *Collaborative Public Management*, Washington D. C. : Georgetown University Press, 2003.

2. Burt Richard, *Congressional Hearings on American Defense Policy 1947 - 1971*, The University Press of Kansas, 1974.

3. Kettl D. F., *Sharing Power: Public Governance and Private Markets*, Washington D. C: Brookings Institution, 1993.

4. Kettl, Donald F., *Sharing Power: Public Governance and Private Markets*, Washington D. C: Brookings Institution Press, 1993.

5. Martin E. Marty, The Nature and Consequences of Social Conflict for Religious Groups, in R. M. Lee, M. E. Marty, *Religious Social Conflict*, NewYork: Oxford University Press, 1964.

6. OLSON M. , *The Rise and Decline of Nations: Economic Growth, Stagflation and Social Rigidities*, Yale University Press, 1982.

7. Richter E. G. F. A. , *Institutions and Economic Theory: The Contribution of the New Institutional Economics*, University of Michigan Press, 1997.

8. Steven Rathgeb Smith and Michael Lipsky, *Nonprofits for Hire*, Cambridge :Harvard University Press, 1993.

9. Steven Steinmo, The New Institutionalism, in Barry Clark and Joe Foweraker eds., *The Encyclo - pedia of Democratic Thought*, Londan: Routlege, 2001

10. The World Bank, *Social Accountability in Public Sector*, Washington D. C: The World Bank, 2005.

11. Wilson J. Q., *The Moral Sense*, New York: Free Press, 1993.

二、论文类

（一）中文论文

1. 安体富、任强：《政府间财政转移支付与基本服务均等化》，《经济研究参考》，2010 年第 47 期。

2. 薄贵利：《"服务型政府"的三个特征》，《学习月刊》，2011 年第 11 期。

3. 薄贵利:《准确理解和深刻认识服务型政府建设》,《行政论坛》,2012年第1期。

4. 陈文满:《"民本位"理念下公共服务型政府的构建》,《管理观察》,2011年第5期。

5. 崔伟:《行政听证制度研究》,《长春大学学报》,2011年第1期。

6. 丁元竹:《准确理解和把握基本公共服务均等化》,《行政管理改革》,2009年第3期。

7. 杜红艳:《国外民间组织在历史文化遗产保护中的作用与启示》,《探索》,2012年第2期。

8. 段溢波:《论地方服务型政府的建设路径》,《湖北财经高等专科学校学报》,2010年第6期。

9. 樊丽明、石绍宾:《区域内城乡基本公共服务均等化进程及实现机制分析——基于山东省3市6区县调查的经济学思考》,《财政研究》,2009年第4期。

10. 付金鹏:《社会组织提供公共服务的问责工具分析》,《中国行政管理》,2013年第10期。

11. 高小平、孙彦军:《服务·责任·法治·廉洁:服务型政府建设的目标、规律、机制和评价标准》,《新视野》,2009年第4期。

12. 郭道久:《第三部门公共服务供给的"二重性"及发展方向》,《中国人民大学学报》,2009年第2期。

13. 何水:《地方服务型政府建设的基本思路》,《行政论坛》,2009年第6期。

14. 黄学贤、吴菲:《"服务型政府"理念下新型行政行为的主要类型》,《东方法学》,2012年第4期。

15. 金世斌:《公共服务供给机制创新:北欧的改革实践与启示》,《南京社会科学》,2012年第7期。

16. 敬海新:《当前基本公共服务体系建设中存在的问题及其对策》,《理论与现代化》,2012年第1期。

17. 敬义嘉:《社会服务中的公共非营利合作关系研究—— 一个基于地方改革实践的分析》,《公共行政评论》,2011年第5期。

18. 孔凡河、濯桂平:《地方服务型政府的构建困境与实现机制》,《当代行政》,2011 年第 11 期。

19. 李国武:《公共服务领域政府与社会组织关系研究》,《科学决策》,2011 年第 7 期。

20. 李剑:《基本公共服务评价指标体系研究》,《商业研究》,2011 年第 5 期。

21. 李萌:《我国行政听证制度的反思与重构》,《商业文化》,2011 年第 3 期。

22. 李瑞存:《服务型政府的理论基础与现实动力》,《河北工程大学学报》(社会科学版),2012 年第 1 期。

23. 李善峰:《城乡基本公共服务均等化》,《开放时代》,2009 年第 8 期。

24. 李树林:《现代政府行政理念重塑及其践行路径》,《理论研究》,2009 年第 6 期。

25. 李文军、唐兴霖:《地方政府公共服务均等化时空分布与演进逻辑:1995—2010》,《江西财经大学学报》,2012 年第 5 期。

26. 李晓燕:《地方服务型政府建设:定位与制度创新》,《社科纵横》,2012 年第 2 期。

27. 刘波、崔鹏鹏:《省级政府公共服务供给能力评价》,《西安交通大学学报》(社会科学版),2010 年第 4 期。

28. 刘蕾:《浅析中美行政听证制度》,《法学研究》,2011 年第 6 期。

29. 刘鹏:《从分类控制走向嵌入型监管——地方政府社会组织管理政策创新》,《中国人民大学学报》,2011 年第 5 期。

30. 刘巧艳:《新时期我国政府职能研究述评》,《四川理工学院学报》(社会科学版),2013 年第 1 期。

31. 吕芳:《社区公共服务中的"吸纳式供给"与"合作式供给"——以社区减灾为例》,《中国行政管理》,2011 年第 8 期。

32. 马海涛、姜爱华:《政府公共服务提供与财政责任》,《财政研究》,2010 年第 7 期。

33. 毛枳鑫、韩进锋:《地方服务型政府的界定及特征分析》,《经济研究导刊》,2011 年第 18 期。

34. 纳树峰、姚贱苟:《公共服务政策执行中的民族地区特性分析》,《北方经济》,2012 年第 6 期。

35. 潘小娟:《社会企业初探》,《中国行政管理》,2011 年第 7 期。

36. 彭健:《分税制财政体制改革 20 年:回顾与思考》,《财经问题研究》,2014 年第 5 期。

37. 秦伟江:《民族自治地方服务型政府内涵及建设》,《黑龙江民族丛刊》,2009 年第 3 期。

38. 秦小平、王志刚、王健、胡庆山:《"以钱养事":农村体育公共服务供给机制改革新思路》,《上海体育学院学报》,2012 年第 1 期。

39. 施雪华:《"服务型政府"的基本涵义、理论基础和建构条件》,《社会科学》,2010 年第 2 期。

40. 宋立荣、彭洁:《美国政府"信息质量法"的介绍及其启示》,《情报杂志》,2012 年第 2 期。

41. 孙彩红:《我国政府职能转变和改革的目标定位——仅仅是把政府建设成服务型政府吗?》,《行政论坛》,2010 年第 1 期。

42. 孙春霞:《美国城市公共服务供给机制的改革及其对中国的启示》,《江汉论坛》,2010 年第 9 期。

43. 孙涛:《近年来服务型政府建设研究述评》,《中国行政管理》,2011 年第 1 期。

44. 孙晓莉:《政府公共服务创新:类型、动力机制及创新失败》,《中国行政管理》,2011 年第 7 期。

45. 唐任伍、赵国钦:《公共服务跨界合作:碎片化服务的整合》,《中国行政管理》,2012 年第 8 期。

46. 滕堂伟、林利剑:《基本公共服务水平与区域经济发展水平的相关性分析——基于江苏省 13 个市的实证研究》,《当代经济管理》,2012 年第 3 期。

47. 汪锦军:《构建公共服务的协同机制:一个界定性框架》,《中国行政管理》,2012 年第 1 期。

48. 王浩林:《民间组织参与农村公共服务供给研究:一个社会资本的视角》,《特区经济》,2012 年第 3 期。

49. 王士如等:《政府决策中公众参与的制度思考》,《山西大学学报》(哲学社会科学版),2010 年第 5 期。

50. 王蔚、彭庆军:《论农村公共服务需求表达机制的构建》,《湖南社会科学》,2011 年第 5 期。

51. 温华福:《试析当前我国行政听证制度的完善》,《法学研究》,2011 年第 1 期。

52. 吴春梅、翟军亮:《变迁中的公共服务供给方式与权力结构》,《江汉论坛》,2012 年第 12 期。

53. 吴思红:《国外城市民主治理中公众参与机制及其启示》,《湖北行政学院学报》,2010 年第 1 期。

54. 吴业苗:《"一主多元":农村公共服务的供给模式与治理机制》,《经济问题探索》,2011 年第 6 期。

55. 吴永求、赵静:《转移支付结构与地方财政效率——基于面板数据的分位数回归分析》,《财贸经济》,2016 年第 2 期。

56. 夏义堃:《民间组织促进政府信息公开与共享的国际经验借鉴》,《图书情报工作》,2013 年第 2 期。

57. 萧炳南:《浅谈社会管理创新背景下政府与社会组织的协同》,《学习论坛》,2012 年第 2 期。

58. 肖滨、郭明:《以"治权改革"创新地方治理模式——2009 年以来顺德综合改革的理论分析》,《公共行政评论》,2013 年第 4 期。

59. 燕继荣:《服务型政府的研究路向——近十年来国内服务型政府研究综述》,《学海》,2009 年第 1 期。

60. 杨和平:《公共服务领域内政府与社会组织的关系构建——基于博弈论研究的视角》,《贵阳市委党校学报》,2013 年第 6 期。

61. 杨柯:《公共服务中政府与社会组织合作机制优化路径分析》,《云南行政学院学报》,2013 年第 4 期。

62. 姚华:《NGO 与政府合作中的自主性何以可能?——以上海 YMCA 为个案》,《社会学研究》,2013 年第 1 期。

63. 尹华、朱明仕:《论我国公共服务供给主体多元化协调机制的构建》,《经济问题探索》,2011 年第 7 期。

64. 曾红颖:《我国基本公共服务水平评价与政策建议》,《中国经贸导刊》,2011 年第 5 期。

65. 张彬:《以服务平衡差距:服务型政府建设中的差距调控对策研究》,《行政论坛》,2012 年第 1 期。

66. 张超、吴春梅:《民间组织参与农村公共服务的激励——委托代理视角》,《经济与管理研究》,2011 年第 7 期。

67. 张光、江依妮:《为什么财政教育投入达不到占 GDP 百分之四的目标:一个基于跨省多年度数据分析的实证研究》,《公共行政评论》,2010 年第 4 期。

68. 张国庆、王华:《公共精神与公共利益——新时期中国构建服务型政府的价值依归》,《天津社会科学》,2010 年第 1 期。

69. 张洪武:《政府提供公共产品的有效性选择》,《党政干部学刊》,2010 年第 5 期。

70. 张华民:《论我国服务型政府建设的根本动力、价值追求和基本理念》,《领导科学》,2010 年第 3 期。

71. 张紧跟:《地方政府间竞争视角下的公共服务型政府建设》,《中山大学学报》(社会科学版),2011 年第 6 期。

72. 张磊:《中国领导干部问责制度发展研究》,《中共福建省委党校学报》,2010 年第 2 期。

73. 张榕明:《中国民间组织参与职业技术教育的实践探索》,《中国职业技术教育》,2012 年第 16 期。

74. 张文礼:《合作共强:公共服务领域内政府与社会组织关系的中国经验》,《中国行政管理》,2013 年第 6 期。

75. 章晓懿:《政府购买养老服务模式研究:基于与民间组织合作的视角》,《中国行政管理》,2012 年第 12 期。

76. 赵全军:《公共服务外包中的政府角色定位研究》,《学习与探索》,2011 年第 4 期。

77. 赵怡虹、李峰:《基本公共服务均等化理论辨析与展望》,《中国物价》,2011 年第 1 期。

78. 周春山、高军波:《转型期中国城市公共服务设施供给模式及其形成机制研究》,《地理科学》,2011 年第 3 期。

79. 周青:《农村公共产品和公共服务多元化供给机制创新研究》,《中共福建省委党校学报》,2012 年第 11 期。

80. 周雪光:《权威体制与有效治理:当代中国国家治理的制度逻辑》,《开放时代》,2011 年第 10 期。

81. 朱光磊、薛立强:《建设服务型政府的几个问题》,《人民日报》,2007 年 7 月 27 日。

82. 朱光磊:《"两化叠加":中国治理面临的最大难题》,《中国社会科学报》,2014 年 11 月 17 日。

83. 朱蓉蓉:《中国民间组织外交:历史溯源与现实反思》,《学习与探索》,2012 年第 12 期。

(二)外文论文

1. Brinkerhoff Derick W. , Government – Non – profit Partners for Health Sector Reform in Central Asia : Family Group Practice Associations in Kazakhstan and Kyrgyzstan, *Public Administration and Development*, 2002(22).

2. Checkoway B, The Politics of Public Hearings, *Journal of Applied Behavior Science*, 17(4), 1981.

3. Chris Ansell, Alison Gash, Collaborative Governance in Theory and Practice, *Journal of Public Administration Research and Theory*, 2007(18).

4. D. Robinson, H. Yu, W. Zeller, E. Felten, Government Data and The Invisible Hand, *Yale Journal of Law & Technology*, Vol. 11, No. 1, 2009.

5. Davis J. H., L. Donaldson and F. D. Schoorman, Toward a Stewardship Theory of Management, *Academy of Management Review 22*, 1997.

6. Derick W. , Brinkerhoff Exploring State – Civil Society Collaboration: Policy Partnerships in Developing Countries, *Nonprofit and Voluntary Sector Quarterly*, 1999.

7. Donald F. Kettle, Managing Boundaries in American Administration: The Collaboration Imperative, *Public Administration Review*, 66(s), 2006.

8. Donaldson, L. , The Ethereal Hand: Organizational Economics and Management Theory, *Academy of Management Review 15*, 1990.

9. G. P. Whitaker, Coproduction: Citizen Partici – pation in Service Delivery, *Public Administration Review*, 40.

10. Johnston, Jocelyn M. and Barbara S. Romzek, Contracting and Accountability in State Medicaid Reform: Rhetoric, Theories, and Reality, *Public Administration Review*, 59(5),1999.

11. Kapucu N. A. M. G. ,Interstate Partnerships in Emergency Management: Emergency Management Assistance Compact (EMAC) in Response to Catastrophic Disasters, *Public Administration Review*, Vol. 69,2009.

12. Lee, Peggy M. and Hugh M. O'Neill, Ownership Structures and R&D Investments of U. S. and Japanese firms: Agency and Stewardship Perspectives, *Academy of Management Journal 46*, 2003.

13. Martin L. , Performance Contracting: Extending Performance Measurement to Another Level, *Public Administration Times*, 22(January),1999.

14. R. E. Herzlinger, Can Public Trust in Nonpr of its and Governments be Restored? *Harvard Business Review*, 1996.

15. Sappington D. E,Incentives in Principal Agent Relationships, *Journal of Economic exspectives*, Vol. 5. No. 2,1991.

16. Van Slyke D. M., Agents or Stewards: Using Theory to Understand the Government – Nonpr of it Social Service Contracting Relationship, *Journal of Public Administration*, 2007.

17. Weber E. P. L. N. , Assessing Collaborative Capacity in a Multidimensional World, *Administration & Society*, No. 39,2007.

后 记

　　21世纪以来,服务型政府及其建设不仅得到了理论界的高度关注,也得到了各级政府的具体实践,应当说无论是在理论上还是在实践上都取得了相应的成效。但是服务型政府毕竟是我国行政改革和行政发展中出现的新生事物,在理论研究上还有较大的空间,在实践方面也有许多方面需要完善,特别是对于政府及其工作人员而言,能否达成服务型政府建设的共识,能否积聚并释放服务型政府建设的能量,采取何种机制进一步拉动服务型政府建设,将直接关系服务型政府建设的成效。正是基于这一考虑,几年前我们围绕用机制拉动服务型政府建设的问题申报教育部人文社会科学规划基金项目,希望能在此研究领域有所拓展。

　　项目获准之后,课题组成员按照研究计划进行了积极的研究,并取得了系列研究成果,本书是各分项研究成果的汇集和总结。

　　本书的写作分工如下:前言:沈亚平;第一章:董向云、马原;第二章:王玉良、沈亚平、李晓媛、陈建;第三章:沈亚平、王阳亮、李洪佳;第四章:沈亚平、李洪佳、徐博雅;第五章:张金刚、刘志辉;第六章:张宇、刘小茵;第七章:赵含宇、艾伟俊、陈良雨、刘小茵;第八章:闫章荟。本书初稿完成后,由沈亚平最后统稿。

　　在项目研究和写作中,参考了学术界相关的学术成果,在此对作者致以谢意;感谢天津人民出版社的领导和编辑,正是由于他们的支持才使本书得以顺利出版。

　　对于服务型政府及其建设,我们只是进行了初步的研究,对于本书不当之处,欢迎同行和读者批评指正。

沈亚平

2016年11月于南开园